Julia Friedrichs
Wir Erben

W0011555

PIPER

Zu diesem Buch

»Bist du Erbe oder nicht?«
Sie leben mitten unter uns und doch im Verborgenen. Wir kennen
sie, aber wir wissen nichts von ihnen. Julia Friedrichs begibt sich in
eine Parallelgesellschaft und erzählt die Geschichten von Menschen, deren Leben durch ein Erbe bestimmt wird. Wie lebt man,
wenn man schon durch den Namen als Spross einer Dynastie zu
erkennen ist? Was bewegt einen Patriarchen, seine Kinder zu enterben, und wie entsteht die Versuchung, für ein Erbe zu töten?
Die Autorin zeichnet ein sensibles Psychogramm Deutschlands.
Sie entdeckt ein Land, das wie kaum ein anderes Erbe begünstigt
und Arbeit belastet. Warum gibt es kaum Debatten um diese Ungleichheit? Und was bedeutet es für eine Gesellschaft, wenn vor
allem der ein sorgenfreies Leben führt, der in die richtige Familie
hineingeboren wird, und nicht der, der Engagement und Ideen einsetzt? Auf der Suche nach Antworten gelingt Julia Friedrichs ein
ebenso lebendiges wie vielschichtiges Porträt der Menschen, die
Deutschland künftig prägen werden.

Julia Friedrichs, geboren 1979, studierte Journalistik in Dortmund.
Heute arbeitet sie als freie Autorin von Fernsehreportagen und
Magazinbeiträgen, u. a. für die WDR-Redaktionen »die story« und
»Aktuelle Dokumentation« sowie für die *Zeit.* Für eine Sozial-
reportage wurde sie 2007 mit dem Axel-Springer-Preis für junge
Journalisten und dem Ludwig-Erhard-Förderpreis ausgezeichnet.
2010 erhielt sie den Nachwuchspreis des deutsch-französischen
Journalistenpreises. 2013 war sie für den Deutschen Reporterpreis
nominiert, 2014 erhielt sie den Medienpreis der Deutschen Tele-
kom Stiftung. Julia Friedrichs lebt in Berlin. Sie veröffentlichte die
Bestseller *Gestatten: Elite. Auf den Spuren der Mächtigen von morgen*
(2008), *Deutschland dritter Klasse. Leben in der Unterschicht* (mit
Eva Müller und Boris Baumholt, 2009) und *Ideale. Auf der Suche
nach dem, was zählt* (2011).

Julia Friedrichs

WIR ERBEN

Warum Deutschland ungerechter wird

PIPER
München Berlin Zürich

Mehr über unsere Autoren und Bücher:
www.piper.de

MIX
Papier aus verantwor-
tungsvollen Quellen
FSC
www.fsc.org   **FSC® C083411**

Ungekürzte Taschenbuchausgabe
Piper Verlag GmbH, München/Berlin
September 2016
© Berlin Verlag in der Piper Verlag GmbH, Berlin 2015
Alle Rechte vorbehalten
Umschlaggestaltung: ZERO Werbeagentur, München
Umschlagabbildung: FinePic®, München
Typografie: Birgit Thiel, Berlin
Satz: Fagott, Ffm
Gesetzt aus der Adobe Garamond
Druck und Bindung: CPI books GmbH, Leck
Printed in Germany   ISBN 978-3-492-30899-1

Wie alles. Für Tom.

INHALT

Wir wollten nie wie unsere Eltern werden
Und sind es ja auch nicht geworden
Unsere Eltern sind ja älter
Und ziemlich provinziell
Irgendwann werden die sterben
Wenn sie nicht schon gestorben sind
Wir werden ihre Häuser erben
Aber keine neuen bauen

Rainald Grebe
Reich mir mal den Rettich rüber

Eigentlich ist es ungehörig, diesen Text zu schreiben. Denn dem Erben geht meist das Sterben voran. Und wenig ist so intim wie der Tod. Wenn ein Leben mit dem letzten Atemzug erlischt – weil das Herz aussetzt; weil der Krebs gefräßig ist; das Auto zu schnell. Dann ist das privat, geht nur die an, die den Toten kannten, liebten, hassten; die schreien, weinen oder beschämt aufatmen: die Frauen, Kinder, Enkel. Die Erben. Warum also darüber schreiben?

Weil selbst ein intimer Akt wie der Tod das Leben aller verändern kann. Zumindest, wenn er sich tausendfach wiederholt. Das nächste Jahrzehnt wird die Dekade der Erben werden. Die Nachkriegsgeneration, in der alten Bundesrepublik zu Wohlstand gekommen, ist alt geworden. Sie gibt ihren Besitz nun weiter. Ein Vermögenstransfer, wie er noch nicht stattgefunden hat: 250 Milliarden – eine Zahl mit neun Nullen. Das ist die Summe, die Jahr für Jahr vererbt werden wird. 2,5 Billionen Euro in einem Jahrzehnt, über ein Drittel des Nettovermögens aller Privathaushalte.

Das Land verändert sich: Eine Erbengesellschaft entsteht. Und deren Geschichte ist noch ungeschrieben.

Das Erbe sickerte langsam in mein Leben. Am Anfang waren da nicht mehr als kurze Irritationen – wie ein Flirren, das das gewohnte Bild stört, wie ein Buckel, der den Fahrer auf gerader, glatter Straße aus dem Trott reißt. Es begann, als alle um mich herum erwachsen wurden, Jobs hatten, Kinder zur Welt brachten und für ihre Zukunft festere Rahmen zimmerten. Bis dahin schienen sich meine Freunde alle ähnlich zu sein. Es ging uns gut, aber übermäßig wohlhabend wirkte keiner. Die meisten waren aus der Provinz in die große Stadt gezogen, fingen dort neu an, als urbane Nomaden. Die Kindheit, die Herkunft, das Elternhaus – all das diente lediglich als Material für Anekdoten und war weit weg. Wir hatten studiert und danach alle Facetten der modernen Arbeitswelt kennengelernt: Zeitverträge, Werkverträge, feste Stellen. Gratisarbeit, Ausbeuterlöhne, gutes Gehalt. Wir wohnten zur Miete, allein oder mit anderen, mit Dielenboden im Hinterhaus oder mit Teppich im Neubau, aber doch irgendwie alle gleich. Dachte ich zumindest.

Der Erste, der mein festes Bild ins Wanken brachte, war ein Freund, der mit seinem Gehalt immer gerade so über die Runden kam. Und trotzdem zog er plötzlich aus der kleinen Studentenwohnung mit Kohleheizung in sein eigenes Townhaus in einer der besten Gegenden der Stadt. Da war ein anderer, der immer umherreiste, nirgendwo Fuß fasste und immer bescheiden lebte, auch weil sein Einkommen manchmal nur knapp für den Monat reichte. Und auf einmal durchkämmte er die Immobilienangebote nach

Dachgeschosswohnungen im Halbmillionensegment. Der eine besaß von heute auf morgen eine eigene Bürowohnung, die andere ein Ferienhaus in Frankreich, der Dritte eines in der Schweiz.

Eines Abends saß ich mit einem meiner besten Freunde an einem IKEA-Tisch in seiner Küche, zehn Straßenbahnminuten vom Stadtzentrum entfernt – und erfuhr, dass ich nicht die Einzige war, die sich wunderte. »Alle um mich herum kaufen plötzlich Wohnungen, Häuser«, sagte er. »Aber wie nur?« Er war stolz auf die Küche, in der wir redeten, den breiten Flur, die vier Zimmer. Über ein halbes Jahr lang hatte er nach einer größeren Wohnung gesucht und mit viel Glück diese hier gefunden. Aber nun zahlten er und seine Frau über ein Drittel ihres guten Einkommens für die vier Räume, in denen bald auch ihr Baby wohnen sollte. Der Freund ist einer, der oft 60-Stunden-Wochen macht, der fleißig ist und fähig in dem, was er tut. Er dachte an sein Konto. Und er staunte – wie ich. »Die kaufen für 400 000 Euro, für 600 000«, sagte er an diesem Abend. »Egal, wie viel wir arbeiten, wir könnten uns hier nie etwas leisten. Wie machen die das?«

Von da an begann ich die anderen zu fragen. Manche wollten gar nicht über die Quellen ihres plötzlichen Wohlstands reden, andere sprachen einsilbig von »Eltern«, »vorgezogenem Erbe« oder »Schenkung«. Andere erzählten knapp, dass ihr neuer Lebensstandard in erheblichem Maße von Eltern und Großeltern finanziert wurde. Langsam ahnte ich, dass wir uns vielleicht doch viel weniger glichen, als ich gedacht hatte, dass nun, wo wir erwachsen waren, plötzlich doch wesentlich wurde, was die Eltern, die man nur von flüchtigen Verwandtschaftsbesuchen kannte, in der fernen Provinz eigentlich so machten. Und was deren Eltern getan hatten. Konnte es sein, dass es einen Faktor gab, der für uns, alle um die dreißig, die Frage »Wie wirst du leben?« mitentscheiden würde? Einen Faktor, an den ich bis dato nie gedacht hatte? Die Antwort auf die Frage: »Bist du Erbe oder nicht?«

14

Monate später. Mein Regal hat sich gefüllt: der *Armuts- und Reichtumsbericht der Bundesregierung*; der Branchenreport *Erbschaften*; der soziologische Sammelband *Erben und Vererben*; die Monographie *Erben in der Leistungsgesellschaft*. Der neue Stern am Forschungshimmel: das Buch *Capital in the Twenty-First Century* des französischen Ökonomen Thomas Piketty, für das er umfangreiche Daten zu Erbschaften ausgewertet hat.

In allen findet sich eine Botschaft: Das Flirren, das mein gewohntes Bild trübte, war keine Fata Morgana. Die vielen Freunde, die sich plötzlich mit ihrem Erbe mehr oder weniger verschämt Immobilien leisteten, die ihr Monatsbudget ohne diese Hilfe vernichtet hätten, keine Zufallshäufung. Zum zweiten Mal in der Geschichte des Landes sprechen Soziologen von einer »Erbengesellschaft«. Die erste datieren sie auf die Jahre vor dem Ersten Weltkrieg. Nun, ein Jahrhundert später, gibt es eine neue goldene Erbengeneration – zu der sich aber längst nicht jeder zählen kann.

Mein Notizblock füllt sich mit Zahlen und Statistiken. Ich schreibe Zitat um Zitat in meinen Zettelkasten. Ganz oben steht noch immer die imposante Ziffer vom Anfang, eingekreist, mit Ausrufezeichen: *250 Milliarden Euro!* Die jährliche Erbsumme. Die Zahl mit neun Nullen. Der Wert beruht auf einer Schätzung des Instituts für Altersvorsorge und einer Metastudie einer Elite-Universität. Es ist nicht die einzige Zahl. Eine Studie des Deutschen Instituts für Wirtschaftsforschung überrascht Mitte 2014 mit der Aussage, dass es nur gut 60 Milliarden seien. Andere rechnen mit 140 Milliarden Euro, manche mit 300 Milliarden, ein Branchendienst, der die Banken mit Daten beliefert, mit etwa 360 Milliarden.

Auch bei den beiden Regierungsfraktionen herrscht beim Thema jährliches Erbschaftsvolumen keine innerkoalitionäre Einigkeit: 74 Milliarden, sagt mir die Sprecherin der CDU. 250 Milliarden, vermutet der Kollege der SPD. In einem Land, dessen Statistisches Jahrbuch zuletzt 689 Seiten umfasste und fast zweieinhalb Kilogramm wog, gibt es keine behördlichen Zahlen zur Gesamtsumme der Erbschaften und Schenkungen.

»Deutschland weiß zwar fast alles über seine Armen, die statistisch gründlich durchleuchtet werden, über seine Reichen wissen wir jedoch so gut wie nichts«, schreibt Jens Berger, Autor des Bestsellers *Wem gehört Deutschland?*. Und Ulrike Herrmann, erfahrene Wirtschaftsredakteurin der *tageszeitung*, schreibt: »Die Reichen haben viel Lobbyarbeit investiert, um eine verlässliche Statistik zu verhindern. Sie wissen genau, dass eine Verteilungsdiskussion nicht geführt werden kann, wenn die Daten fehlen.«

»Die enorme Spreizung der Schätzungen entspricht einer offenkundig prekären Datenlage«, teilte mir ein Team von Forschern der Freien Universität Berlin mit, die gerade an einer Studie zu den deutschen Erben arbeiten.

Ich brüte lange über den Zahlen, checke die Quellen, vergleiche die Datenbasis. Und am Ende scheint mir ein Wert, der um die 250 Milliarden Euro pendelt, plausibel. Warum? Die einfache, bei dieser Datenlage aber nicht völlig abwegige Antwort lautet: Die Zahl liegt in der Mitte der vielfältigen Schätzungen. Die ausführliche, aber solidere Begründung ist diese: Der Wissenschaftler Christoph Schinke hat im Juli 2012 an der Pariser Ecole d'économie genau das getan, was auch mich jetzt umtreibt: Er hat die verfügbaren Studien verglichen und die Zahlen Plausibilitätschecks unterzogen. Das heißt, er hat die Daten zu Sterbefällen mit den Vermögenssummen verschnitten. Er hat berechnet, wie hoch vermutlich der Erbanteil am Bruttoinlandsprodukt ist. Er hat überlegt, wie lange eine Generation im Schnitt das Vermögen hält – und wie viele Jahre es braucht, bis das Gesamtvermögen einmal »umgeschlagen« wurde.

Folgt man seinen Überlegungen, so landet man bei etwas über

250 Milliarden Euro im Jahr 2013. Das ist weniger, als die Studien errechnen, die nur mit Befragungen und mit einer Analyse der Sterbe- und Vermögensdaten arbeiten – und weitaus mehr, als in der löchrigen Steuerstatistik auftaucht.

250 Milliarden Euro also. Das ist fast so viel wie der gesamte Bundeshaushalt des Jahres 2014; mehr als das Doppelte der Kosten aller Kindergärten, Schulen und Universitäten des Landes; fünfmal so viel wie die Gesamtausgaben für alle Hartz-IV-Empfänger und die sie versorgende Verwaltung. Insgesamt, so schätzen Soziologen, werden bis zum Jahr 2020 zwischen zwei und vier Billionen Euro vererbt worden sein. Es ist das Vermögen der Wirtschaftswundergeneration, begründet in den Jahren nach dem Krieg, vermehrt in den Hochkonjunktur-Jahrzehnten der alten Bundesrepublik, explodiert in den Jahren um die Jahrtausendwende. Eine »gewaltige Erbschaftswelle«, die mächtigste, die es je gab, lese ich immer wieder.

Und eigentlich sind das ja erfreuliche Nachrichten: Den Menschen in diesem Land ging es offensichtlich so gut, dass sie mehr Vermögen anhäufen konnten als je zuvor: Die Bundesbank schätzt, dass die Deutschen im Jahr 2011 gut sieben Billionen Euro besaßen. Geld. Immobilien. Aktien. Das ist mehr als das Doppelte der jährlichen Wirtschaftsleistung des Landes – und dreimal so viel wie die gesamte Staatsverschuldung. »Europa redet darüber, dass wir unseren Kindern so viele Schulden hinterlassen. Aber die Wahrheit ist, dass wir ihnen mehr Vermögen hinterlassen als jede andere Generation zuvor«, sagt der französische Star-Ökonom Thomas Piketty im Interview mit der *Süddeutschen Zeitung*.

Und in der Studie *Erbschaften 2011* lese ich: »Die Wirtschaftswunderkinder der Nachkriegszeit konnten eine ungestörte Vermögensbildung betreiben. Es ist die einkommensstärkste und vermögendste Erbengeneration, die Deutschland je gesehen hat.« Gut sieben Billionen. Rein rechnerisch sind das knapp 90 000 Euro für jeden Deutschen. Das klingt nach einem gesunden Startkapital. Allein: Diese letzte Ziffer auf meinem Block ist nichtig, nicht mehr als Zahlenspielerei. Denn das gewaltige Vermögen verteilt sich nicht gleichmäßig auf alle Bürger. Und auch das mit der Erbschaftswelle ist eine schiefe Metapher. Klingt es doch so, als würden alle von einem warmen Geldstrom getränkt werden. Doch dem ist nicht so.

Korrekt müsste es eigentlich heißen: Einigen Menschen in diesem Land ging es so gut, dass sie mehr Vermögen anhäufen konnten als je zuvor. Der Gesamtbesitz der Deutschen hat zwar historische Spitzenwerte erreicht, aber davon merken die meisten gar nichts. Die ärmere Hälfte der Bevölkerung besitzt zusammen ein mickriges Prozent des Vermögens, die reichere Hälfte satte 99 Prozent. Aber auch dieser Wert sagt noch nicht so viel aus. Denn der größte Anteil des Vermögens ballt sich bei den oberen zehn Prozent. Je nach Rechenmodell besitzen sie zwischen mehr als der Hälfte und zwei Dritteln der gesamten privaten Reichtümer des Landes.

Ein Buch auf meinem Stapel trägt den Titel *Silver Spoon Kids*. Zwar färbt das deutsche Sprichwort die Löffel im Munde des Nachwuchses golden, aber in beiden Sprachen meint es dasselbe: Kinder, die reich geboren wurden. *Silver Spoon Kids* kam per Post aus den USA, dort war es ein großer Erfolg. Es ist eine Erziehungsfibel, geschrieben für reiche Eltern. Statt: Wie schläft das Kind durch?, Was tun bei Trotzanfällen?, oder: Ab wann ist Alkohol erlaubt?, lehrt *Silver Spoon Kids* Kapitel für Kapitel den Umgang mit dem Reichtum der Eltern. Wie sag ich meinem Zweijährigen, wie viel wir wirklich haben? Gibt es zur Einschulung die erste Kreditkarte? Wie erkläre ich dem Teenager, dass sein erstes Auto kein Neuwagen sein wird, obwohl Millionen in den Familiendepots liegen? Ein pragmatischer Erziehungsplan für spätere Erben.

Kapitel 7 ermuntert Eltern, den Kindern schon früh zu erklären, wie verdammt reich die eigene Familie im Verhältnis zum Rest des Landes ist. Die Autoren, das Ehepaar Gallo aus Santa Monica, rät, doch einmal die Freunde des fünfjährigen Nachwuchses zu einer Keks-Party einzuladen. Die Party sei einfach geplant, heißt es: Man brauche nicht mehr als Papierlose mit den Zahlen eins bis zehn, weiche Weizenmehlkekse, einen Tisch, das eigene Kind und neun kleine Gäste.

Und so geht es: Stellen Sie einen Teller mit zehn Keksen in die Mitte des Tisches! Lassen Sie jedes Kind ein Los ziehen! Weisen Sie die Kinder an, sich den Zahlen entsprechend in eine Reihe zu stellen! Erklären Sie ihnen, dass jedes Kind nun zehn Prozent der Menschen im Lande repräsentiert und die Kekse auf dem Tisch das Gesamtvermögen! Nun sagen Sie dem ersten Kind: Nimm dir sieben Kekse! Denn den reichsten zehn Prozent des Landes gehören mehr als zwei Drittel des Wohlstands. Zerstückeln Sie die restlichen drei Kekse in jeweils zehn Teile! Sie haben jetzt dreißig Keksstücke. Brechen Sie von einem ein Fünftel ab, und geben Sie diesen winzigen Anteil den Kindern, die die Lose mit den Zahlen sieben bis zehn gezogen haben! Sagen Sie Ihnen: So ist der Reichtum in diesem Land verteilt. Die unteren 40 Prozent der Bevölkerung haben zusammen nicht mehr als einen Krümel.

Ich frage mich, was los wäre, wenn Eltern auf die Idee kämen, solch ein Party-Spiel bei einem Kindergeburtstag in Blankenese zu veranstalten. Aber wenn doch, sähe die deutsche Keksverteilung ganz ähnlich aus: Das Kind mit der Nummer eins dürfte fünf bis sechs Kekse futtern, fünf müssten sich ein Zehntel des letzten Kekses teilen. Nicht mehr als ein Bröckchen.

Auch wenn wenig gesicherte Daten über die Reichen vorliegen, geht das Deutsche Institut für Wirtschaftsforschung davon aus, dass die Vermögensungleichheit in Deutschland größer ist als in den meisten anderen Ländern der Welt. Innerhalb der Eurozone ist Deutschland unrühmlicher Spitzenreiter, unter den OECD-Staaten ist die Kluft wohl nur in zwei Ländern tiefer: in den USA und der Schweiz. In Deutschland wohnen nach Schätzungen der Beratungsfirma Capgemini, die den jährlichen World Wealth Report verfasst, mehr als eine Million Millionäre mit einem Gesamtvermögen von 2,7 Billionen Euro.

Das Erbe schreibt diese Ungleichheit in die nächste Generation fort. Über die Hälfte der Menschen wird nichts oder Schulden erben. Aber acht Prozent der Erben, so schätzt der Branchendienst BBE Media in seiner Studie *Erbschaften 2011*, werden 40 Prozent des Vermögens erhalten.

»Der Unterschied zwischen Arm und Reich entscheidet sich also meist beim Spermalotto«, urteilt Jens Berger in *Wem gehört Deutschland?*. »Auch wenn dies in der öffentlichen Diskussion gerne unter den Tisch gekehrt wird: Vermögen werden in der Regel nicht erarbeitet oder erspart, sondern ererbt.« Und Jens Beckert, Direktor am Max-Planck-Institut für Gesellschaftsforschung, schreibt im akademischen Duktus des Soziologen: »Die Institution der Vermögensvererbung spielt eine zentrale Rolle für die intergenerationelle Reproduktion sozialer Ungleichheit.«

Bei Götz Hamann, Redakteur der *Zeit*, klingt die Botschaft griffiger: »Nie besaßen so viele Menschen so viel, und zugleich erreicht die Ungleichheit, die von einer Generation auf die nächste übertragen wird, historische Dimensionen.« Vereinfacht, so schreiben Erbschaftsforscher, könne man sagen: Westdeutsche Akademiker werden größere Summen erben. Ostdeutsche und Kinder von Arbeitern, von kleinen Angestellten oder Arbeitslosen im Normalfall nicht oder kaum. Und da die Heiratsmärkte von Soziologen als hochgradig homogen beschrieben werden, da also Reiche in der Regel Reiche heiraten, Arbeitertöchter fast immer Arbeitersöhne (hier liegt die Trefferquote bei 80 Prozent) und Adelige noch häufiger andere Adelige, da die Menschen also noch immer brav nach sozialer Herkunft geordnet miteinander schlafen und Familien gründen, wird sich diese Kluft in der Erbengeneration nicht schließen, sondern vertiefen.

Dies gilt – in vielleicht noch stärkerem Maße – für die Reichsten der Reichen. Ise Bosch, über hundert Jahre nach Bosch-Gründer Robert geboren, sagt: »Es gibt so etwas wie eine unsichtbare Parallelgesellschaft von uns reichen Erben.« Als der *Spiegel*-Autor Christian Rickens sich die jährliche Liste des *Manager Magazins* vornahm, die die hundert reichsten Deutschen führt, zählte er nur noch 34, die ihre Vermögen in erster Linie selbst erarbeitet hatten, 66 hatten den Wohlstand geerbt. Selbst manche Unternehmer sprechen mit einigem Unbehagen von Anfängen eines »feudalistischen Kapitalismus«.

Das bedeutet, schreibt die *Zeit*, »dass ein wachsender Teil des Wohlstands nach einem Prinzip umverteilt wird, das weder den Leistungsidealen der Marktwirtschaft entspricht noch den Gerechtigkeitspostulaten des Sozialstaates – es ist das Prinzip der Abstammung. Reich wird, wer in die richtige Familie geboren wird.«

Ich lese, dass meine Generation, die Nach-Babyboomer, also die in den 1970er und 1980er Jahren Geborenen, die erste sei, in deren Leben Erbschaften und Schenkungen im Vergleich zu erarbeitetem Einkommen wieder so wichtig würden, dass die Menschen in ihrem Alltag deutlich spüren, wer Erbe sei und wer nicht. Fast 60 Prozent der Zwanzig- bis Neunundzwanzigjährigen erwarten laut einer Studie der Marktforschungsgesellschaft Innofact in Zukunft zu erben. Fast doppelt so viele wie unter früheren Kohorten. »Was sich bisher am Beispiel an den Lebensläufen einzelner Erben vorerst nur schemenhaft abzeichnet, sind erste Vorboten eines sozioökonomischen Wandels«, lese ich.

Für meine Freunde und mich, so heißt es, seien Erbschaften erstmals wieder mitentscheidend für die Frage, wie jemand lebt, welchen Beruf er wählt und wann und unter welchen Umständen er eine Familie gründet. Solch ein Zustand sei schwer erträglich, sagt der Franzose Thomas Piketty im Gespräch mit dem *Spiegel*: »Der Demokratie liegt der Glaube an eine Gesellschaft zugrunde, in der die soziale Ungleichheit vor allem auf Leistung und Arbeit beruht«, sagt er, »nicht auf Abstammung, Erbe und Kapital.«

Stopp, denke ich, Pause. Das stimmt alles. Aber was bedeuten all diese Zahlen und Sätze tatsächlich? Werden mir noch mehr Statistiken, noch mehr starke Thesen helfen, zu verstehen, was wirklich um mich herum geschieht? 250 Milliarden Euro im Jahr – ich schaue noch einmal auf die Zahl, die über meinen Notizen thront; ich starre auf das große Wort, das ich neben meine Aufzeichnungen schrieb: *Erbengesellschaft* und auf all die Fragen, die ich mir daneben notierte:

Wie verändert sich ein Land, wenn die Antwort auf die Frage »Bist du Erbe?« Dutzende Antworten gleich mitliefert? Wenn das Geld der Eltern mitentscheidet, ob du dir ein Haus leisten kannst, den Job, den du willst, die Kinder, die du erhoffst – oder eben nicht?

Warum wird um die Sache mit dem Erbe nicht gestritten, debattiert und gerungen in diesem Land, das in Sachen Empörung doch ansonsten nicht gerade zimperlich ist? Widerspricht es nicht unserer Grundüberzeugung, wonach es vor allem demjenigen gutgehen soll, der Fleiß und Ideen einsetzt, nicht dem, der in die richtige Familie hineingeboren wird?

Wäre solch eine Erbengesellschaft also grundsätzlich ungerecht, undemokratisch und unmodern? Oder völlig in Ordnung, weil es ein Urtrieb des Menschen ist, seinen Kindern etwas weiterzugeben? Weil es ihn seit jeher dazu gebracht hat, sich anzustrengen, etwas aufzubauen, etwas, das das eigene Leben überdauern soll?

Kann sich ein Land wie Deutschland glücklich schätzen, weil die Alten so viel Wohlstand weitergeben können? Oder trifft eher das zu, was der Soziologe Heinz Bude behauptet: »Nichts«, so schreibt er, »ist ungünstiger und unangenehmer für den Bewegungscharakter einer Gesellschaft als die Herrschaft gebildeter Rentiers«?

Plötzlich finde ich diese Vorgehensweise absurd. Ich lese. Ich schreibe. Ich lese weiter. Und die Fragen, die durch meinen Kopf jagen, werden nicht weniger, sondern ständig mehr. Längst weiß ich, dass das Papier allein mir keine Antworten liefern wird. Was mir fehlt im Schwarz und Weiß der Zahlen und Zitate, der Thesen und Behauptungen, ist das Grau der Wirklichkeit.

Eigentlich wäre es doch ein Leichtes: Einige derer, die sich hinter den Statistiken verbergen, sind meine Freunde. Ich könnte sie anrufen, auf ein Glas Wein treffen und all meine Fragen stellen. Aber ich traue mich nicht. Wir reden über erfüllte Kinderwünsche und gescheiterte Ehen, über gelungenen Sex und misslungene Tage im Büro. Aber über das Geld unserer Eltern? Niemals. Na ja, so gut wie nie. Und wenn doch: dann kurz und knapp. Ich wage nicht, weiterzufragen. Und ich bin sicher, sie würden ungern erzählen. Ich scheue mich ja sogar, mit ihnen über den Inhalt dieses Buches zu sprechen. Dabei würde ich ihnen gerne so viele Fragen stellen. Auch die grundsätzlichen nach dem Land, seinen Reichtümern, der Verteilungsfrage. Aber vor allem die, in denen es um das Leben geht.

Wie fühlt ihr euch eigentlich mit dem Geld?, würde ich sagen, wenn ich mehr Mut hätte. Wie ist das, wenn das eigene angenehme Leben von der Vorgeneration mitfinanziert wird? Macht das Geld frei? Oder abhängig von den Eltern? Dürfen die sich jetzt einmischen in euer Leben?

Stattdessen sitze ich weiter stumm an meinem Schreibtisch. Und lese. Aber je mehr ich lese, desto mehr habe ich den Eindruck, dass nicht nur ich einen weiten Bogen um die mache, um die es eigentlich geht. Fast alle Texte in meinem Zeitungsarchiv, die allermeisten Abhandlungen auf meinem Bücherstapel haben ein entscheidendes Manko: Die Erben fehlen. Echte lebendige Erben. Reiche Erben. Firmenerben. Glückliche Erben. Zerstrittene Erben. Enterbte Erben. Verzweifelte Erben. Ich lege das *Kursbuch* zur Erbengesellschaft beiseite, räume den Armuts- und Reichtumsbericht ins Regal, die 500 Seiten starke Erbschaftsstudie, all die anderen Standardwerke. Und ich beschließe, nach Erben zu suchen, nach Erben, die nicht meine Freunde sind. Erben, mit denen ich im Schutze der Fremdheit über alles reden kann. Um tatsächlich zu verstehen, was es mit dieser Erbengeneration auf sich hat. In der Hoffnung, zu begreifen, wie sie das Land verändern wird.

So weit der Plan.

Sechs Wochen später

Was für eine wahnwitzige Idee. Mit Erben sprechen? Genauso gut hätte ich mir vornehmen können, mit einem Baum zu plaudern oder mit dem grauen Kopfsteinpflaster vor meinem Bürofenster. In meinem Ordner »Anfragen Erbe« häufen sich die Absagen. Kleine Erben und große. Unternehmenserben. Wohlhabende Familien. Immer wieder dieselben Textbausteine, die höflich das »Lassen Sie uns in Ruhe!« umschreiben: »Ein Gespräch entspricht nicht der Familienphilosophie.« »Wir wollen Sie bitten, unserem Wunsch um Diskretion nachzukommen.« »Wir wünschen so wenig Öffentlichkeit wie möglich.«

Tatanga Mani, weiser Häuptling eines Indianerstammes, behauptet, dass jeder, der sich ausreichend müht, mit den Bäumen wird reden können. Ich versuche es also weiter. Brief um Brief. Mail um Mail. Anruf um Anruf. Und siehe da: Der schlaue Häuptling irrte nicht. Nach weiteren Wochen des Fragens und Wartens die erste Zusage. Es wird noch Monate dauern. Aber nach und nach werden sie alle reden wollen: echte lebendige Erben. Reiche Erben. Firmenerben. Glückliche Erben. Zerstrittene Erben. Enterbte Erben. Verzweifelte Erben.

Wie schön. Die Reise zur deutschen Erbengeneration kann beginnen.

1. FUCKING HELL –
WIR HABEN EINFACH NUR GLÜCK

Etwas muss ich noch erledigen, bevor es tatsächlich losgehen kann: Ich muss das Medley, das seit meinen Lesewochen in meinem Kopf spielt, zum Schweigen bringen. All die Zahlen, die von großer Ungerechtigkeit erzählen, beiseitelegen. All die Zitate, die eine tiefe Kluft der Gesellschaft beschwören, erst mal vergessen. Denn ich glaube: Mit solch grobem Strich ließe sich kein Bild der neuen Erbengeneration zeichnen. Hier die reichen Nachkommen, dort die armen Habenichtse, hier die satten Abkömmlinge, dort die hungrigen Emporkömmlinge, hier die per Geburt Glücklichen, dort die von Beginn an Abgehängten. Das ist zu simpel, die moderne Gesellschaft zu divers, zu zerfasert, zu kompliziert. Will man der Wirklichkeit gerecht werden, müsste man versuchen, ein Mosaik zu legen – zusammengesetzt aus Hunderten Steinchen, geformt aus Dutzenden Geschichten, Wahrheiten und Widersprüchen.

Das erste Steinchen soll Lars sein. 41 Jahre alt. Komponist.

Lars redet. Atemlos. Seit eineinhalb Stunden. Seit die Tür hinter uns ins Schloss gefallen ist. Er hatte mich kurz durch seine neue Wohnung geführt. 165 Quadratmeter, ein Prachtstück. Perfekt sah sie aus, Wohnzeitschriftenatmosphäre, auch wenn ein Großteil der Möbel von IKEA war. Am Eingang hing eine Kreidetafel mit den Namen und Terminen der drei Kinder. Dahinter: eine offene Wohnküche, in der die älteste Tochter, ein Teenager mit langem blonden Haar, an einem gemütlichen Holztisch saß. Direkt daneben dann das helle Wohnzimmer, im Mittelpunkt: ein riesiges Sofa, schick, aber schlicht. Darauf lag das mittlere Kind, der Sohn, gerade etwas bockig. Vom langen Flur zweigten die Zimmer ab: drei Kinderzimmer – ganz hinten das der Jüngsten, die gerade Besuch hatte und nicht gestört werden wollte –, das Schlafzimmer und Lars' Büro. Hier hatte er eine zweite Ebene einziehen lassen, die gemauerte Decke und die Rundbögen des Backsteinbaus waren freigelegt und alte Türen aus einem Bauelementelager eingesetzt. »Unsere Angst war, dass es zu sehr nach Neubau aussieht«, hatte Lars gesagt.

Lars ist freier Komponist. Anfang vierzig, aber er sieht jünger aus, ein hübscher Typ mit blondem Haar und breitem Lachen. Nach seinem Studium hatte er einen guten Start – er konnte eine Filmmusik bei Arte platzieren, wurde zu einem Nachwuchsfestival eingeladen –, aber in den Jahren danach lief es lange ziemlich schleppend. Fernsehmusik, Kinomelodien, sogar Opern – er hat viel entwickelt, angedacht, geschrieben. Aber es hat gedauert, bis er die Ergebnisse auch verkaufen konnte. Inzwischen geht es aufwärts. Doch das große Geld hat Lars in seinem Job noch nicht verdient. Seine Frau unterrichtet an einer Musikschule.

Ihre Wohnung hat rund 3000 Euro pro Quadratmeter gekostet, insgesamt fast eine halbe Million Euro. Sie hätten sich diese Wohnung niemals leisten können – wenn es Lars' Vater nicht gäbe. Oder noch präziser: sein Geld. Das große Geschenk. Das vorgezogene Erbe.

Die Winterdämmerung verhüllt den Kanal, auf den wir zulaufen. In unserem Rücken schimmern die beleuchteten Fenster von Lars' Wohnung. Sie liegt in einer parkähnlichen Anlage aus dem späten 19. Jahrhundert, die neunzehn denkmalgeschützten Häuser, typische Berliner Klinkerbauten mit gelber Ziegelfassade, werden von einem Zaun, an einigen Stellen von einer Mauer umfasst. Die Mehrheit der Bewohner hätte die Abgrenzung am liebsten niedergerissen, aber das Denkmalamt ließ nicht mit sich reden. Nun müsse man sich ständig gegen das Vorurteil verteidigen, man wolle sich hier einmauern, sagt Lars. Früher war auf dem Gelände eine psychiatrische Tagesklinik untergebracht. Aber vor sechs Jahren bot der stadteigene Krankenhauskonzern die Anlage zum Verkauf an. Eine Baugruppe griff zu, investierte rund 45 Millionen Euro. Es entstanden 136 Wohnungen und Reihenhäuser, bewohnt von einem, wie Lars sagt, »eher linksliberalen Bürgertum«, Grünen-Klientel, viele kreative Leute, auch Juristen und Selbständige.

»Es waren Familien, für die – wie für uns auch – auf dem Mietmarkt in Kreuzberg das Ende der Fahnenstange war«, sagt Lars. »Wir wollten Strukturen schaffen, in denen wir uns sicher fühlen – mit drei Kindern in dieser irren Welt.«

Es ist ein behagliches Nest geworden. Durch die Scheiben einer der Wohnungen sehe ich hohe, glatt verputzte Wände mit meterhohen Bücherregalen, daneben bunte Kinderzeichnungen. Einer der Bewohner hat eine siebenstöckige Weihnachtspyramide ins Fenster gestellt. Langsam drehen sich die Flügel über den Flammen der Kerzen.

Im Sommer sieht es in der Siedlung aus wie in einem postmodernen Bullerbü: Eine Handvoll Kinder spielt Fußball auf einer der Gemeinschaftswiesen. Drei Mädchen hüpfen auf einem Trampolin. Ein Kleinkind rollt auf seinem Rädchen noch etwas wackelig über den Weg, der die Häuser verbindet. »Es ist schon ein kleines Utopia«, sagt Lars.

Es ist schön hier. Es ist das, was alle wollen. Es ist das, was hier nur noch wenige bekommen können. Um zwölf Prozent sind die Preise in diesem Bezirk Berlins im vergangenen Jahr gestiegen. Wer nicht kauft, muss Quadratmeterpreise zahlen, die bis zu 40 Prozent über dem Mietspiegel liegen. Das Deutsche Institut für Wirtschaftsforschung vermutet, dass in den Großstädten die Mieten auch in Zukunft in ähnlichem Tempo weiter anziehen werden, nämlich im Schnitt um acht Prozent pro Jahr.

Lars sagt, er kenne inzwischen diesen Blick in den Augen seiner Freunde, wenn er sie durch die Räume führt. Ich bin sicher, dass auch ich vorhin so schaute: ein bisschen unentspannt, ein bisschen angestrengt. Neidisch eben. »Ich kann damit nicht umgehen«, sagt Lars. »Ich weiß nicht, wie ich mich zu der Wohnung verhalten soll. Ich stelle mich natürlich nicht hin und sage: Oh, schaut her, mein Besitz. Ich versuche es kleinzureden, schäme mich. Und dann finde ich diesen verdrucksten Umgang auch wieder verlogen.«

Besonders verkrampft, sagt Lars, ist der Umgang mit einer Familie, die er zu seinen engsten Freunden zählte. Sie lernten sich in der Krabbelgruppe ihrer ältesten Töchter kennen und segelten seitdem wie Zwillingsyachten durchs Leben. So schien es zumindest. Ihre Familien wurden zeitgleich größer, die Kinder wurden Freunde. Sie fuhren alle zusammen in den Urlaub, sie hatten dieselben Sorgen. »Und jetzt sitzen die Freunde in meiner Küche und erzählen davon, dass ihre Wohnung zu klein wird, dass sie für ihren Ältesten kein eigenes Zimmer haben; dass sie jetzt so kleine Kajüten in die Wände bauen, um den Kindern zumindest ein bisschen Privatsphäre zu schaffen. Und ich sitze denen gegenüber und fühle mich total bescheuert, weil ich weiß: Ich habe es nicht verdient. Ich habe dieses Geld im wahrsten Sinne des Wortes nicht verdient.« Aber reden, sagt Lars, kann er über all das mit seinen Freunden nicht.

Ich frage: »Und jetzt? Macht es dir nichts aus, davon zu erzählen?«

Er sagt: »Ich glaube, ein bisschen ist das jetzt auch ein therapeutisches Gespräch. Ich muss mein Verhältnis zu diesem Geld klären.«

Dann redet er über all das, worüber meine Freunde schweigen, über all das, worüber auch er mit seinen Freunden nie sprechen könnte: über sein Leben als Erbe. Schnell wird klar: Die schicke Wohnung ist nur das offensichtliche Symptom, das, was jedem sofort ins Auge springt. Aber es gibt, sagt Lars, noch vieles mehr, das ihn von den anderen, den Nichterben, trennt. Sein Leben wird gehalten von einem schützenden Netz, einem Netz, das niemand sieht, gewebt aus dem Geld seines Vaters.

»Das Wissen darum hat mir vieles ermöglicht«, sagt er. »Hätte ich einen Beruf gewählt, der mit solch einer Unsicherheit verbunden ist wie freiberufliches Komponistendasein, wenn ich nicht im Hinterkopf das Gefühl gehabt hätte, da ist noch ein Sicherungsnetz?« Er hält inne. »Ganz im Ernst«, sagt er. »Das geht noch weiter. Das fängt schon damit an, dass wir unsere erste Tochter zu diesem Zeitpunkt wohl kaum bekommen hätten.«

Cut. Rücksprung.

Lars ist 27, Student der Musikwissenschaften. Er hat Ambitionen, will nach Berlin, will zum Film, will Melodien erfinden, nicht nur darüber reden, wie so viele Musiktheoretiker – Wissenschaftler, die nach dem dritten Bier plötzlich erzählen: »Ja, ja, ich habe auch noch eine Partitur in der Schublade.« Seine Frau, die damals noch seine Freundin war, ist noch in der Ausbildung. Die beiden reisen nach Italien. Es geht ihnen gut zusammen. Und schon bald nach ihrer Rückkehr stellen sie fest, dass sie Eltern werden. »Meine Frau war völlig schockiert«, sagt Lars. »Keiner um uns herum hatte Kinder.« Lars aber nahm die Nachricht gelassen entgegen. »Ich fand das super«, sagt er. »Ich wusste, wir schaffen das. Und dieses Gefühl hing damit zusammen, dass mir mein Vater zwei, drei Jahre vorher völlig ungefragt einen Kontoauszug gezeigt hatte.« Einen Kontoauszug, der Lars klarmachte, wie viel sein Vater für ihn angelegt hatte.

Das erste Kind, die Tochter, wird geboren. Lars zieht mit seiner kleinen Familie nach Berlin, nach Kreuzberg, wo er immer hinwollte. Er macht eine Ausbildung bei einer Firma, die vor allem Musik für Werbespots produziert. Er hätte bleiben können, Geld verdienen. Aber er merkt, dass die Werbung nicht so seins ist, wie er sagt. Er denkt an seinen alten Traum vom großen Film und bewirbt sich für ein Masterstudium an der Musikhochschule. Er wird angenommen. Während seines Studiums wird seine Frau wieder schwanger. Mit dem Sohn sind sie nun zu viert. Trotzdem sucht Lars sich nach dem Studium nicht irgendeine Stelle, sondern versucht sich als Komponist durchzusetzen. »Und das sind alles so Sachen«, sagt Lars, »niemals hätten wir das gemacht! Niemals, wenn das Geld nicht da gewesen wäre. Das Sicherheitsgefühl durch das Geld meines Vaters.«

Während des Studiums läuft es mit den Aktien so gut, dass Lars und seine Frau häufig am Ende des Monats mehr Geld haben als zu Beginn, obwohl sie von dem Konto ihr Leben bezahlen, obwohl er keinen Cent verdient. »Da habe ich schon manchmal gedacht: Oh Gott, das ist das Paradies«, sagt Lars.

Dann wird das dritte Kind geboren, wieder eine Tochter. Und die Familie taumelt: zwei Jobs, ein Schulkind, ein Kleinkind und dann noch das Baby, es ist alles zu viel. »Alles, was ich an Projekten hatte, ist weggebrochen«, sagt Lars, »weil ich keine Kraft mehr hatte, meine Frau keine Kraft mehr hatte. Es ging gefühlt gar nichts mehr. Und natürlich spielt Geld gerade da eine extrem wichtige Rolle. Diese Sicherheit, die mir das Geld meines Vaters immer vermittelt hat.«

Im Sommer 2014 veröffentlichte der Soziologe Heinz Bude seinen Essay *Gesellschaft der Angst*. Darin vertritt er die These, dass vor allem die gut gebildete Mittelschicht verängstigt und besorgt sei, da sie das Leben als permanenten Wettkampf empfinde: Schaffe ich es im Job? Kann ich mir die Wohnung leisten? Meinen Kindern Stabilität bieten?

Unsere Moderne scheint brüchig. Die staatlichen Sicherungssysteme und die Arbeitswelt wirken in den Augen vieler weit weniger verlässlich und robust, als sie es früher mal waren. Umso wesentlicher scheint das private, das ererbte Netz zu sein.

Cut. Ortswechsel.

Lars' Vater lebt in einer Kleinstadt bei Würzburg, ganz bescheiden in einer Doppelhaushälfte. Sein Vater, also Lars' Großvater, war Bauer in Bayern. Irgendwann hat er die Ländereien verkauft und das Geld unter den drei Söhnen aufgeteilt. Lars' Vater, von da an mit seinem persönlichen Sicherheitsnetz ausgestattet, beschließt, seine Stelle als Abteilungsleiter bei Karstadt zu kündigen und noch mal ganz neu anzufangen. Er macht das Abitur nach, studiert Medizin und eröffnet erst mit 42 die eigene Praxis.

Er ist ein sparsamer Mann, nur »ALDI-Produkte«, sagt Lars, »und wenn er sich an den Tisch setzt, fragt er als Erstes: Was muss hier weg? Der isst immer die Reste. Daraus spricht so eine Nachkriegsmentalität, die ich extrem selbstlos, extrem beeindruckend finde.« Lars' Vater verdient sein Leben lang mehr, als er ausgibt. Und aus dem Ersparten finanziert er sich seinen Sport: »Er ist Börsianer«, sagt Lars, »hat immer neue Anlagemodelle ausgetüftelt. In Wirtschaftssachen macht man ihm nichts vor.«

Es klingt so simpel, was Lars über den wirtschaftlichen Aufstieg seines Vaters erzählt: das Startkapital aus dem Grundstücksverkauf, fleißig im Beruf, geschickt an der Börse, sparsam im Alltag, nun reicht das Geld, um das Leben zweier Söhne – Lars hat noch einen Bruder – massiv mitzufinanzieren. Wie funktioniert das? Wird man auf diese Weise tatsächlich reich?

Wie beschrieben, gibt es keine letztgültige Statistik über das Vermögen der Reichen. Über ihr Werden und Leben in diesem Land gibt es ebenso wenige verlässliche Daten. Lange haben sich Soziologen mehr für die Menschen ganz unten als für die oben interessiert. Zudem »zeigen sich reiche Menschen meist nicht besonders auskunftsbereit gegenüber Sozialforschern, die mit Fragebögen an der Haustür klingeln und nach Einkommenshöhe und Anlagevermögen fragen«, schreibt der *Spiegel*-Autor Christian Rickens in seiner Millionärsstudie *Ganz oben*. Aber eines, so Rickens, könne man mit Gewissheit sagen: Zum Millionär werde man in Deutschland in den allermeisten Fällen als Unternehmer oder Freiberufler – oder als Erbe.

Und: Das Vermögen verteilt sich nach einem recht simplen Schlüssel: Ältere haben mehr als Jüngere, Männer mehr als Frauen, Westdeutsche mehr als Ostdeutsche. Der Prototyp des Reichen, so die Forschung, ist demnach ein älterer, männlicher westdeutscher Selbständiger. Einer, der in den Boomjahren der Bundesrepublik sein Arbeitsleben begann, von den langen Jahren des Aufschwungs profitierte und sein Geld immer zusammengehalten hat.

»Seit den 1980er Jahren«, sagt Elitenforscher Michael Hartmann, »ist die Chance, aufzusteigen, deutlich geringer geworden.«

»Das höchste durchschnittliche individuelle Nettovermögen besitzt die Gruppe der 66- bis 70-Jährigen mit knapp 175 000 Euro«, schreibt das Deutsche Institut für Wirtschaftsforschung im jüngsten Bericht zur Vermögensverteilung.

In den letzten Jahrzehnten ist der Reichtum der Deutschen rasant gealtert.

»Wenn Sie überprüfen, in wessen Depots mindestens 100 000 Euro liegen, so sind dies mehrheitlich Rentner und Pensionäre«, sagt Andreas Beck. Er ist promovierter Mathematiker, Philosoph, war Risikoanalyst bei der Münchner Rück. 2005 hat er – unterstützt von der SCHUFA und der Schutzvereinigung für Wertpapierbesitz – das »Institut für Vermögensaufbau« gegründet und analysiert, wie das Vermögen der Deutschen entsteht und vergeht. »Es ist eine Generation, die mehrfach begünstigt war«, sagt Beck. Gearbeitet in einer Zeit, als die Löhne gut und die soziale Sicherung komfortabel war. Gespart in Jahren, in denen ein »risikoloser Hochzins« das Vermögen fast wie von selbst mehrte.

Nun alt in einer Zeit, in der die Rente noch ein gutes Auskommen bietet. »Es ist eine extreme Generationenungerechtigkeit«, sagt Beck. Denn heute stagnieren die Löhne, die Zinsen verharren auf Niedrigstniveau, die Jungen müssen zudem privat sparen, wenn sie im Alter gut leben wollen. »Unter diesen Bedingungen bauen sie aus eigener Kraft kein Vermögen auf«, sagt Beck. Versorgt sei nur der Teil der Jüngeren, die das Vermögen der Älteren übernehmen können.

Und so finanziert dieses alte westdeutsche Geld das Großstadtleben der Kinder, die oft nicht müde werden zu erzählen, dass sie vor diesem spießigen, strebsamen Gestus aus der Provinz geflohen sind.

Das Geld zahlt die Miete all der Souterrain-Boutiquen, in denen Töchter bunte Stoffe anbieten, Selbstgenähtes oder Handgeschraubtes, auch wenn sich nur eine Handvoll Kunden am Tag in die Räume verirrt.

Zahlt den Laptop, auf dem die Söhne ihre Projekte entwerfen, ein Twitter-Tool oder eine neue Website für die Off-Szene entwickeln, auch wenn die Ideen leider wieder nicht bezahlt werden.

Zahlt die Einrichtung für die Hipster-Bude in Neukölln, auch wenn es dänische Vintage-Möbel sein sollen, wie der Autor Jakob Wais in der *Welt* bekennt. »Ich habe in den letzten zwei Jahren einen Undercut – einen Seitenscheitel und eine Gel-Tolle – getragen«, schreibt er. »Neben unzähligen Röhrenjeans habe ich in meinem Kleiderschrank einen Mix aus abgetragenem Second-Hand-Kram und sündhaft teuren Designerstücken. Wie ich mir das alles leisten kann?«, fragt er. Und antwortet ehrlich: »Gar nicht. Die letzten zwei Jahre habe ich mich mit Praktika und freier Mitarbeit durchgeschlagen. Ohne die Unterstützung meiner Eltern hätte ich Berlin längst verlassen.«

Zahlt die Jahre, in denen das Kind an dem großen Roman arbeitet oder an der experimentellen Gedichtesammlung. Dann dient das Geld als eine Art Privatsubvention eines homogenen Literaturbetriebs, wie der Berliner Autor Florian Kessler, der wie so viele Jungschriftsteller in der Hildesheimer Autorenschule lernte, in der *Zeit* kritisiert: »Die meist überaus westdeutschen Eltern von uns Schreibschulstudenten hatten noch etwas Anständiges studiert, abends gerne ihren Walser gelesen und zugleich ihr Geld klug angelegt. Meine Generationsgenossen und ich hatten bereits zu Schulzeiten unseren Theater-AGs gefrönt, fanden BWL und Naturwissenschaften profan und sublimierten überhaupt gerne vor uns hin. Wir leben alle von unseren Familien.«

Und das alte westdeutsche Geld zahlt eben auch die Quadratmeterpreise, die für das neue Heim der Kinder und Enkel verlangt werden – vor denen dann Lastenfahrräder parken, als Gegenmodell zum Auto; wo die Kinder sündhaft teuren Wollstrick tragen, als Absage an den schnöden Konsum.

Lange hatte in Deutschland der lakonische Erich-Kästner-Reim Gültigkeit: »Es hilft nicht schönzufärben. Sollen die Kinder erben, müssen die Eltern sterben.« Aber seit einigen Jahren steigt das Vermögen, das »mit warmer Hand« vererbt, also verschenkt wird, rapide an. War die Summe der Schenkungen in den Nachkriegsjahren kaum messbar, beträgt sie heute mehr als die Hälfte der Erbsumme.

Die Journalistin Kathrin Fischer schreibt in ihrem Buch *Generation Laminat*: »Viele unserer Freunde kriegen alle sehr viel Geld von ihren Eltern.« Und: »Die meisten, die wir kennen, haben einen Lebensstil, den sie selbst nicht finanzieren können, sondern der nur funktioniert, weil sie immer noch, auch mit vierzig, von ihren Eltern kofinanziert sind.«

Lars sagt: »Es gibt hier Leute, denen ist das extrem unangenehm, wenn die Eltern aus Hildesheim sie besuchen. Die sagen: Könnt ihr mal ein bisschen leiser reden auf der Straße? Das finde ich furchtbar – weil ich eben genau merke, dass eine gewisse Mentalität meiner Eltern uns das ermöglicht hat, was wir hier leben. Ich bin meinem Vater zutiefst dankbar, weil ich weiß, dass das Leben, das ich führe, ohne ihn und seine ganzen Ersparnisse und ohne seinen Lebensstil nicht möglich wäre, zumindest ist das heute so.«

Früher leistete sich Lars noch mehr Rebellion – oder zumindest das, was er dafür hielt. Sein Vater habe das Geld immer benutzt, um seine Liebe zu zeigen, sagt Lars. Wenn er als Teenager zum Punkkonzert fuhr, schob ihm der Vater einen Fünfziger zu. Hatte er mal wieder zu viel gearbeitet, den Sohn kaum gesehen, zückte er das Portemonnaie, »als hilflose Geste des: Ich habe dich ja lieb«, wie Lars sagt. Noch heute trägt der Vater stets ein Bündel Geldscheine in der Tasche, weil er kein Portemonnaie hat. Und wenn er die Kinder aus der Kita abholt, steckt er den Erziehern etwas zu, als Anerkennung für deren Arbeit. Und wenn er mit den Kindern nach Hause geht, drückt er auch denen regelmäßig eine Münze in die Hand.

»Ich hatte zu diesem Geld immer so ein verlogenes, widersprüchliches Verhältnis«, sagt Lars. »Manchmal habe ich es genommen und gleichzeitig gedacht: Ach, Lars, du käufliche Sau. Dann wieder habe ich es abgelehnt und meinem Vater gesagt: Ich lasse mich hier nicht kaufen.«

Aber dann, 2008, besichtigten Lars und seine Frau das alte Klinikgelände, das heute ihr Zuhause ist. Zwei Architekten aus dem Viertel hatten die Idee, das Gelände zu kaufen. Gemeinsam mit den späteren Eigentümern wollten sie die alten Häuser renovieren, umbauen, als selbstverwaltete Baugruppe – ohne fremden Investor.

»Ich bin dann zu so einer Sitzung mitgegangen«, sagt Lars. »Da wurde extrem viel gestritten. Aber da war ein ganz besonderer Geist. Anfangs hatten wir noch irre Pläne, wollten ganz viel Gemeinschaftliches. Und man war mit vielen Leuten auf einer

Wellenlänge. Das waren Leute, die sich einen Kopf gemacht haben, wie man es schafft, die Anlage möglichst offen zu halten, Feste zu feiern, soziale Projekte reinzuholen. Und das fand ich super.«

Lars steigt zu einem Quadratmeterpreis von 2100 Euro ein. Er nimmt einen Kredit über 75 000 Euro auf und beschließt, ein Finanzprodukt zu verkaufen, das sein Vater für ihn in den siebziger Jahren in New York aufgesetzt hat: einen Zero-Bond, ein Wertpapier mit sechsstelligem Wert, das die Investmentbank Merrill Lynch in ihren Büchern hatte. Es ist der erste Gipfel der Finanzkrise, und lange findet er keinen Käufer.

Es ist eine Zeit, in der Lars oft nicht schläft. Denn auch von der riesigen Baustelle, die die Wohnanlage in diesen Jahren ist, erreichen ihn stetig neue Schreckensmeldungen: Man findet Asbest in den Mauern, einen Schwamm im Dach. Die Kalkulation bricht zusammen. Einige Bewohner auch, wenn sie auf den Gemeinschaftstreffen erfahren, dass schon wieder alles teurer wird. Bald ist klar, dass der Kaufpreis steigen muss, scheibchenweise, bis heute auf über 3000 Euro. Es ist eine Zeit, in der die Angst in der Baugruppe Einzug hält – und in der nur das dichte Netz, das sein Vater webte, Lars' Familie vor Panik bewahrt.

Die Bauherren müssen nachfinanzieren. »Da kommt ein Vermögensverwalter und sieht sich alles an: Was ist dein Job? Wie viel verdienst du?«, sagt Lars. »Und da sind dann einige durchgefallen. Und für uns war das endgültig der Moment des Hose-Runterlassens, auch vor Freunden, Freunden in einer total vergleichbaren Situation mit unserer, die sich diesen Kaufpreis aber dann doch einfach nicht leisten konnten.«

Lars aber kann. Er schafft es, den Zero-Bond in New York loszuwerden, und sein Vater schießt noch einmal Kapital nach. 2011, als die Außenanlage noch eine schmutzige Baustelle ist, zieht Lars mit seiner Familie ein.

Inzwischen weiß ich, dass es kein Zufall war, dass es zunächst die Wohnungen und Häuser meiner Freunde waren, die mich irritierten. In den Großstädten ist der Immobilienmarkt zum neuen Schauplatz alter Verteilungskämpfe geworden. Seit 2010 steigen die Preise. Seitdem haben sich Wohnungen hier um ein Fünftel verteuert. Die Bundesbank warnt bereits vor einer »Spekulationsblase« und schätzt die Preise in begehrten Lagen als »vermutlich um 25 Prozent« zu hoch ein. Vor allem Vermögende, die aus Angst um ihr Erspartes bislang als illusorisch geltende Quadratmeterpreise zahlten, haben die Wohnkosten für alle hochgejazzt. Fast 60 Prozent der Immobilien in Deutschland gehören inzwischen den wohlhabenderen 20 Prozent aller Eigentümer.

»Heute kaufen viele Ältere mit viel eigenem Kapital«, lese ich in der *Welt*, »treffen auf ein knappes Angebot und treiben damit die Preise weiter an. Deshalb müssen sie hohe Mieten verlangen, die die junge Generation kaum noch bezahlen kann. Eine heute junge Familie kann deshalb kaum genug Eigenkapital bilden, um später eine Immobilie zu kaufen.«

Ich denke an David, einen von Lars' Nachbarn. Ich traf ihn unter dem Sonnenschirm vor seiner Wohneinheit, ganz vorne an der Ecke. David ist Psychologe – wie seine Frau auch. Drei Kinder haben sie, und auch sie suchten schon lange nach etwas Größerem, etwas Eigenem, als sie von den Backsteinhäusern erfuhren. »Wir hatten 25 000 Euro zurückgelegt«, sagt David. »Ohne das Geld meiner Eltern hätten wir das niemals alleine stemmen können.« Davids Vater sagte sofort: »Kein Problem, ich unterstütze dich.« Und das tat er dann auch. Einmal zu Beginn, dann, als die Quadratmeterpreise stiegen, und am Ende, als der Bau nicht rechtzeitig fertig wurde, die alte Wohnung aber schon gekündigt war, nahm er David und seine Familie für vier Monate in dem großen Berliner Haus auf, das er sich einst gekauft hatte. »Ich hatte ein schlechtes Gewissen«, sagt David. »Ich habe das Geld nicht gerne genommen.« David sagt, dass er oft rechnet: Wie ging das früher? Wie haben seine Eltern das gemacht? Ein Haus gekauft? Die Praxis der Mutter, die Ärztin ist? Dann noch eine Wohnung als Investment? »Und für uns«, sagt er, »wäre ohne das Geld der Vorgängergeneration nicht einmal diese Wohnung bezahlbar gewesen.«

Draußen mäht ein Mann den Rasen. Ein Vater radelt über den Hof, die Kinder im Anhänger. Eine Frau führt ihren Hund spazieren. Es ist ein Leben von Gnaden der Vorgängergeneration.

David zögert. Eine Sache will er noch erzählen. Aber wie?

Er hatte einen guten Freund, sagt er, ein Tischler, der ihm viel geholfen hat in der Wohnung: eine Zwischenebene eingezogen, einen Schrank gebaut. Sie haben damals viel Zeit miteinander verbracht. Als alles fertig war, luden David und seine Frau die alten Freunde und die neuen Nachbarn zu einem Fest. Der Tischler kam auch. Aber er blieb nicht lange. Erst trank er zu viel, dann beleidigte er die neuen Nachbarn, pöbelte: »Das ist doch hier das Besserverdienenden-Ghetto! Lange wird es nicht dauern, bis ihr uns andere rauswerft!« Dann ging er.

Seitdem hat David ihn nicht mehr gesprochen. Offensichtlich ist es hart, cool zu bleiben, wenn die einen mit dem Geld der Eltern etwas kaufen, wonach man selber sich verzehrt. Und es ist noch härter, gelassen zu bleiben, wenn es nicht um Luxusgüter wie ein schnelles Auto und die Reise ins Skiresort geht, sondern um etwas, das jeder braucht: ein Zuhause.

Sucht man in der Gegend, in der Lars und David leben, nach einer Wohnung, in der Familien wie die ihren – Mama, Papa und drei Kinder – gut leben könnten, findet man, sortiert nach der »geringsten Entfernung«, Anzeigen wie diese:

Kreuzberger Spitzenlage: 157 Quadratmeter, 629 000 Euro.

Oder: *Wohnung in begehrter Kiezlage*, 132 Quadratmeter, 3 Zimmer: 478 500 Euro.

Oder: *Neubau in zentraler Lage, Baubeginn in Kürze*: 122 Quadratmeter für 449 500 Euro.

Okay, könnte man einwenden, Kaufen ist Luxus. Schauen wir also unter »Wohnungen zur Miete«. Da sieht die – weitaus kürzere – Liste dann so aus:

Familienkomfort mit kleinem Garten: Vier Zimmer, 131 Quadratmeter: 1822 Euro im Monat.

Altbauwohnung im vierten Stock: Vier Zimmer, 134 Quadratmeter, 1870 Euro im Monat.

Selbst 103 Quadratmeter Altbau mit drei Zimmern, für eine Familie eher eng, kosten 1300 Euro plus Strom und Heizkosten.

Wem das zu teuer ist, der hat zumindest in dieser Ecke der Stadt keine Chance, der muss weg. Und so werden aus Freunden Gewinner und Verlierer auf dem Wohnungsmarkt – weil die einen den entscheidenden Joker ziehen können: das Vermögen der Eltern.

Die Filmemacherin Katrin Rothe lebte sechzehn Jahre lang in einer Altbauwohnung in der Berliner Bergstraße. Die Räume waren ihr Zuhause. Dort kamen ihre Kinder zur Welt, dort wuchsen sie auf. Dann wurde auch ihr Haus verkauft, an einen Investor, spezialisiert auf »einzigartige Wohnungen« und »Häuser mit Entwicklungspotenzial«. Katrin Rothe entdeckte ihre Wohnung als Top-Angebot im Internet: Eine halbe Million Euro setzte die Maklerin an. Und sagte ihr, die einen gültigen Mietvertrag hatte: »Keiner kauft die Wohnungen mit Ihnen.« Es folgten Monate der Abmahnungen, des Drucks, des Psychoterrors, von denen Katrin Rothe in ihrem preisgekrönten Dokumentarfilm »Betongold« erzählt. Immer wieder führte die Maklerin Menschen durch die Wohnung, die Rothes Zuhause kaufen wollten. Junge Paare mit Kindern und ohne Kinder, Berliner und Zugezogene. Rothe wirkte in diesen Szenen zunächst aufmüpfig, später verkniffen, am Ende stumm wie ein sperriger Einrichtungsgegenstand, den es zügig zu entsorgen gilt.

Die Stimmung bei den Besichtigungen war kühl, manchmal feindlich. »Dabei unterschieden sich die Kaufinteressenten kaum von uns, den bisherigen Mietern«, sagt Rothe. »Auch sie gehören zur deutschen Mittelschicht.« Einmal war sie sogar mit einer Frau, die die Wohnung gegenüber gekauft hatte, Kaffee trinken. Die Frau war nett, sagt Rothe, »ganz normale Leute«, wie die, die auch durch ihr Wohnzimmer liefen, die Küche checkten, ins Schlafzimmer schielten: »Nur mit mehr Geld.«

Kathrin Rothe ist mit ihren zwei Söhnen mittlerweile in einen Plattenbau gezogen. Die Gegend um ihre alte Wohnung ist für sie nicht mehr bezahlbar. Die Freunde ihrer Söhne leben am Stadtrand, verdrängt von den Familien, die – auf wundersame Weise – die halbe Million zahlen konnten. »Es ist schwer, da nicht bitter zu werden«, sagt sie.

David sagt: »Ich stelle mir immer wieder die Frage: Warum können wir uns unsere Wohnung nicht mit dem Geld leisten, das wir verdienen? Warum habe ich das hier nicht selber geschafft? Es fällt mir schwer, das zu akzeptieren.«

Lars sagt: »Natürlich wurmt es mich, dass ich es nicht ohne Hilfe gepackt habe. Aber letzten Endes bin ich froh, dass mein Vater da war.«

David sagt: »Das schlechte Gewissen bleibt.« Auch den Eltern gegenüber. Er habe lange überlegt, wie er etwas zurückgeben kann, hat die Eltern zum Kaffee eingeladen. »Das wiegt es nicht ganz auf«, sagt er und grinst. Jeden Sonntag fährt er außerdem zum Wochenendbesuch in das Familien-Haus. »Ich mache das gerne«, sagt David. »Mein Vater ruft meist schon am Donnerstag an und fragt, ob wir kommen.« Nach der Sache mit dem Geld, sagt David, fühlte er sich lange verpflichtet, immer, wirklich immer »Ja« zu sagen.

»Als ich meinen Vater zum ersten Mal durch die Wohnung geführt habe, war ich aufgeregt«, sagt Lars. »Wenn er abgewunken hätte … Ich hatte mir vorher Argumente zusammengesucht, um ihm klarzumachen: Hey, das ist hier kein doofes Investment, Kreuzberg ist begehrt. Ich hatte immer den Komplex, dass ich nicht so wie mein Bruder bin – der ist Banker. Nicht so solide, nicht so gut im Umgang mit dem Geld.«

Und wie fand es dein Vater?

»Er hat das Potenzial gesehen«, sagt Lars. »Aber vor allem hat er gesehen, dass unser Keller noch eine Baustelle war, und er hat da tagelang aufgeräumt, mit einem Industriestaubsauger den Boden gereinigt, Regale eingebaut. Das war perfekt für uns. Wir hatten zu der Zeit siebenhundertdreiundneunzig Dinge gleichzeitig zu erledigen. Das hätten wir vor dem Einzug nie geschafft.«

Das heißt, er hat da auch die Grundlage geschaffen?

»Ja«, sagt Lars. »Am Ende hat diese Wohnung uns zusammenrücken lassen, hat eine Brücke gebaut zwischen mir, meinem Vater und dem Geld.«

Also eigentlich seid ihr jetzt alle glücklich?

Lars denkt nach. »Alle glücklich? Das klingt so furchtbar. Ich bin meinem Vater dankbar. Und kann ihm endlich zeigen, dass ich seine Lebensleistung anerkenne. Aber wirklich gut wäre es erst, wenn meine Freunde auch in unserer Lage wären.«

Es sind Brüche entstanden, sagt Lars. Wenn er jetzt mit den Freunden und deren Kindern unterwegs sei und die ganze Horde Durst habe oder Hunger, spüre er diesen Blick, diese Anspruchshaltung: Warum zahlst nicht du? Du bist doch der mit der Wohnung, der mit dem reichen Vater? Seine Frau hat ihn gebeten, den Quadratmeteraufpreis ein bisschen nach unten zu korrigieren, wenn Freunde wieder wissen wollen: Wie teuer war sie denn, die Traumwohnung? Es haben Leute »Bonzen, verpisst euch!« an die Mauer der Wohnanlage gesprüht. Und als ein Nachbar ein paar betrunkene Typen angemacht hat, die nachts um zwei auf dem Trampolin der Kinder rumhingen, schrien die: »Ey, wir waren zuerst da! Ihr Bonzen! Haut ab!«

»Ich weiß, dass viele kämpfen, um an diesem Ort hier bleiben zu können«, sagt Lars, »Freunde, die arbeiten wie wir. Natürlich ist das nicht gerecht.« Er habe einen Freund, der seinen Eltern von Beginn an klargemacht habe: Gebt alles weg! Ich will von euch nichts! »Das war bei dem eine politische Haltung«, sagt Lars, »weil er gesagt hat: Es kann nicht sein, dass solche Privilegien immer weitervererbt werden.« Pause. »Ich kann den da eigentlich zu hundert Prozent unterstützen«, sagt Lars. Wieder Pause. »Aber ich profitiere jetzt natürlich davon. Und das ist der Widerspruch, dessentwegen ich mich am Ende des Tages vielleicht auch schäme. Aber dann sage ich mir: Fucking hell! Wir haben es nicht verdient! Wir haben wirklich einfach nur Glück gehabt. Aber wenn wir dieses Glück nicht annehmen: Wem nützt das?«

Da liegt es, mein erstes Mosaiksteinchen. Lars' Geschichte soll den Anfang machen, eine Geschichte, die von einem normalen Leben einer Großstadtfamilie erzählt. Es ist keine der spektakulären Erbengeschichten, die sich hinter den weiteren Mosaiksteinchen verbergen, Geschichten, in denen es um unfassbaren Reichtum gehen wird, um erbitterte Kämpfe, sogar um Mord.

Lars' Leben ist dagegen gewöhnlich. Papa und Mama, zwei Akademiker mit guten Berufen, und drei Kindern. Er ist nicht maßlos, nicht ungehörig. Er will mit seiner Familie ein Leben in einer ausreichend großen Wohnung führen, will bleiben dürfen, auch wenn die Straßenzüge, in denen sein Zuhause liegt, begehrter werden; will abgesichert sein, auch wenn die Arbeitsbedingungen mal prekär sind. Das alles gelingt ihm aber nur, weil er das Vermögen seines Vaters einsetzen kann. Aus eigener Kraft hätte er das nicht geschafft.

Ich blättere noch einmal die Seiten durch, die ich während des Gesprächs mit dem Bankanalysten Andreas Beck gefüllt hatte. Schon damals war ich erstaunt, dass der Mathematiker im Laufe des Gesprächs immer leidenschaftlicher wurde, immer empörter.

»Es ist wahnsinnig ungerecht«, hatte er stetig wiederholt, »wahnsinnig ungerecht«, dass sich das Vermögen bei den Alten ballt, dass die Chancen der Jungen, eigenes Vermögen aufzubauen, so schlecht wie selten seien. »Es gab mal das Versprechen, dass jemand, der brav arbeitet in diesem Land, im Laufe seines Lebens Wohlstand aufbauen kann«, hatte Beck gesagt. »Es war lange kein Thema, dass ein junger Mann, ein Ingenieur zum Beispiel, mit seinem Einkommen eine Doppelhaushälfte am Rande von München finanzierte. Heute schafft das ein Siemensianer nie im Leben. Es sei denn, er hat geerbt.«

»In diesem Land regt man sich über so vieles auf, warum nicht darüber?«, hatte ich gefragt.

»Der Großteil der Wähler sind Rentner«, hatte Beck gesagt. »Wer hat ein Interesse, etwas zu ändern? Und viele der Jungen, die sich aufregen könnten, werden aufgefangen, weil sie das Vermögen der Alten übernehmen.«

Ich denke an Mosaiksteinchen zwei und drei, an Beate und Christian. Und an das Erbe, das auf Beates Konto liegt. Beate ist keine, die »Fucking hell, hab ich ein Glück« schreit. Beate schweigt. Beate hat sich auch keine Wohnung gekauft. Sie rührt das Geld nicht an. Stattdessen quält sie sich im Stillen seit zwanzig Jahren damit, ihr Verhältnis zu diesem verdammten Vermögen zu klären. Beate würde wohl bei jedem Satz, den Andreas Beck mir in den Block diktierte, eifrig nicken. Auch sie findet, dass das üppige Geschenk ihrer Eltern an sie und ihren Bruder dazu beiträgt, dass das Land ungleicher wird, ungerechter. Da will sie eigentlich nicht mitmachen. Aber das Geld ist da. Es klebt an ihr. Sie hängt an ihm. Wie auch immer.

2. ZWEIFEL

Ich erwarte Beate in einem Café irgendwo in einer ostdeutschen Universitätsstadt. Sagen wir: Jena, auch wenn das nicht stimmt. Beate ist Wissenschaftlerin, examiniert, promoviert in einem Zukunftsfach. Sagen wir: Festkörperphysik. Auch das ist nicht wahr, aber das Fach würde sie sicher interessieren. Ich habe einen Tisch an der Rückwand des Raumes ausgewählt mit Blick auf die Tür. So sehe ich die, die reinkommen: Studenten mit Zeitung, Touristen mit Stadtplan, eine Frauenclique mit guter Laune. Das Café, das Beate vorgeschlagen hat, ist ein Massenladen, ein Durchschnittsetablissement, ein Jedermann-Treff.

Beate will das Normale in ihrem Leben wahren. Deshalb Jena. Deshalb Festkörperphysik. Deshalb dieses Café. Niemand soll davon erfahren, dass es in Beates Leben noch etwas ganz und gar nicht Gewöhnliches gibt: das geheime Konto, das versteckte Vermögen, das Erbe der Eltern.

Als Beate 18 Jahre alt wurde, trat sie, wie immer, an den Gabentisch. Da lagen ihre Geschenke und der Kuchen, wie an jedem Geburtstag. Aber an diesem Tag war etwas anders. War da noch ein Umschlag mit einer Karte? Oder haben ihre Eltern ihr das mit dem Extra-Geschenk einfach gesagt? In Beates Gedächtnis ist dieser Moment, der vieles verändert hat, ausgelöscht, so sehr hat sie die Neuigkeit damals überwältigt: Sie war an diesem Morgen nicht nur volljährig, sondern auch ziemlich reich geworden. Beates Eltern überreichten ihr 40 000 Mark von ihrem Opa und die Zugangsdaten zu einem Konto, auf dem sie 500 000 festgelegt hatten. Eine Schenkung als vorgezogenes Erbe. Das fanden sie clever, der Steuer wegen.

Die 18-jährige Beate stand vor dem Geburtstagstisch und wusste, es würde nun erwartet, dass sie sich bedankt, dass sie sich freut. Aber sie war wie gelähmt. Beate war damals ein linker Teenager, politisch aktiv, rebellierte ein bisschen, wollte anders leben als die Eltern. Geld, das war Kapital, das war böse. Und dann das: ein geschenktes Vermögen. Sie wusste: Das will ich nicht. Das passt nicht zu mir. Und dennoch war es da. Und es blieb. Und wurde mehr und mehr.

Beate ist gerade vierzig geworden, ihr achtzehnter Geburtstag also schon zweiundzwanzig Jahre her. Sie ist längst kein unsicherer Teenager mehr. Sie hat eine Arbeit, die sie ernährt. Im vergangenen Jahr hat sie ihren Freund geheiratet, den Vater ihrer zwei Söhne. Die beiden leben von dem, was sie Monat für Monat verdienen. Das reicht, um die Mietwohnung zu zahlen, das Essen, die Kleidung, die Urlaube. Das genügt, um ein durchschnittliches Leben zu führen. Das Geld ist in diesen zweiundzwanzig Jahren Beates Geheimnis geblieben. Ihr Mann weiß von dem Konto. Sein Bruder. Eine alte Bekannte. Eine Kollegin. Ihre Söhne, neun und elf, wissen nichts. Ihre Freunde nicht. Ihr Chef nicht. Die Nachbarn nicht. Und das, wünscht Beate, soll auch so bleiben.

Wie zwei Unterhändler haben wir am Telefon die Bedingungen für dieses Treffen ausgemacht. Dann habe ich unsere Abmachung noch einmal per Mail bestätigt: »Zur Anonymisierung Ihrer Geschichte wird im Text weder Ihr Name noch Ihr Forschungsinstitut erwähnt«, habe ich geschrieben. »Zur Verfälschung – das heißt, damit Sie für Außenstehende nicht erkennbar sind – werde ich Ihre Fachrichtung abändern und Sie an eine andere Uni versetzen.« Also: Der Name, die Stadt, die Uni – das ist die Lüge, die Beates Geheimnis schützen soll. Der Rest ist wahr.

Da kommt Beate. Obwohl ich mir noch auf der Hinfahrt ihr Foto angeschaut hatte, hätte ich sie nun fast übersehen. Beate trägt die grauen Haare kurz, eine runde, kleine Brille, ein T-Shirt, eine Funktionsjacke, einen Rucksack. Mehr Bescheidenheit geht kaum.

Beate bestellt ein Bier. Sie bietet mir das »Du« an. Dann kommt sie gleich zur Sache: »Ich finde erben undemokratisch«, sagt sie. »Ich finde es ungerecht und undemokratisch. Man wird, wie ich, in eine Familie hineingeboren, in der sowieso schon viel Geld da ist. Man kriegt, wie ich, ein Studium finanziert und hat dann alle Möglichkeiten. Da finde ich es illegtim, dann auch noch zu erben. Denn ich habe schon den Anspruch, dass eine Gesellschaft zu einem Mindestmaß auf Chancengleichheit basiert.«

Auch wenn ich mich dagegen wehre, folgt mein Denken in diesem Moment Pawlow'schen Reaktionsmustern: simpel, reflexartig und für kluge Menschen wie Beate vermutlich extrem gut vorhersehbar. Ich denke: Welch ein Luxusproblem! Ich denke: Wenn sie das Geld nicht haben will, soll sie es abgeben! Dann denke ich zum Glück aber auch noch: Stopp, hör doch erst mal zu!

Der Reichtum kam auf leisen Sohlen in Beates Familie. Das Geld wurde Jahr um Jahr einfach immer mehr. Der Analyst Andreas Beck hat recht, wieder so eine westdeutsche Wohlstandsgeschichte. Deren Verlauf scheint tatsächlich prototypisch zu sein: Beates Eltern hatten als Juristen gute, lebenslange Anstellungen. Sie lebten sparsam, machten keine extravaganten Urlaube, kauften die Autos immer gebraucht, sogar die Fahrräder. »Die haben sich das Geld erarbeitet und erspart«, sagt Beate. Und sie legten es gut an: Damals gab es acht Prozent Zinsen auf Bundesschatzbriefe. Die DAX-Aktien stiegen und stiegen. Und so ließen Fleiß, Klugheit und Bescheidenheit das Kapital auf den Konten der Eltern wachsen, bis es ein Vermögen war: 500 000 für die Tochter, 500 000 für den Sohn. Und das war nur die erste Tranche. Über die Jahre überwiesen die Eltern immer wieder Geld. »Ich wollte das nicht«, sagt Beate. Sie sagte ihren Eltern: Ich hatte eine behütete Kindheit. Ich stehe auf eigenen Füßen. Es ist gut. Ich brauche nicht noch mehr. Die Eltern waren gerührt. Aber sie zahlten ungerührt weiter. »Ich kann sie schwer davon abbringen«, sagt Beate. Also wurde das Konto praller und praller.

»Das Geld steht da in der Abstellkammer«, sagt Beate. Und sie will es da auf keinen Fall rauslassen. Beate kämpft dagegen, dass das Geld ihrer Eltern, um das sie nicht gebeten hat, ein Teil von ihr wird.

An dieser Stelle spule ich ein paar Wochen vor, zu einem Januarabend. Es ist dasselbe Café. Diesmal sitze ich vorne rechts, am Fenster – gemeinsam mit Christian, Beates Mann. Er hat sich gerade selbständig gemacht mit einem Unternehmen, dessen Namen und dessen Zweck ich nicht nennen darf. Nur so viel: Es ist etwas Technisches, und es läuft gut. So gut, dass es nicht einfach für ihn war, sich einen Abend freizuhalten. Aber er wollte gern über dieses Geld sprechen, über das sie zu Hause fast immer schweigen. Auch Christian heißt natürlich anders. Auch er muss unerkannt bleiben, um Beates Tarnung zu wahren.

Christian ist ein ruhiger, bärtiger Typ. Er hat eine Eigenschaft, die selten ist: Stelle ich eine Frage, sagt er: erst mal nichts. Zunächst bin ich irritiert, dann merke ich, dass er einfach nur gründlich nachdenkt, bevor er präzise antwortet. Er will diese komplizierte Geschichte mit dem Erbe so gern gut erklären. Es ist wie bei Lars: Der Schutz der Fremdheit lässt die beiden reden – über Dinge, die sie weder den eigenen Kindern noch engen Freunden erzählen, Dinge, die sie nicht einmal untereinander so richtig besprechen.

»Als ich von dem Geld erfahren habe, waren wir seit einigen-halb Jahren zusammen«, sagt Christian, »hatten aber noch keine gemeinsame Wohnung. Sie hat es mir einfach erzählt. Es war ihr sehr unangenehm, damals, wie all die Jahre danach.«

»Was hast du gedacht?«

Er lacht. »Ich fand es total schön«, sagt er. »Es ist doch besser, Geld zu haben, als kein Geld zu haben.«

»Christian war der Erste, mit dem ich über das Geld reden konnte«, sagt Beate. »Durch ihn wurde das Geld real – ohne dass er jetzt Druck gemacht hat, es für dieses oder jenes auszugeben.«

Die beiden wussten schnell, dass der andere der Richtige ist. Sie mieteten eine gemeinsame Wohnung. Sie bekamen zwei Söhne. Vor kurzem heirateten sie nach fünfzehn Jahren »aus einer Laune« heraus, wie Beate sagt. Sie sind ein Paar. Sie teilen alles. Nur das Geld nicht.

Beate und Christian entschieden sich recht früh nach ihrem Kennenlernen für eine Drei-Konten-Lösung. Bis heute gibt es das gemeinsame Konto, das Alltagskonto, auf das jeder sein Einkommen einzahlt, das Geld, von dem sie leben, mit dem sie ihre Miete zahlen, ihre Einkäufe, ihre Urlaube, all das, was die beiden Jungs brauchen. »Darüber hinaus haben wir vereinbart: Jeder behält sein Vermögen«, sagt Beate. Es gibt also das Christian-Konto, das fast leer ist. Und das Beate-Konto, auf dem die Erbschaft ruht. »Darauf haben meine Eltern immer mehr Geld überwiesen«, sagt Beate. »Immer, wenn sich bei ihnen wieder zu viel Geld angesammelt hatte.« Beate sagte ihren Eltern: Christian und ich leben jetzt zusammen. Wir sind eine Familie. Wir haben ein gemeinsames Konto. Aber das Geld geht weiter nur an sie.

»Christian hat mir das direkt zu Beginn vorgeschlagen, dass wir das Vermögen so geteilt lassen«, sagt Beate. »Ja, es war sein Vorschlag, und das hat mich sehr erleichtert.«

Christians Denkpause ist länger als die davor, als ich auch ihn frage: »Wie habt ihr geklärt, wem das Geld gehört?«

Dann sagt er: »Ich glaube, das haben wir eigentlich bis heute nicht geklärt. Es ist eine so schwierige Geschichte mit diesem Geld. Es gehört ihr, aber nicht nur. Vielleicht auch uns allen. Aber auf jeden Fall kann sie darüber bestimmen, was damit passiert.«

»Findest du das so gut?«

»Nein«, sagt er, »das finde ich gar nicht gut, weil wir eine Familie sind. Das ist auch das Schlimme an diesem Erbe: Das Geld frisst sich in die Beziehungen zwischen Menschen.«

Beate und Christian kommen aus recht ähnlichen Elternhäusern. Ihre Eltern arbeiteten als Juristen. Seine Eltern in der gehobenen Verwaltung, aber im falschen System. Christian wuchs in der DDR auf. 1989, als die Wende kam, fiel die Familie auf null, na ja, auf fast null: 10 000 Mark hatten sie. Die Eltern waren erst arbeitslos, gründeten dann eine Firma, die jedoch erst mal Geld verbrannte, bevor sie welches erwirtschaftete. »Die haben sich durchgekämpft«, sagt Christian. Aber sie bauten kein Vermögen auf. Und so führten die spiegelbildlichen Lebenswege der beiden Elternpaare zu komplett unterschiedlichen Ergebnissen: Beates Eltern gaben und geben. Christians Eltern nicht.

Ich denke an meinen Freund – der Fleißige, mit der teuren Mietwohnung. Er sagt, dass er manchmal traurig wird, wenn die anderen erzählen, dass ihre Eltern für das viele Geld, mit dem sie den Kindern nun Wohnungen kaufen, ja auch etwas geleistet hätten, als Anwälte oder Zahnärzte. Sein Vater war Professor an einer großen Kinderklinik, hat für seine Patienten immer alles gegeben, seine Leistung ist unumstritten, das Erbe dennoch überschaubar: Denn er heilte Kinder in Ostberlin.

Auch fünfundzwanzig Jahre nach der Wiedervereinigung ist das Nettovermögen im Westen mehr als doppelt so hoch wie das im Osten. Beim Median, also dem Punkt, an dem sich die reiche Hälfte von der armen teilt, ist das Gefälle noch größer: Im Westen liegt der Scheidpunkt bei 21 000 Euro, im Osten bei nur 8000. Vermögensforscher vermuten, dass diese Unterschiede noch lange zementiert bleiben, auch wegen ungleicher »intergenerationaler Übertragungen«, wegen ungleicher Erbsummen also. Der Fachdienst BBEmedia schätzt, dass die Erbschaften in den neuen Bundesländern nur ein Drittel des Durchschnittsniveaus des Westens erreichen.

»Das Erbe wäre ein heikles Thema zwischen unseren Familien«, sagt Beate.

»Ich glaube, dass es meine Eltern sehr verletzen würde«, sagt Christian. »Das ist auch der Grund, warum ich ihnen das nie gesagt habe. Und es macht alles noch komplizierter, weil ich den Drang habe, mal mit meinen Eltern zu reden. Aber ich glaube, sie dächten dann: Solche Summen können wir unserem Sohn nicht geben. Ich will kein Geld von ihnen, und das wissen sie auch, aber trotzdem wäre die Verletzung da.«

Beate, Christian und die beiden Kinder leben in einer 80-Quadratmeter-Mietwohnung in einer Gegend, in der die meisten gerade so hinkommen mit dem, was sie verdienen. »Die Wohnung ist schön, aber mit zwei Kindern doch sehr klein«, sagt Beate. »Jemand, der von außen auf unser Leben blickt, würde nie erahnen, dass ich dieses Vermögen habe.« Beate sagt, ihre Eltern fragen immer mal wieder ganz vorsichtig: »Warum kauft ihr euch nicht ein Haus? Also, wir an eurer Stelle würden ja …«

Christian sagt: Jedes Jahr, wenn die bei uns sind, betonen sie: Wenn ihr ein Haus haben wollt, sagt nur Bescheid! Wir unterstützen euch! »Sie würden dann wohl noch mehr geben«, sagt Christian.

Und?

»Wenn wir ein Haus haben wollen, würde ich das selber bezahlen wollen«, sagt Christian. »Beate und ich müssten es gemeinsam geschafft haben. Dann wäre es prima. Sonst nicht.«

Lars genießt in seiner Wohnanlage einen Standard, den er ohne das Geld seines Vaters nie zahlen könnte. Beate beschränkt sich in ihrer Mietwohnung, obwohl ein Haus für sie zu finanzieren wäre. Die meisten machen es so wie Lars. Kaum ein Reicher lebt – wie Beate – unter Normalen.

2007 beauftragte die HypoVereinsbank Thomas Perry, den damaligen wissenschaftlichen Direktor des Milieuforschungsinstituts Sinus, das Leben der Millionäre zu untersuchen. Es war einer der ernsteren Versuche, endlich valide, sozialwissenschaftliche Daten über Reiche zu erheben. Man wollte ein paar Fragen beantworten können: Wie leben die Wohlhabenden in diesem Land? Was denken sie? Was machen sie mit ihrem Geld? Und wie viel ist es wirklich? In etlichen mehrstündigen Interviews versuchte Perrys Team, die Reichen zu begreifen. Eines fiel ihm besonders auf: Sie eint das Bedürfnis, unter sich bleiben zu wollen. Sie organisieren, sagte Perry, ihr Leben in Netzwerken – aus Sorge, sonst ausgenutzt zu werden, sich rechtfertigen zu müssen, beneidet zu werden.

Wer Beate zuhört, begreift schnell, dass das der einfachere Weg ist; dass es kompliziert ist, mehr zu haben als alle um einen herum, weil man ständig entscheiden muss, wie man sich verhält.

Zu Beginn war Beate noch offener. Nach dem Abitur lebte sie mit einer Freundin in einer WG. Sie erzählte ihr von einem kleinen Teil des Geldes, den 40 000 Mark, die von ihrem Opa waren. Sie habe mal antesten wollen, wie andere auf das Geld reagieren, sagt Beate. Kurz darauf merkte sie es: Eigentlich hatten Beate und ihre Freundin nämlich beschlossen umzuziehen. Die Wohnung war teuer. Aber nun sagte die Freundin auf einmal: Wieso sollen wir umziehen? Nimm doch dein Geld für die Wohnung! »Plötzlich durfte ich die Wohnung nicht mehr teuer finden«, sagt Beate.

Dann war da die Kollegin, Person Nummer drei, die von dem Vermögen weiß. Als sie die Universität verließ, organisierte Beate ein Grillfest, kaufte alles ein, »so für hundert Euro«. Danach fragte die Kollegin: »Was bekommst du dafür?« Beate sagte: »Ach komm, du bist eingeladen.« Und die Kollegin sagte nicht »danke«, nicht »toll«, sondern »Stimmt ja, du hast ja Geld«.

Da beschloss Beate, das Geheimnis noch besser zu hüten, aus Sorge, dass jede Ausgabe, die sie tätigt, jedes Geschenk, das sie macht, jede Einladung, die sie ausspricht, an ihrem Vermögen, an dem, was möglich wäre, gemessen wird. Aber auch das Schweigen löst das Grundproblem nicht: Was macht man, wenn man so viel mehr hat als alle um einen herum? Als die Nachbarn, als die Freunde, sogar als der eigene Ehemann? Hört man weg, wenn die anderen über Geldsorgen reden? Überlegt man zu helfen?

Es ist dieses dumpfe Gefühl, das auch Lars kennt, wenn er in seiner Wohnung mit den Mietsorgen der anderen konfrontiert ist.

Beate sagt: »Ich habe ein moralisches Problem mit meinem Erbe. Und mir fällt dann immer auf, wie groß der Kontrast zu meinem Konto ist. Oft fühle ich mich in solchen Situationen nicht wohl.«

Christian sagt: »Wir sind in Gesprächen mit Freunden nie frei. Die reden ja schnell darüber, dass sie im Dispo sind. Und dann? Sagt man was? Wenn wir jetzt den Freunden zumindest erzählen könnten: Ja, wir haben das Geld erspart. Wir haben es beiseitegelegt. Aber das Erben könnten wir niemandem gegenüber rechtfertigen. Das ist ja eben das Ungerechte daran.«

Und so unternehmen die beiden immer wieder zaghafte Versuche, diese Ungleichheit um sie herum abzufedern. Brauchen Freunde Geld, bieten sie einen zinslosen Kredit an. Weil eine Freundin die Ausbildung ihrer Tochter nicht allein finanzieren kann, übernehmen sie einen Teil, »auch ohne Zurückzahlung«, sagt Beate, »oder nur, wenn das Mädchen mal möchte«. Das sind die Erfolgsmomente. Aber meist, sagen beide, ist es furchtbar, wenn sie versuchen, die große Ungleichheit im Kleinen zu beheben.

Gerade war Christian mit einem seiner besten Freunde im Urlaub, eine Woche skifahren in Tschechien. 700 Euro hat das gekostet. »Der Kumpel hat dafür einen Dispo aufgenommen«, sagt Christian. »Ich habe ihm angeboten: Komm, ich zahl dir die siebenhundert, nicht diese Dispo-Scheiße. Er wollte nicht. Kann ich gut verstehen. Und ich fand so doof, dass ich etwas gesagt habe.«

Ein anderes Mal kauften die beiden einer befreundeten Familie ein neues Auto, einen kleinen Transporter für 4000 Euro. Es sollte eine Art Anschubfinanzierung für den Ökobauernhof der Freunde sein, eine nette, aber etwas rummelige Anlage. Beate dachte, der Mini-Betrieb bräuchte einfach ein ordentliches Auto, dann würde es laufen, dann käme der Durchbruch. Aber dem war nicht so. Die Familie machte weiter Schulden. Der Verkauf lief auch nicht besser. Und Beates Geld war einfach weg.

»Das war eine Scheißaktion«, sagt Beate. »Da ist auch nie wieder drüber gesprochen worden.«

»Nicht noch mal«, sagt Christian. »Es war alles prima. Und nun steht diese Geschichte mit dem Auto zwischen uns.«

»Es macht alles kompliziert. Ich habe lange überlegt, ob ich das Geld tatsächlich komplett weggeben«, sagt Beate, »weil ich erst dann entlastet wäre.«

Nun spricht also Beate den Gedanken aus, der auch mir sofort als prima Lösung für ihr Problem mit dem unverlangten Erbe einfiel: Weitergeben! Verschenken! Weg damit! Es gibt da draußen schließlich genug Menschen, denen ein bisschen Geld ganz gelegen käme. Aber mal ehrlich: Würden Sie es machen? Ihr Erbkonto leerräumen? Das Ersparte Ihrer Eltern in die Welt jagen?

Geld stinkt nicht, es klebt. Beate überlegt seit zwanzig Jahren, ob eine Trennung von dem Erbe nicht für beide Seiten eine kluge Lösung wäre. Allein: Selbst ihr fällt immer wieder etwas Neues ein, was dagegen spricht.

Am ernsthaftesten waren ihre Scheidungsgedanken gleich zu Beginn, im Jahr nach der Schenkung, als sie neunzehn war. »Damals war ich eigentlich überzeugt davon, alles abzugeben«, sagt sie. »Das Problem war nur: Ich wusste nicht, wohin. Ich wusste nicht: Was ist eine wirklich gute Sache?« Sie hält inne. »Es ist ja auch ein Risiko, wenn man eine Idee, ein Projekt mit solchen Summen unterstützt. Man will ja nicht sein Leben lang der sein, der alles für den Vietcong gegeben hat, so wie Tom Koenigs.«

Offensichtlich will nicht einmal Tom Koenigs sein Leben lang der sein, der alles für den Vietcong gegeben hat. Auf Anfrage lässt sein Büro wissen, dass er nicht mehr über sein Erbe sprechen möchte. Die Geschichte also in Kürze aus der Konserve:

Tom Koenigs, heutiger grüner Bundestagsabgeordneter, ehemaliger Menschenrechtsbeauftragter der Bundesregierung, noch ehemaligerer Kampfgenosse von Joschka Fischer, erbte mit einundzwanzig das Vermögen seines Großvaters, der Bankier war, »ein guter anscheinend«, wie Koenigs 2010 im Gespräch mit der *Süddeutschen Zeitung* vermutet. »Mit vierzig hat er sich auf sein Landgut zurückgezogen und von Stund an nur Chopin gespielt und seine Bibliothek bewohnt. Sehr reizvoll.« Damals, als junger Mann, fand Koenigs das vererbte Vermögen weniger reizvoll, und er beschloss, das Geld – irgendetwas zwischen 500 000 und fünf Millionen Mark, wie er vage erinnert – an den Vietcong zu verschenken. »Damals war das nichts Besonderes«, erzählt Koenigs der *Süddeutschen*. »Ich habe einen Großteil des Geldes in zwei Sporttaschen an die Vietnamesen übergeben, auf einem Parkplatz in Westberlin. Die sind mit einem Botschaftsauto aus Ostberlin gekommen. Damals wollte ich einfach dem kleinen bedrohten Volk der Vietnamesen helfen.«

»Der kann in seinem Leben machen, was er will«, sagt Beate. »Diese Geschichte wird immer bleiben.« Und aus Sorge, für eine Idee alles zu geben, die sich Jahrzehnte später dummerweise mal als Irrweg herausstellen könnte, machte Beate mit neunzehn erst einmal nichts. Später, als sie ein wenig älter war, hatte Beate vor allem Sorge, mit einem Abschied von dem Geld ihre Eltern zu enttäuschen. »Sie leben ja noch«, sagt Beate. »Das heißt, sie würden es vielleicht mitkriegen. Ich weiß nicht, ob sie das verstehen würden oder ob das ein totaler Affront wäre.« Sie stockt. »Eigentlich weiß ich, dass es sie verletzen würde. Ich hätte ihr Geschenk zurückgewiesen.«

Und seit ein paar Jahren, eigentlich, seit ihre Kinder auf der Welt sind, ist da noch ein neues, ein ganz ungewohntes Gefühl, das sie an das Geld bindet, sagt Beate: »Manchmal finde ich es inzwischen angenehm, dass es da ist. Dann denke ich: Es ist ein schönes Polster. Es gibt mir Freiheit. Ich habe nie Existenznot gespürt, nie Panik bei dem Gedanken: Ich muss eine Familie ernähren.« Auch sie schätzt nun also das Sicherheitsnetz, das auch Lars hält.

»Meinst du, Beate würde es besser gehen, wenn das Geld nicht da wäre?«

Christian überlegt diesmal nicht lange: »Ja, das glaube ich«, sagt er. Und: »Ich weiß nicht, warum sie es nicht weggibt.« Und dann überrascht er mich und auch wohl ein wenig sich selbst: »Aber wenn sie auf die Idee kommt, würde ich sie stoppen«, sagt er entschieden.

Warum?

»Kann ich nicht beantworten. Also, ich habe keine Angst davor, dass wir in dreißig Jahren ohne das Geld dasitzen und nicht wissen, wie es weitergehen soll. Beate ist die Frau, mit der ich durch alle Schwierigkeiten durchkäme. Es muss also etwas anderes sein. Vielleicht, weil es so eine coole Situation ist, dass man so viel hat? Vielleicht ist es doch die Gier? Besser haben als nicht haben? Ich finde es nicht richtig, aber ich kann viel haben, dann will ich auch viel haben. So ist das wohl.«

Und so lagert das Geld weiter auf Beates Konto. Sie ist überzeugt davon, dass es ihr nicht zusteht. Sie findet das Erbe »ungerecht«, »undemokratisch« und »unmoralisch«, wie sie immer wieder betont. Aber sie weiß auch, dass sie es nicht loslassen wird. Ihr Traum wäre deshalb, dass ihr ein großer Teil des Geldes genommen würde. »Am liebsten«, sagt Beate, »würde ich hohe Erbschaftssteuern zahlen.« Ein seltenerer Satz. »Aber leider«, spricht sie weiter, »gibt es diese Möglichkeit ja nicht.« Ein noch seltenerer Satz.

»Wie viel Schenkungssteuer musstest du denn zahlen?«, frage ich.

»Na ja«, sagt sie, »bisher nichts.«

3. LASST MICH BITTE STEUERN ZAHLEN

Nicht nur Beates Erbe rührt der Staat nicht an. Nicht nur an Lars'
ererbtem Vermögen will er kaum teilhaben. Der Staat, der vielen
Erwerbstätigen als nimmersatter Teilhaber erscheint, hält sich im
Erbschaftsfall vornehm zurück. Die Finanzämter nahmen im Jahr
2013 4,6 Milliarden Euro Erbschaftssteuer ein. Das mag viel klin-
gen – war aber eine kümmerliche Summe, denn im Schnitt wurden Erbschaften mit gerade einmal zwei Prozent besteuert. Insgesamt bezog der Staat aus ererbtem Vermögen 0,7 Prozent des
gesamten Steueraufkommens. Und das kurz vor dem Scheitelpunkt
der Erbschaftswelle. »Deutschland ist eine Steueroase für Erben«,
schreibt der *Spiegel* im Mai 2014.

Das deutsche Steuersystem hat eine gewaltige Unwucht: Arbeit
und Konsum werden relativ hoch besteuert, das heißt: Vor allem
die Menschen, die etwas erdenken und erschaffen, und die, die ihr
Geld dann in die Läden tragen, bezahlen für die Gemeinschaft.
Beim Kapital aber zeigt sich der Staat bescheiden, von »Vermögen und Erbschaften« nimmt er sich heute einen geringeren Anteil »als noch zu Zeiten von Helmut Kohl«, schreibt der *Spiegel*-
Autor Christian Rickens. Er bilanziert: »Finanziell gesehen war es
in Deutschland nie angenehmer als heute, reich zu sein.«

Die Nachkriegsjahrzehnte nennen Wirtschaftswissenschaftler
die »Zeit der großen Kompression«. Denn von den 1950er bis zum
Ende der 1980er Jahre verringerte sich in fast allen westlichen
Industrieländern der Abstand zwischen den Vermögen, Arm und
Reich glichen sich an. Dazu trug auch die Steuergesetzgebung bei.

Im Jahr 1952 verabschiedete der Bundestag in Bonn das »Lasten-ausgleichsgesetz«, das festlegte, dass jeder Deutsche auf den Wert seiner Immobilien, Ländereien und Unternehmen eine Steuer zah-len musste, die in der Spitze 50 Prozent betrug und per Ratenzah-lung in maximal dreißig Jahren abgestottert werden konnte.

Bis 1996 wurden große Vermögen in Deutschland zudem jähr-lich besteuert. Neun Milliarden Mark brachte das zuletzt ein. Das Geld ging an die Länder, die es auch heute gut gebrauchen könn-ten. Aber dann kritisierte das Bundesverfassungsgericht, dass Im-mobilien geringer besteuert würden als Geldvermögen. Die Bun-desregierung reagierte: Und schaffte die Steuer gleich ganz ab.

Markus Grabka, Vermögensforscher am Deutschen Institut für Wirtschaftsforschung, sagt: »Wenn man sich ansieht, wie maßgeblich der Anteil der obersten zehn Prozent am Gesamtver-mögen in den Jahren nach 1998 zugenommen hat, kann man sagen, dass das Aussetzen der Vermögenssteuer dafür vermutlich mitentscheidend war.«

In den Jahren danach mussten wohlhabende Deutsche das Geld, das ihr Vermögen für sie erarbeitet, genauso versteuern wie das Geld, das ihr Hirn oder ihre Hände erarbeiten – ein System, das auf Anhieb logisch erscheint. 2009 aber entschied die damali-ge Große Koalition, daran etwas zu ändern. Allerdings nicht zu-gunsten von Hirn und Händen. Der Steuersatz auf Kapital sackte von maximal 42 Prozent auf 25 Prozent ab. Ein gigantischer Steu-errabatt für Reiche, den der damalige SPD-Finanzminister Peer Steinbrück mit Verve verteidigte: Nur so, sagte er, könne man ver-hindern, dass die Reichen ihr Geld außer Landes brächten, nur so könne man die Wohlhabenden also vom Steuerbetrug abhalten, und es sei doch »besser, 25 Prozent auf X zu bekommen als 42 Pro-zent auf gar nix«.

Vielleicht hätte man Steuerhinterziehung schon damals mit Hilfe der Ermittlungsbehörden bekämpfen sollen, statt eine Gesetzesänderung zu beschließen, die weder logisch noch gerecht ist. Warum sollen Menschen, deren Geld arbeitet, weniger Steuern zahlen als Menschen, die die Arbeit selbst erledigen?

»Diese Steuerreform wird dazu führen, dass die Ungleichheit weiter zunimmt«, sagt Markus Grabka. Und tatsächlich: Mit der Entscheidung von 2009 hat sich eine Entwicklung beschleunigt, die Ende der 1990er Jahre begann. Seitdem verschiebt sich in diesem Land das Kräfteverhältnis zwischen Arbeit und Vermögen: Der Anteil des Volkseinkommens, der erarbeitet wird, sinkt, im gleichen Ausmaß steigt der Anteil der Kapitaleinkünfte. Klingt akademisch? Vielleicht hilft ein einfaches Bild: Stellen Sie sich einen See vor, der über Jahre stetig aus zwei Flüssen gespeist wurde. Dann aber entscheiden sich die Anwohner, das Wasser für den See vor allem aus einem der Ströme abzuleiten, den anderen schonen sie. Was wird passieren? Richtig: Der zweite Fluss wird auf Dauer mehr und mehr Wasser führen.

Und tatsächlich ist der Strom des Kapitals in den letzten Jahrzehnten angeschwollen. Im Jahr 1975 machten Kapitalerträge in Deutschland nur 18 Prozent des Volkseinkommens aus, der Rest wurde erarbeitet. Inzwischen hat sich der Anteil der Kapitaleinkommen fast verdoppelt und liegt bei 32 Prozent.

Das Österreichische Institut für Wirtschaftsforschung hat in mehreren Studien verglichen, wie hoch die Steuern auf Vermögen in den Industrieländern sind: An der Spitze stehen Großbritannien und Frankreich mit fast vier Prozent des Bruttoinlandsproduktes. Die deutschen Vermögenden tragen weit weniger bei: Die Steuereinnahmen liegen bei 0,8 Prozent des Bruttoinlandsproduktes – unter dem Durchschnitt der Industrieländer und 30 Prozent niedriger als in den 1980er Jahren.

Die reale Steuerquote der 450 reichsten Deutschen hat sich nach Berechnungen eines Teams vom Deutschen Institut für Wirtschaftsforschung und der Freien Universität Berlin allein in den Jahren zwischen 1998 und 2005 von 43,1 Prozent auf 31 Prozent verringert. Die 46 reichsten Deutschen traf es noch besser: Sie zahlten statt 48,2 nur noch 28,7 Prozent. Es sind tatsächlich »angenehme Zeiten« für Reiche.

»Also, da wäre, wenn man wollte, durchaus Luft«, sagt Vermögensforscher Markus Grabka, »um überhaupt den Durchschnitt der anderen Europäer zu erreichen.«

»Und warum will man nicht?«, frage ich ihn.

»Tja«, sagt er, »eine politische Entscheidung.«

Die Wissenschaftlerin Beate zahlt den Spitzensteuersatz, maximal 42 Cent pro erarbeitetem Euro. Die Kapitalanlegerin Beate zahlt auf jeden Euro Zinsen, den ihr Vermögen ihr beschert, 25 Cent Steuern. Und die Erbin Beate zahlte bislang nichts.

Noch mal zurück an die Ufer des Sees, der vor allem aus dem Fluss der Arbeitseinkommen gefüllt wird und aus dem schmalen Rinnsal, der dem fetten Strom der Kapitaleinkünfte entnommen wird. Es gibt dort noch einen dritten Zufluss, einen, der ebenfalls viel Wasser führt, um den aber alle einen weiten Bogen machen: Es ist der Fluss der Erbvermögen.

Deutschland ist eben eine Steueroase für Erben. Und auf diesem Grund gedeiht die Oase: Der Staat gewährt auf Schenkungen und Erbschaften einen recht hohen Freibetrag. Für Ehegatten und eingetragene homosexuelle Partnerschaften ist die erste halbe Million steuerfrei, hinzu kommt ein Versorgungsfreibetrag von 256 000 Euro, pro Kind gewährt der Staat 400 000 Euro steuerfrei. Erst bei höheren Summen verlangt er seinen Anteil: Die Steuer beginnt mit sieben Prozent und steigt auf den Spitzensatz von 30 Prozent, der allerdings erst bei einer Erbsumme von beeindruckenden 26 Millionen Euro erreicht wird. Heterosexuelle Lebenspartner, übrigens, mit denen der Erblasser gelebt, die er geliebt hat, mit denen er vielleicht sogar Kinder hat, gelten vor dem Gesetz als »sonstige Empfänger einer Erbschaft oder Schenkung«.

Sie müssen jeden Euro, der über 20 000 Euro liegt, mit 30 Prozent versteuern.

Das deutsche Erbrecht hat sich fast unangetastet aus dem späten neunzehnten Jahrhundert in die Gegenwart gerettet. Es hat, wie der Soziologe Jens Beckert schreibt, »seinen Ausgangspunkt in traditionalen Familienstrukturen« und bevorzugt die Ehe und die »blutsverwandtschaftliche Sippe«. Dieses Denken hat seine Wurzeln in vormodernen Gesellschaften. Damals war die Familie als ganze Eigentümerin aller Vermögenswerte. Wenn einer starb, änderte das nichts, das Geld blieb im Clan. In den Jahren nach der Aufklärung haben sich viele Staaten von diesem Gedankenmodell verabschiedet: Das moderne Erbrecht sollte nicht mehr das Leben der Familienclans, sondern das der Individuen regeln. In Deutschland blieb auch diese Revolution aus.

Immerhin: Seit den 1970er Jahren sind eheliche und uneheliche Kinder im Erbfall gleichgestellt. Und »schon« im Jahr 1969 änderte der Bundesgerichtshof seine bisherige Rechtssprechung zum sogenannten »Mätressen-Testament«. Denn bis dahin hatten die Richter ein Testament zugunsten der nichtehelichen Partnerin, also zugunsten der Freundin, der Lebensgefährtin, der Geliebten, grundsätzlich als sittenwidrig bezeichnet. Aber ansonsten? Stellt das deutsche Erbrecht selbst Neffen und Nichten über den langjährigen Partner und folgt wie eh und je demselben Grundsatz: Blut zählt mehr als jede Form von Wasser.

Das also ist der Boden der Oase: sehr hohe Freibeträge und niedrige Steuersätze für Ehegatten, Eltern und Kinder. Darüber hinaus ist die »legale Trickkiste für das Sparen von Erbschaftssteuer ziemlich groß«, lockt ein Fachanwalt für Erbrecht potenzielle Kunden. Und er hat recht: Der Staat hat den Oasenboden über Jahre gedüngt, indem er Regelungen schuf, die es den Cleveren möglich machen, Erbschaftssteuern fast in Gänze zu meiden.

Noch mal zurück ins Jahr 2009. Damals beschloss die Große Koalition auch, dass unternehmerisches Vermögen weitgehend steuerfrei verschenkt oder vererbt werden sollte. Man wollte Betriebe schonen und Arbeitsplätze bewahren. Seitdem aber wurden in Deutschland Firmen gegründet, deren einziger Zweck es ist, Geld zu verwalten, um es nach einigen Jahren steuerfrei an die Erben weiterzureichen: Cash-GmbH heißt das Steuersparmodell, Tarnfirmen, die aus Privatvermögen Betriebsvermögen machen.

Und so bekam die Große Koalition im September 2012 für das Erbschaftssteuergesetz vom Bundesfinanzhof einen Rüffel. Es gäbe keinen Grund, Unternehmenserben in solch einem Ausmaß zu bevorzugen, urteilten die Richter und konstatierten eine »verfassungswidrige Überprivilegierung«. Außerdem schickten die Finanzrichter das Gesetz zum Verfassungsgericht. Die Politik reagierte und schloss das Cash-GmbH-Schlupfloch nach langem Ringen zaghaft und teilweise. Die Grundproblematik aber blieb: Das Gesetz der Großen Koalition ist so großzügig gestaltet, kennt so viele Ausnahmeregelungen und Unschärfen, dass Firmenerben in den allermeisten Fällen steuerfrei erben. Es zahle nur noch der die Steuer, der keinen Fachanwalt habe, sagte Joachim Wieland, Finanzrechtler aus Speyer, der *Süddeutschen Zeitung*. »Übrig geblieben ist eine Dummensteuer.«

Und damit ist die »Trickkiste für das Sparen von Erbschaftssteuer« noch längst nicht geleert. Der Fachanwalt, der sie bewirbt, empfiehlt vor allem: »Schenkungen zu Lebzeiten«. Die hohen Steuerfreibeträge lassen sich nämlich vervielfachen, wenn man das Vermögen zu Lebzeiten weitergibt und nicht erst nach dem Tode vererbt. Denn für Schenkungen gewährt der Staat alle zehn Jahre einen neuen Freibetrag. So können Vermögende über einen Zeitraum von vierzig, fünfzig Jahren eine Millionensumme weiterreichen, ohne auch nur einen Euro Steuern zahlen zu müssen.

Und genau dieses Schlupfloch im ohnehin schon grobmaschigen staatlichen Erbschaftssteuer-Fangnetz haben auch Beates Eltern genutzt. Sie haben ihrer Tochter das Geld über Jahre in Tranchen übertragen. Das ist clever. Aber sie haben Beate damit noch so einen Widerspruch eingebrockt.

»Deine Eltern haben diese Stückelungsstrategie gewählt, um Steuern zu sparen«, setze ich an. »Und du sagst, du findest Steuern gut und wichtig?«

»Ja«, sagt Beate.

»Und habt ihr darüber mal diskutiert?«, frage ich.

»Nee«, sagt Beate. »Und es ist auch ein zu schwieriges Thema, um das mit meinen Eltern zu debattieren. Ich kann meine Zweifel da nicht ansprechen, weil ich das Gefühl habe, dass sie das verletzen würde.«

Beate würde es besser gehen, wenn sie ihr finanzielles Glück via Steuern teilen dürfte. Lars fände es fair, wenn er etwas abgeben müsste. Bei vielen anderen wird mir später ein ähnlicher Drang zum Teilen begegnen.

Viele Menschen sind nun mal besser als ihr Ruf, würden wohl die Väter des Diktator-Spiels sagen. Das Experiment ist ein Klassiker der Wirtschaftsforschung und in Labors inzwischen mit unterschiedlichen Gruppen in unterschiedlichen Ländern wiederholt worden. Egal, ob Schulkinder, Durchschnittsbürger oder Gefängnisinsassen die Testpersonen waren, stets stand am Ende ein für Ökonomen alter Schule überraschendes Ergebnis: Der Mensch scheint nicht der egoistische Nutzen-Maximierer zu sein, zu dem ihn viele Wirtschaftswissenschaftler in ihren Theorien lange zurechtgestutzt hatten. Viele Menschen scheint – genau wie Beate und Lars – die Scham zu packen, wenn ihnen Geld geschenkt wird, ihre Nächsten aber leer ausgehen.

Und so geht das Diktator-Spiel: Eine Versuchsperson ist der Diktator, die andere das »Volk«. Die beiden kennen sich nicht.

Bei vielen Labortests sehen sie sich nicht einmal. Die Forscher geben dem Diktator 100 Euro und sagen: Er allein darf entscheiden, was mit dem Geld geschieht. Im Durchschnitt geben die Diktatoren 20 Euro ab. Das ist aus wirtschaftswissenschaftlicher Sicht vollkommen irrational und unerklärlich, denn der Diktator hätte natürlich alles für sich behalten können. Aber offenbar haben viele Menschen ein Grundbedürfnis nach Gerechtigkeit – oder sind zumindest bereit, für ein erleichtertes Gewissen einen Teil ihres Geldes abzugeben.

Beate würde sich ihren Wunsch nach mehr Gerechtigkeit sogar einiges kosten lassen. Sie sagt: »Ich bin für eine sehr hohe Erbschaftssteuer. Ich finde, dass das Geld eigentlich der Gemeinschaft wiedergegeben werden sollte.« In Beates Wunsch-Welt wären nur Erinnerungsstücke steuerfrei: das Bild vom Opa, der Ring von der Oma, der Schaukelstuhl von Tante Rosi. »Für alles andere würde ich den Steuersatz vom Alter des Erben abhängig machen«, sagt sie. »Ich finde, wenn ich jetzt mit vierzig sterben würde, sollte ich meinen Kindern etwas vermachen dürfen, weil die noch so klein sind, noch ihre Ausbildung vor sich haben. Aber bei den anderen? Wenn ich jetzt fünfzig bin und die Kinder über zwanzig, da würde ich schon einen hohen Steuersatz ansetzen. Und wenn jemand siebzig ist, die Kinder längst erwachsen, dann finde ich: Der braucht praktisch gar nichts mehr zu vererben, da würde ich auf neunzig Prozent gehen.«

Auch die Einnahmen aus diesem Steuermodell hat Beate schon verplant. Es soll, sagt sie, in die Bildung aller investiert werden. Das Geld der Alten soll in ihrer Traumwelt den Kleinen einen möglichst guten Start verschaffen. Allen Kleinen allerdings, nicht nur denen, deren Wiege in gutem Hause stand. »Wenn man von dem Erbe ganz viel in Bildung investiert«, sagt sie, »dann könnte man die Gesellschaft schon zum Guten verändern.«

Beates Traum-Steuersätze waren schon einmal Realität. Und

zwar in einem Land, das mit Reichtümern wenig Schwierigkeiten hat – mit Erbschaften allerdings schon. *The earth belongs in usufruct to the living*, sagte Thomas Jefferson, der dritte Präsident der Vereinigten Staaten. »Über die Früchte der Erde entscheiden die Heutigen«. Nicht eine »herausgehobene Schicht von Familien«, eine »gesellschaftlich eher schädliche als nützliche Vermögensaristokratie«, reich geworden durch die »Weitergabe des Eigentums von Generation zu Generation« solle in seinem Land das Sagen haben, schrieb er in seiner Biographie, sondern eine »Aristokratie von Tugend und Talent«. Ihr allein wolle er den Weg ebnen. Für Mitteleuropäer klingt das radikal.

Für die Liberalen der Vereinigten Staaten ist ererbtes Vermögen aber seit jeher ein Problem. Es passt nicht zur politischen Kultur eines Landes, das noch immer kollektiv einem Traum nachhängt: Jeder ist seines Glückes Schmied! Wer nach oben will, muss hart an sich arbeiten! Wer leistet, wird belohnt! Die Erbschaft aber bricht mit diesem Traum: Zufällig, ohne eigenes Zutun ist sie in den Augen vieler Liberaler unverdient, ja sogar unbegründbar. »Erbschaften widersprechen der Rechtfertigung von Vermögensverteilung aufgrund von Leistungsbeiträgen«, schreibt Soziologe Jens Beckert, »sie zerstören möglicherweise die Erwerbsorientierung der erbenden Kinder, die sich nicht mehr selbst bewähren müssen; Erbschaften widersprechen dem Prinzip der Chancengleichheit; und Erbschaften führen zur Vermögenskonzentration, die politische Machtzusammenballung befördert und dadurch die Demokratie gefährdet.«

Im Gegensatz zum deutschen Erbrecht spielten familienpolitische Überlegungen in den USA nie eine Rolle. Die USA besteuern nicht Erbempfänger, sondern Nachlässe – also die Gesamtsumme dessen, was ein Amerikaner hinterlässt –, und zwar, bis Ende der 1970er Jahre, mit Rekordquoten: Der Staat beteiligte sich an jeder Erbschaft, die höher war als 60 000 Dollar. Ab fünf

Millionen Dollar griff der Höchstsatz: Diese Nachlässe wurden mit 77 Prozent besteuert.

Als George W. Bush, selbst Erbe, die Steuer als großzügiges Geschenk komplett kippen wollte, protestierten etliche Milliardäre vehement. Würden Erbschaften nicht besteuert, warnte Warren Buffet 2007 den Kongress, könne das Land eine »dynastische Plutokratie« werden. Bill Gates senior, Vater von Microsoft-Gründer Bill Gates, sagte: »Eine Person, die in diesem Land reich wird, schafft das nie alleine«, sondern »aufgrund von Ressourcen, die von Steuern finanziert werden – deswegen hat die Gesellschaft auch einen Anspruch auf einen Anteil ihres Vermögens in Form der Erbschaftssteuer.«

Der Bush-Plan scheiterte, allerdings nur in Teilen: Zwar liegt die Nachlasssteuer des Bundes in den USA aktuell noch immer bei 40 Prozent. Aber die Freibeträge stiegen in der Nach-Bush-Zeit auf über fünf Millionen Dollar an. Im Jahr 2012 wurden nur noch 9400 Erbfälle zentral besteuert. Thomas Jefferson wäre entsetzt.

Schweden, Österreich und etliche Kantone der Schweiz schafften die Erbschaftssteuern in den vergangenen Jahren gleich ganz ab. Seit dreißig Jahren, schreibt das Österreichische Institut für Wirtschaftsforschung, gebe es in allen »entwickelten Industrieländern« den »Trend zur steuerlichen Entlastung von Vermögenden«.

Ich lese noch einmal den Wunsch, den Beate mir auf Tonband sprach: »Am liebsten würde ich Steuern zahlen. Aber leider gibt es diese Möglichkeit ja nicht.«

»Ich wundere mich selbst darüber, wie leise die Diskussionen sind, was die Erbschaftssteuer angeht«, hatte Lars gesagt.

»Ich finde, das Geld muss versteuert werden«, hatte David gesagt, der Psychologe aus der Siedlung. »Ich bin schon der Meinung, dass man Reichtum teilen muss, auch wenn für meine Wohnung dann weniger übrig geblieben wäre.«

Warum nur erhört sie niemand?

Kurz nach meinem ersten Treffen mit Beate beginnt der Bundestagswahlkampf. Nach einem schleppenden Start streiten die Kontrahenten dann doch: über einen Veggie-Day in den Kantinen, über die Pkw-Maut für In- oder Ausländer und am Ende mal wieder über Griechenland. Ich schaue Wahlkampfsendungen und dann wieder auf meine Zettel mit all den Daten und Statistiken zur Vermögensverteilung, zur Erbschaftswelle, auf das Blatt mit den großen Fragen, die ich mir notiert hatte: Sind wir noch ein Land, in dem Fleiß und Ideen zählen? Oder der Status der Eltern? Können wir uns glücklich schätzen, weil die Alten so viel Wohlstand weitergeben? Oder wird das Erbe die Unterschiede im Vermögen, die ohnehin schon groß sind, unerträglich machen? Wäre es sinnvoll, das Geld anders zu verteilen? Und wenn ja, wie? Falls irgendwann zwischen Pkw-Maut und Rentensicherung auch diese Themen debattiert wurden, habe ich es überhört.

Ich bestelle mir die Wahlprogramme der Parteien. Wenig später liegen sie vor mir: Versprechen in Grau, Rot, Gelb und Grün. Brav liste ich die offiziellen Positionen zur Erbschafts- und Schenkungssteuer auf. Danach weiß ich grob, wer wo steht, aber mehr auch nicht:

Im Programm der CDU/CSU – ein überraschend schlampig zusammengestoppelter Text in einem mausgrauen DIN-A4-Heft – heißt es unter Punkt 2.5: »Leistung muss sich lohnen: Nein zur Vermögenssteuer – Keine Erhöhung der Erbschaftssteuer.« Die CDU sieht vor allem »Unternehmens- und Grundvermögen« von einer solchen Steuer betroffen und stellt fest: Eine Erhöhung »schadet daher unserer Wettbewerbsfähigkeit und vernichtet Arbeitsplätze. Deshalb lehnen CDU und CSU (eine solche Maßnahme) entschieden ab.«

Im »Bürgerprogramm 2013« der FDP, das aus bekannten Gründen erst mal nicht verwirklicht werden wird, notiert die Parteiführung: »Die Erbschafts- und Schenkungssteuer wollen wir aufkommensneutral weiter entwickeln und vereinfachen.« Punkt. Und Schluss.

Die Linke schreibt: »Große Erbschaften werden in Deutschland im Vergleich zu anderen EU-Staaten viel zu gering besteuert.« Das wolle man ändern und prognostiziert schon mal: »Jährliche Mehreinnahmen: 7 Milliarden Euro.«

Die Grünen »streben an, das Aufkommen aus der Erbschaftssteuer auf 8,6 Mrd. Euro zu verdoppeln.« Und: »Wir wollen die Bevorzugung von Erbschaften und Schenkungen gegenüber anderen Einkünften einschränken.«

Die SPD hat ihr purpurrotes Wahlheft forsch »Regierungsprogramm« genannt und kündigt auf Seite 68 an: »Auch bei der Besteuerung von Erbschaften steht für uns die Steuergerechtigkeit im Vordergrund.«

2:3 also für eine Erhöhung. Alles klar? Zeit für eine Floskel: Papier ist geduldig.

Ich verabrede mich mit den steuerpolitischen Sprechern der Bundestagsfraktionen zu Interviews. Ich will ihnen von Beate, Lars und David erzählen, von deren Bereitschaft, Steuern zu zahlen. Und nachhören, ob ihr Geld nun gebraucht wird oder nicht. Und auch meine Grundsatzfragen muss ich mir wohl für das persönliche Gespräch aufheben. Im Koalitionsvertrag zwischen CDU, CSU und SPD wird das Thema »Erben« auf Seite 94 in zwei wolkigen Sätzen abgehandelt: »Die Erbschaftssteuer ermöglicht in ihrer jetzigen Ausgestaltung den Generationswechsel in den Unternehmen und schützt Arbeitsplätze. Sie bleibt den Ländern als wichtige Einnahmequelle erhalten.« Damit versank das Thema »Erben« im politischen Berlin in einem großen schwarzen Loch des Schweigens. Bis das Bundesverfassungsgericht es wieder ausgrub. Aber das wird ein anderer Mosaikstein sein.

Auch dem Vermögensforscher Grabka hatte ich erzählt, dass

einige derer, die ich traf, ganz erleichtert gewesen wären, wenn sie Steuern zahlen dürften. Er hatte kurz gelacht. »Wirklich?«, hatte er gesagt und, »Na, ernsthaft kann ich mir das nicht vorstellen.«

Der Elitenforscher Michael Hartmann befragte in einer aktuellen Untersuchung Menschen in Top-Positionen von Wirtschaft, Verwaltung und Politik, ob sie bereit wären, höhere Steuern auf Einkommen, aber auch auf Vermögen und Erbschaften zu zahlen. Während die Führungskräfte, die aus der Mittelschicht und der Arbeiterklasse aufgestiegen waren, das fair fanden, stemmten sich die, die selbst aus reichen Familien stammten, mit großer Mehrheit dagegen.

Hartmann sezierte seine Zahlen daraufhin noch einmal, unterteilte die Gruppe der Wohlhabenden in Reiche und richtig Reiche. Und siehe da: Je besser es der Familie ging, in der die Befragten aufwuchsen, desto größer war die Abneigung gegen Steuern. 72 Prozent der Führungskräfte, die aus sehr reichen Familien stammten, die Kinder von Unternehmern, Geschäftsführern, Vorstandsmitgliedern waren, lehnten höhere Steuern auf Einkommen, Vermögen und Erbschaften ab. Ich wäre gespannt, ob sie auch beim Diktator-Spiel alles für sich behalten wollten. Offensichtlich, so vermutet Michael Hartmann, haben sie die Abneigung gegen das Zahlen von Steuern bereits in der Kindheit erlernt. Denn wohlhabende Menschen, die als Erste aus ihrer Familie den Aufstieg in die Elite geschafft hatten, waren mit großer Mehrheit einverstanden, mehr an den Staat abzugeben. »Diese Einstellung hat zur Folge«, sagt Michael Hartmann, »dass viele derer, die es sich leisten können, sich aus dem Solidarsystem verabschieden.«

Und auch den in der Presse vielthematisierten Appell deutscher Wohlhabender für höhere Steuern unterzeichneten nur rund fünfzig Reiche. Dabei stieg nach Berechnungen einer amerikanischen Unternehmensberatung die Zahl der Dollar-Millionäre in Deutschland zuletzt auf über eine Million. 999 950 von ihnen konnten sich mit dem »Appell für eine Vermögensabgabe« nicht anfreunden.

Und die Erbschaftssteuer? »Bei den allermeisten«, sagt Vermögensforscher Grabka, »ist die Einstellung so, dass das Vermögen der Familie gehört und die Familie auch einen Anspruch darauf hat und der Staat sich da zurücknehmen soll.«

In der Tat: Als das Forschungsinsitut Allensbach im Auftrag der Postbank die Meinung der Deutschen zum Thema Erbschaftssteuer abfragte, antworteten 55 Prozent: »Ich finde es grundsätzlich nicht richtig, dass es auf Erbschaften eine Steuerpflicht gibt.« Fast 60 Prozent der Deutschen, die in Zukunft eine Erbschaft erwarten, haben sich der Studie zufolge schon mit »Modellen zur Vermeidung von Erbschaftssteuern« befasst oder wollen dies bald tun.

Und auch ich werde in den kommenden Monaten viele Erben treffen, die sich vehement gegen eine Steuer aussprechen.

Es wird Zeit für Mosaikstein fünf: einen, der mit Kraft ins Bild drängt.

4. ZUM KÖNIG GEBOREN

Wenn Wolfgang Grupp etwas wichtig ist, presst er seine Sätze mit Überdruck hervor. Er spannt das Gesicht an. Er zerhackt mit den Handflächen die Luft. In solchen Momenten bebt der schmale Mann im feinen Maßanzug, das Einstecktuch, passend zum Hemdstoff – heute in Flieder – und damit stets so korrekt gekleidet, »als käme er gerade vom Tee mit der Queen«, wie die *Zeit* in einem Porträt über ihn schrieb. In solchen Momenten dröhnt seine Stimme von seinem Platz an der Stirn des Raumes über die Tische seiner Mitarbeiter, auch wenn er das Großraumbüro, in dem die gesamte Verwaltung seines Betriebs Platz finden muss, mit hellblauem Teppich verkleiden ließ. In solchen Momenten ist er ganz und gar der Patriarch, der Chef, der Mann mit Meinung; der Grupp, den wohl jeder, der in den letzten Jahren Fernsehen geschaut hat, kennt – aus dem Werbespot, den er nun in mittlerweile fast zwanzigjähriger Dauerschleife schalten lässt.

Richtig: der Spot mit dem Affen, mit dem Schimpansen, um genau zu sein, der im weißen Hemd, wie ein Nachrichtensprecher vorm Mikro hockt, den Kiefer bewegt und den immer gleichen Text zu sagen scheint: »Hallo, Fans! Trigema ist Deutschlands größter Hersteller von Sport- und Freizeitbekleidung und produziert nur in Deutschland. Was sagt der Inhaber Herr Grupp dazu?«

Umschnitt. Wolfgang Grupp marschiert dynamisch durch seine Werkhalle, vorbei an Dutzenden Näherinnen, die an langen Tischen eifrig arbeiten. Die eine Grupp-Hand steckt in der Anzugshosentasche, die andere schwenkt mit ausladender Geste über die Reihen der Arbeiterinnen. Und dann sagt Wolfgang Grupp seinen ebenfalls seit Dekaden identischen Satz: »Wir werden auch in Zukunft nur in Deutschland produzieren und unsere zwölfhundert Arbeitsplätze sichern.« Diese zwanzig Sekunden haben Grupps Ruhm begründet. Er ist nun die Symbolfigur des deutschen Mittelstands.

Der Einzige, der in der Schwäbischen Alb geblieben ist, als alle ihre Werkstätten nach Fernost verlegten; einer der wenigen Unternehmer, der in Talkshows gegen den Größenwahn und die Maßlosigkeit seiner Zunft wettert; einer aus dem kleinen Kreis derer, denen die Menschen trauen: Als die Deutschen bei einer repräsentativen Umfrage aufgefordert wurden, Unternehmen mit »vorbildlichem sozialverantwortlichen Verhalten« zu nennen, fiel drei Vierteln keines ein. Die Mehrheit derer aber, die meinten, so etwas gäbe es doch, hoben Trigema auf Platz eins des etwas großspurig »Moralbarometer« getauften Rankings.

Genug der Vorrede, zurück ins Büro. Wolfgang Grupp bebt also. Und da wir schon eine Weile reden, weiß ich: Dieser Punkt jetzt, der ist ihm sehr wichtig.

»Finden Sie es gerecht, dass Erbschaften so niedrig besteuert werden?«, hatte ich gefragt.

»Die, die den Erbschaftssteuersatz festgelegt haben, haben sich sicher etwas dabei gedacht!«, schmettert mir Grupp entgegen.

»Aber manche«, setze ich an, »sagen, das Erbe sei unverdientes Vermögen?«

In unserem Gespräch weist er das brüsk zurück, pocht auf das Recht auf freies Erben. Er schaut mich an. Und sein Blick sagt: Ende der Diskussion. Als er das Interview später noch einmal gegenliest, will er diese Antwort, wie manch andere auch, nicht so lesen, wie sie im Interview gefallen ist, und mildert die Antwort ab. Er lässt sich nun so zitieren:

»Das, was die Eltern den Kindern vererben, haben die Eltern nicht nur erarbeitet, sondern auch voll versteuert. Wenn sie nun sparsam gelebt und vernünftig gewirtschaftet haben, muss beim Übergang auf die Kinder nicht unbedingt ein hoher Steuersatz sein.«

Auf meiner Suche nach Unternehmenserben hatte ich Wolfgang Grupp einen Brief geschrieben. Denn auch, wenn man es dem drahtigen Grupp, der jeden Morgen, selbst bei Frost, seine Bahnen im 45-Meter-Pool in seinem Garten zieht, nicht ansieht: Der Unternehmer ist über siebzig. Auch wenn Wolfgang Grupp, der noch jede Entscheidung, jede Bestellung, jedes Design bei Trigema selbst absegnet, unverzichtbar scheint und im Interview mit der *Badischen Zeitung* forsch sagte: »Ich bleibe hier sitzen, bis ich sterbe«: Es wird der Tag kommen, an dem er die Geschäfte seinen Kindern übergeben wird, den Erben.

Bei Lars, David und Beate geht es um Geld, Aktien und Häuser, eben um das typische Erbe der gehobenen deutschen Mittelschicht. Aber natürlich schwappt die Erbschaftswelle auch über Unternehmerkinder. Und in diesen Erbfällen geht es oft um mehr, um einen wesentlichen Teil der deutschen Wirtschaft nämlich. Rund 90 Prozent aller Unternehmen sind in Familienbesitz, viele sind Kleinst- oder Kleinbetriebe, aber insgesamt beschäftigen sie 55 Prozent aller deutschen Mitarbeiter, erwirtschaften knapp die Hälfte aller Umsätze.

Genau wie das Vermögen der Nachkriegsgeneration wechseln nun auch ihre Unternehmen den Besitzer. Und das, so lese ich, ist schwieriger, als es klingt. Das Institut für Mittelstandsforschung in Bonn schätzt, dass zurzeit Jahr um Jahr für 22 000 Familienbetriebe ein Nachfolger gefunden werden muss. Nach einer Studie der Unternehmensberatung PriceWaterhouseCoopers steht fast jedes vierte aller Familienunternehmen in Deutschland, Österreich und der Schweiz vor einem Eigentümerwechsel. Wenn der alte

Chef geht, entsteht in all diesen Firmen eine Lücke, die ein Junger schließen müsste.

Aber zwei Drittel von ihnen, so die Berater, haben Schwierigkeiten, die Nachfolge zu regeln. »Wird die Nachfolge nicht auf überzeugende Weise geklärt, so drohen den Unternehmen Turbulenzen und im schlimmsten Fall der Verkauf oder sogar die Geschäftsaufgabe«, prophezeit die Unternehmensberatung Ernst & Young. Und tatsächlich: Geschätzte 25 Prozent der Betriebe scheitern und müssen ihren Betrieb ganz einstellen. »Ein alarmierendes Zeichen für die deutschen Familienunternehmen«, schreibt Ernst & Young, und ich frage mich: Was ist da los? Warum ist es so schwer, eine Firma zu vererben?

Die Universität St. Gallen hat in einem Mammutprojekt versucht, die Nachfolgewilligkeit des Unternehmernachwuchses zu messen. Gemeinsam mit Ernst & Young befragte sie in 26 Ländern 28 000 Studenten, deren Eltern eine Firma führen. Mickrige vier Prozent der deutschen Studenten hatten Pläne, das Unternehmen direkt nach dem Studium zu übernehmen, 13 Prozent wollten immerhin innerhalb von fünf Jahren einsteigen. »Die geringe Bereitschaft der Kinder, die Nachfolge zu übernehmen, hat uns überrascht«, sagt Professor Thomas Zellweger, einer der Autoren der Studie. »Aber da gibt es verschiedene Gründe, ökonomische, aber auch soziologische.«

Und er zählt auf: Zum einen seien die Familien im Schnitt kleiner als noch vor einer Generation. »Das heißt, der Pool an Nachfolgern schrumpft und damit auch die Wahrscheinlichkeit, dass da einer drin ist, der Interesse hat und fähig ist.« Die Scheidungsraten aber seien höher, die Familien dadurch oft zerfasert. »Da ist also auch nicht klar, welches Kind aus welcher Ehe effektiv die Nachfolge übernehmen soll.« Aus Sicht vieler Kinder, fügt er hinzu, sei die Nachfolge zudem längst nicht mehr die attraktivste Karriereoption. Übernimmt man ein Familienunternehmen, ist das eine Stelle auf Lebzeiten, die Strukturen sind oft schon da, man muss vielleicht eine Zeit mit den Eltern zusammenarbeiten: Das alles widerspreche dem Wunsch vieler Jungen nach einem sehr »selbstbestimmten Lebensstil« – und sei für viele nicht mehr der »berufliche Königsweg«.

»Deutschland ist eben ein reiches, ein individualistisches, ein freies Land«, sagt er. Da wichen offenbar viele Kinder den vorgetretenen Fußstapfen aus. »Ich glaube, wir werden in den nächsten Jahren eine Verschiebung sehen von der klassischen familieninternen Nachfolge, wo das Management und das Eigentum in der Familie bleibt, hin zu anderen Nachfolgeformen«, sagt Professor Zellweger. Und während er die anderen »Nachfolgeformen« aufzählt – familienfremdes Management, Verkauf der Firma, Suche nach einem talentierten Unternehmer von außerhalb –, ahnt man, wie er dort in St. Gallen mit den Schultern zuckt. Er sagt: Wenn die Märkte funktionieren, »ist das Ganze gesamtökonomisch nicht so dramatisch zu sehen«.

Nun wollen aber 90 Prozent der Familieunternehmer partout, dass ihr Betrieb später an die Kinder, die Enkel, im Zweifel an die Nichten oder Neffen geht. Hauptsache, an die Blutsverwandten eben, an die eigene Familie. Die Eltern sind »eben noch im alten Verständnis drin«, sagt Zellweger. Da sei der Wunsch sehr groß, das Unternehmen den eigenen Nachkommen zu vermachen und die »familieninternen Diskussionen mit den Kindern, ob die nun eintreten oder nicht, werden sicher noch schwieriger werden«.

Und so ist ein Markt entstanden, der mir bislang völlig unbekannt war. Es gibt inzwischen zahlreiche Coaches, Moderatoren, Beratungsinstitute, die ihr Geld damit verdienen, Unternehmen und ihre Erben doch noch zusammenzubringen. »Der Bedarf ist gewaltig«, sagt mir eine, die die Branche beobachtet. Und während ich weitere Studien lese und noch mehr Zitate von Experten notiere, vereinbare ich Treffen mit den zaudernden Unternehmenserben und deren Coaches – und schiebe danach die Mosaiksteinchen sechs, sieben und acht ins Bild.

Da ist Jana, eine schmale, junge Frau mit kurzem braunen Haar und Brille. Mit ihr saß ich an den Ufern des Bodensees, auf der Wiese hinter der Zeppelin University, einer privaten Hochschule in Friedrichshafen. Jana hatte hier einen Masterabschluss gemacht, ein achtzehnmonatiges Studium mit dem aparten Titel Executive Master of Arts for Family Entrepreneurship, eine Art Fachausbildung für die Erben von Familienunternehmen. 24 900 Euro hatte das Studium gekostet. Jetzt war Jana eigentlich reif, das familieneigene Weingut zu übernehmen. Oder auch nicht.

»Eigentlich hatte ich mich schon kategorisch dagegen entschieden«, sagte sie. »Als ich dann aber in meinem ersten Praktikum war, habe ich gemerkt, dass mich dieses Mitarbeiterding doch ziemlich nervt, dass ich gerne Verantwortung trage und dass man das wohl doch am besten tun kann, wenn man selbständig ist.«

Und jetzt?

»Gut, das Einzige, was ich mit meinen Eltern ausgemacht habe, ist, dass ich mich in zwei Jahren entschieden haben muss«, sagte sie. »Und dann setzen wir uns an einen Tisch und reden Tacheles.«

Jana wälzte während unseres Gesprächs viele Fürs und Widers über die Wiese, die ich alle verstand: Wenn sie nachfolgt, sagte sie, müsste sie Schulden machen, um die Geschwister auszuzahlen, sie müsste mit ihren Eltern die Modalitäten der Übergabe regeln, sie müsste einen Partner finden, der ihr aufs Weingut folgt. Das alles sei nicht einfach. Wenn sie aber ablehnt, sagte sie, würde das Gut, an dem sie hängt, verkauft oder verpachtet. Der Ort, der ihr Heimat war, würde verschwinden. Sie würde für andere arbeiten, statt ihre eigene Chefin zu sein. Das sei auch nicht schön. Ihre Eltern, sagte sie, würden abwarten. Nicht drängeln, aber auch keinen Rat erteilen.

»Es ist meine Lebensentscheidung«, sagte Jana. Sie genoss es, nicht unter Druck zu stehen. Aber manchmal wünschte sie sich doch einen kleinen Schubs der Eltern, ein »Hey, wir fänden es toll, wenn du das Weingut jetzt leiten würdest«.

Am Ende fragte ich: »Und? Wirst du es machen?«

»Ich glaube, ja«, sagte sie. »Aber vielleicht auch nicht.« Sie zuckte mit den Schultern. »Ich bin ein schlechter Entscheider in dieser Hinsicht.«

Das nächste Steinchen soll Maxi Unger sein, die Frau, die mich in ihrer familientherapeutischen Praxis auf dem tiefen Ledersessel platzierte, dort wo auch die Erben sitzen, die oft, wie sie sagte, »klammheimlich« zu ihr kommen, weil die Familie, deren Kind sie sind, und das Unternehmen, dessen Chef sie werden sollen, ihnen Sorgen machen. Maxi Unger hat als Coach Dutzende »Nachfolgeprozesse« gesehen und begleitet, wie sie sagte. Ihr Spezialgebiet sind Familienunternehmen »zwischen zweihundert und sechstausend Mitarbeitern«.

Wenn ein Unternehmen übergeben wird, sagte sie, könne das oft schmerzhaft sein. »Denn beim Erben werden die ganzen alten emotionalen Rechnungen noch mal auf den Tisch gelegt. Danach gibt es keine Chance auf Wiedergutmachung mehr, weder emotional noch materiell.« Maxi Unger hat dann Töchter und Söhne auf ihren Ledersesseln sitzen, die wissen: Meine Eltern trauen es mir nicht zu. Meinem Bruder aber schon. Es nehmen Eltern dort Platz, deren Kinder ihnen plötzlich vorwerfen: Ihr wart nie da. Ihr habt nur für das Unternehmen gelebt. Ich will nicht werden wie ihr. Es kommen Patriarchen, die begreifen müssen, dass auch sie sterblich sind, dass ihre Lebenszeit abläuft, dass sie möglichst schnell die Jungen ranlassen müssen.

»Eltern, die ein Unternehmen übergeben, müssen Entscheidungen treffen«, sagte Maxi Unger. »Entscheidungen, vor denen sie Angst haben – Angst vor der Reaktion der Kinder und dem

Kummer.« Es kämen Familien, in denen nie über die Nachfolge gesprochen wurde, in denen der drohende Konflikt aber permanent mit am Tisch säße. »Früher war das klar: Der erste Bauernsohn hat den Hof geerbt. Bums, basta, aus. Er hat sich auch entsprechend eine Bauerstochter genommen, damit das Ding nach vorne gebracht werden konnte. Da gab es Verzicht auf individuelle Freiheit der Sache wegen.«

Carola Pfizer ist das letzte Steinchen in dieser Reihe. »Ach ja«, sagte sie bei unserem ersten Gespräch und seufzte. Und in diesem »Ach ja« bündelte die Geschäftsfrau all ihre Sorgen. Vor über neunzig Jahren hatte der erste Pfizer gemeinsam mit seiner Frau in der nordhessischen Provinz einen Haushaltstechnikbetrieb gegründet. Den übernahm dann sein Sohn, um ihn wiederum seinem Sohn zu vererben, Carola Pfizers Mann. Die beiden hatten ihr Leben dem Geschäft gewidmet, den Handwerksbetrieb ausgebaut, ein Fachgeschäft für Elektrobedarf angebaut, gerade alles modernisiert, renoviert, optimiert.

»Es ist ein Schmuckstück«, sagte Carola Pfizer, »die Substanz ist da.« Fünf Arbeitsplätze hingen an der Familie. Sie beschäftigten einen Meister, zwei Gesellen, einen Auszubildenden und eine Verkäuferin im Ladengeschäft. »Es wäre so schade, wenn alles dichtgemacht würde«, sagte Carola Pfizer. Ihr Mann war seit Jahren krank. Seit ein paar Wochen war klar, dass er die Firma nicht mehr lange würde führen können. Er hatte in dem Wohn- und Geschäftshaus sein Leben verbracht, seine Eltern, Carola Pfizers Schwiegereltern, hatten in dem Gebäude ihren Altersruhesitz. Das Unternehmen war ihre Heimat.

Auch sie fragte ich das, was ich von Jana wissen wollte: Und jetzt?

Die Pfizers haben vier Töchter. Die älteste ist Arzthelferin, die dritte studiert auf Lehramt, die jüngste macht eine Ausbildung zur Modeschneiderin. Die zweite aber, die, die dem Vater besonders nahe ist, die ihn schon immer ohne Worte verstanden hat, die hatte Versorgungstechnik in Süddeutschland studiert, die könnte die Firma doch eigentlich erben, oder?

»Wir machen keinen Druck«, sagte Carola Pfizer. »Mein Mann hat noch die Pistole auf die Brust gesetzt bekommen: Entweder du übernimmst jetzt die Firma, oder es geht alles den Bach runter.« Und: »Unsere Eltern haben uns immer prägen wollen. Wir sind freier. Wir werden unsere Kinder nicht verformen. Wir werden ihnen nicht sagen: Das hast du zu tun! Das hast du zu lassen!«

»Und wenn die Tochter nein sagt?«, fragte ich.

»Dann werden wir verkaufen müssen«, sagte Carola Pfizer.

In den Wochen darauf ließen die Pfizers ihren Besitz schätzen – und waren enttäuscht, wie niedrig die Immobilienpreise in Nordhessen gerade sind. Über die Handwerkskammer suchten sie nach einem möglichen neuen Geschäftsführer. Aber niemand meldete sich. Die Lage spitzte sich zu. Zu Weihnachten reiste die Tochter an und sagte: »Ich mache es.« Ihr Freund hatte gesagt, er könnte sich vorstellen, das Geschäft mit ihr zu führen. Nun kehrt sie in die alte Heimat zurück. In ein paar Monaten wird sie die neue Chefin werden, mit 25 Jahren. Es ist noch mal gutgegangen. Aber es war knapp.

»Es wäre uns schwergefallen«, sagte Carola Pfizer. Aber im Zweifel hätten sie das Unternehmen abgewickelt. Bevor sie ihr Kind in ein Leben gezwungen hätten, hätten sie sich eher von dem getrennt, was bisher ihr Leben war.

Es ist ein und dieselbe Geschichte, die Jana, Maxi Unger und Carola Pfizer aus drei Perspektiven erzählen, eine Geschichte, die von einem Grundkonflikt der Erbengesellschaft erzählt. Passt das Prinzip der Nachfolge, das Prinzip des Stammhalters, das Prinzip, nach dem Familienunternehmen funktionieren, überhaupt in unsere moderne Welt?

Thomas Mann erzählt in seinen *Buddenbrooks* von den früheren Zeiten. Da drängt Konsul Jean Buddenbrook seine Tochter Tony in eine standesgemäße, der Firma dienende Ehe mit einem Kaufmann. In einem Brief macht er ihr klar, dass sie keinesweg befähigt ist, ihre Lebensentscheidungen allein zu treffen. In allem, was sie tue, mahnt er, sei sie seine Tochter, die Enkelin des »in Gott ruhenden Großvaters«, ein Teil der Familie eben. Er schreibt: »Wir sind, meine liebe Tochter, nicht dafür geboren, was wir mit kurzsichtigen Augen für unser eigenes, kleines, persönliches Glück halten, denn wir sind nicht lose, unabhängige und für sich bestehende Einzelwesen, sondern wie Glieder in einer Kette.«

Ist so ein Denken heute noch salonfähig? Dürfen Eltern ihre Kinder in eine bestimmte Richtung schieben, um ein jahrhundertealtes Unternehmen in der Familie zu halten? Dürfen Kinder, die in eine Dynastie hineingeboren werden, auf ihr Recht auf Freiheit und Selbstverwirklichung bestehen? Das klingt tatsächlich alles verdammt kompliziert.

Außer man sitzt, wie ich gerade, Wolfgang Grupp gegenüber; der hatte in seiner Biographie auf all diese Fragen eine einfache Antwort gegeben: »Wenn ein Sohn die Firma nicht übernehmen will, dann hat der Vater versagt!« Es war der Satz, der mich den Grupps schreiben ließ.

»Wie bereitet man sich als Sohn oder Tochter auf eine solche Aufgabe vor?«, hatte ich geschrieben. »Ist man froh, eines Tages das Unternehmen der Familie übernehmen zu können, oder macht es Angst, schränkt es ein?« Und: »Ich würde mich sehr freuen, wenn Ihre Kinder Bonita und Wolfgang junior bereit wären, mit mir über diese Fragen zu sprechen.«

Wir telefonierten, und Grupp sagte: Kommen Sie. Reden Sie erst mit mir. Dann schauen wir, wann die Kinder Zeit haben. Also fuhr ich los.

Ich stieg in Ulm in einen anfangs noch gut gefüllten Regionalzug, der sich bei seiner Fahrt durch eine endlos scheinende Reihe von Dörfern, die alle auf -ingen endeten, langsam leerte. Ich stieg in Sigmaringen um. Ich stieg in Hechingen um. Ich stieg, als endlich die Höhen der Schwäbischen Alb erklommen waren, in Burladingen aus. Und ich hatte begriffen, warum Wolfgang Grupp oft mit dem Privathubschrauber reist.

Die kleine Stadt Burladingen, 12 000 Einwohner, schmiegt sich in die weite Landschaft. Früher gab es hier vierundzwanzig Textilfabrikanten. Sie alle sind Vergangenheit. Grupp allein ist Gegenwart – und wie. Die Hauptstraße, die den Ort teilt, führt gradewegs zur Trigema-Zentrale, einem weißen Gebäude mit roten und blauen Streifen wie die im Firmenlogo. Der rote Schornstein wirkt höher als der Kirchturm. Zu seinem fünfzigsten Geburtstag schenkte der Chef seiner Stadt die Wolfgang-und-Elisabeth-Grupp-Stiftung, seitdem eine große Gönnerin am Ort: Die Stiftung zahlte für neue Rettungsfahrzeuge des Roten Kreuzes, für das Jugendmusikfestival und die neue Sporthalle, die zum Dank »Trigema-Arena« getauft wurde.

Burladingen ist Grupps Reich – selbst wenn es natürlich einen gewählten Bürgermeister gibt, Harry Ebert. Aber auch der weiß wohl, dass da noch jemand über ihm steht. Vor ein paar Jahren druckte die Stadt eine neue Tourismusbroschüre. Auf der Titelseite des Werbehefts waren zwei lachende Kinder zu sehen, die über eine grüne Wiese laufen, dazu das Stadt-Motto: »Burladingen – auf der Sonnenseite der Schwäbischen Alb.« Das Heftchen war gerade erst ausgeliefert, so schildert es Grupps Biograph, als Eberts Telefon klingelte. Grupp war dran. Und er war *not amused*: Denn die Kinder auf dem Foto trugen T-Shirts und Hosen der Konkurrenz. Der Bürgermeister versprach, dass man das bei der nächsten Auflage selbstverständlich ändern würde.

Und auch einen weiteren, weitaus größeren Wunsch schlug die Stadt ihrem ganz besonderen Bürger nicht aus. Einstimmig genehmigte der Gemeinderat den Bau des Grupp'schen Privatfriedhofs. Neben dem Bahnhof, am Fuße der katholischen Kirche, ließ Grupp im Jahr 2009 Erde aufschütten, Rasen sähen, Wege pflastern und eine weiße Mauer ziehen, die der gleicht, die seine Villa umrahmt. Es ist ein seltsamer Ort geworden. Wer durch das metallene Tor schreitet, dem Weg bis zur Stirnseite folgt, der zählt sechs grabförmige Rasenfelder, darüber sechs Metallplatten, die in die Wand eingelassen sind. In die erste ist schon ein Name graviert: Wolfgang Grupp *04.04.1942. Die anderen sind wohl Ehefrau Elisabeth, den beiden Kindern und deren noch zu kürenden Ehegatten zugedacht.

Wie das wohl ist, frage ich mich. Man verliebt sich in den Grupp-Sohn – und sieht dann beim ersten Elternbesuch den lange geplanten Platz für das eigene Grab.

Ich blättere durch die Zeitschrift, die mir die Trigema-Sekretärin auf Anweisung des Chefs überreicht hat, ein Hochglanzheft, als »Dank und Erinnerung« an den 30. Juni 2012, an dem der siebzigste Geburtstag Wolfgang Grupps und das 45-jährige Jubiläum der Marke Trigema gefeiert wurden. Auf der Titelseite im ovalen, goldumrandeten Rahmen das offizielle Familienfoto: Vater und Sohn im selben Anzugmodell, demselben klassischen Hemd, derselben schwarzen Fliege, demselben Lächeln umrahmen Mutter und Tochter, die sich gleichen wie Schwestern, die Ältere im schwarzen, glitzernden Kleid, die Jüngere in Pink mit silbrigem Aufsatz. Eine Familie wie aus einem Guss. Ein Porträt, das eine klare Sprache spricht: Was in den Eltern angelegt, wird in den Kindern fortgesetzt.

Damals lief Grupp mit Geldumschlägen durch den Garten seiner Villa und verteilte sie an die Verantwortlichen der Burladinger Vereine. Die dankten mit einer Collage: Auf eine Pappe klebten sie Bilder von sich, den Burladingern, und ihm – dem Grupp. Darüber stand: *Der König von Burladingen.*

So hieß auch eine Doku-Soap, die der Südwestrundfunk über das Leben des Wolfgang Grupp produzierte. Darin hört man, wie er tobt und seinen Personaler als »Weichei« beschimpft, weil der sich nicht gegen eine dauerhaft fehlende Verkäuferin durchzusetzen wusste. Man erlebt, wie er ein Blatt unbenutztes Papier aus dem Mülleimer fischt und zum Faxgerät trägt, damit ja nichts verschwendet wird. Man sieht, wie er die Chefdesignerin zurechtweist, die unbedingt ein paar lilafarbene Nickijacken in die Kollektion aufnehmen will, wie er ihre Musterstücke mit einem Machtwort vernichtet: »Die produziere ich nicht. Die jungen Mädchen gehen nicht auf Altweiber-Nicki« – sie ziehen ihn also nicht an. Es ist die große Show des rauen, aber rührenden Patriarchen.

In der letzten Folge steht Grupp nebst Gattin und Kindern vor seiner Almhütte. Er blickt über die vierhundert Hektar großen Ländereien, über den Familienwald, in dem Vater und Sohn so gern auf die Jagd gehen, über all das, was ihm gehört. Es ist in der Tat ein königliches Bild – und ein Schlüssel zum Selbstverständnis des Wolfgang Grupp. Denn er lebt tatsächlich noch in einer anderen Epoche, einer Epoche, in der ein Unternehmer keine Coaches und Berater brauchte, um seine Nachfolge zu regeln, in der das Erbe ein natürlicher Vorgang war. Denn wer erbt das Reich des Königs? Richtig: der Prinz. Wer sonst?

An dem Morgen im Büro frage ich Wolfgang Grupp: »Seit wann wissen Sie, dass Ihre Kinder das Unternehmen übernehmen werden?«

Er schaut kurz. Er lächelt. Und gibt mir zu verstehen: noch vor der Geburt. »An und für sich ist es für mich selbstverständlich, dass meine Kinder auch meine Nachfolge antreten und somit die Firma weiterführen. Wollten sie dies nicht, dann hätten meine Frau und ich als Vorbild versagt. Die Eltern sind das erste Vorbild für die Kinder, und normal sind die Kinder stolz auf ihre Eltern und möchten mal genauso werden wie die Eltern.« So war es bei ihm, so soll es auch in Zukunft sein. »Auch ich saß als Kind nicht selten Mitarberinnen auf dem Schoß und durfte nähen oder mit der Schreibmaschine tippen und wurde bereits damals als zukünftiger Juniorchef von den Mitarbeitern betrachtet. Deshalb war es für mich selbstverständlich, nach meinem Studium meine Aufgabe in der Firma zu sehen.«

Wolfgang Grupps Großvater Josef Mayer gründete 1919 die »Mechanische Trikotwarenfabriken Gebr. Mayer KG« in Burladingen. »Er war für mich stets ein großes Vorbild«, sagt Grupp. »Als er starb, war ich vierzehn Jahre alt, und ich erinnere mich noch genau an die Beerdigung, als der Ort Spalier stand und meinem Großvater die letze Ehre gab, weil sie ihn als verantwortungsvollen Unternehmer sehr geschätzt haben.«

Schon mit 27 Jahren trat Wolfgang Grupp das Erbe an, denn sein Vater Franz hatte kein glückliches Händchen. Er hatte die Firma vergrößern wollen, hatte sich für unrentable Zukäufe entschieden, Schulden erdrückten ihn. Und so verließ Wolfgang Grupp Köln, wo er offenbar angenehme Studentenjahre hatte. Der strenge, aber großzügige Vater hatte ihm ein Drei-Zimmer-Apartment in Uninähe gekauft, ihm einen monatlichen Wechsel über – für damalige Verhältnisse sensationelle – tausend Mark zugeschickt und ihm zu Studienbeginn einen Mercedes 190 SL und ein Reitpferd namens Saturn gekauft. »Mir wurde sehr schnell klar«, sagt Grupp, »dass wenn ich die Vorteile des Erben haben wollte, ich selbstverständlich auch die Verpflichtungen, die mit dem Erbe verbunden sind, übernehmen musste.«

Wolfgang Grupps Villa wird als überakribisch ordentlich beschrieben – keine Fingerabdrücke auf dem Glastisch, kein Blatt im Pool; die Initialen WG auf jedem Löffel, jedem Handtuch, jeder Borte. Und so hat auch jeder Mensch in Grupps Leben einen festen Platz, eine ihm vorbestimmte Rolle.

Seine Frau Elisabeth war neunzehn, als er sie kennenlernte. Sie hieß damals noch Baronesse von Holleuffer, eine Adelstochter, Medizinstudentin aus der Steiermark. Wolfgang Grupp lernte sie kennen, als er auf Empfehlung seines Freundes, dem Verlegersohn Franz Burda, in der Gegend zur Auerhahnjagd zog. Grupp war da schon über vierzig, ein Dauer-Single, der aber daheim in Burladingen bereits eine reetgedeckte Villa errichtet und eingerichtet hatte – zwei Kinderzimmer mit Babybadewanne inklusive. »Ich war sehr lange Junggeselle«, sagt Grupp. »Es war mir aber stets klar, dass ich mich auch der Aufgabe, eine Familie zu gründen, stellen musste, denn sonst hätte ich privat versagt. Die Familie ist das Wichtigste im Leben, so auch für mich.« Und dann fügt er, stets Patriarch, noch an: »Nur wenn man ein Verständnis für die eigene Familie hat, kann man auch ein Verständnis für eine große Betriebsfamilie haben.«

Als er Elisabeth kennenlernte, war ihm klar, das fehlende Puzzleteil nun gefunden zu haben: »Sie sollte die Mutter meiner Kinder werden«, sagt er. Dann zählt er auf, was damals ausschlaggebend war: Sie hatte eine gute Erziehung genossen, wie er ein Internat besucht, sie kam aus gutem Hause, sie war eine, die er, wie er sagt, »schätzen und achten« konnte, und sie war bereit, das Medizinstudium aufzugeben und ihm nach Burladingen zu folgen. Ansonsten hätte sich Wolfgang Grupp eine Ehe nur schwer vorstellen können. »Es ist für uns beide sehr wichtig, dass wir unsere Dinge gemeinsam machen, und deshalb hat sie ihr Studium abgebrochen und ist in meine Firma eingetreten«, sagt Wolfgang Grupp. »Das war für mich ganz wichtig.«

Bei der Feier zu seinem siebzigsten Geburtstag trat Wolfgang Grupp vor über 1300 Gäste, um Elisabeth noch einmal seine Liebe zu erklären. »Du hast mir nicht nur deine Jugend geschenkt«, sagte er. Und: »Ich darf dir heute für alles danken, auf was du meinetwegen verzichtet hast.« Während Elisabeth Grupp recht ruhig lauschte, brach ihm bei diesen Worten die Stimme. Er ist noch immer bewegt, wenn er von den Tagen spricht, in denen er die Mutter seiner Kinder fand, die Tage, in denen sein Plan, die Dynastie fortzuführen, Gestalt annahm.

1989 kam Tochter Bonita zur Welt, 1991 Wolfgang junior. Wolfgang Grupp ist schon fast fünfzig, endlich sind die Erben da. Die Tochter brachte der stolze Vater noch als Neugeborene ins Büro. »Meine Kinder sind ebenfalls mit der Firma aufgewachsen. Die Firma ist ebenso ihr Zuhause wie unser Privathaus!«, sagt er.

Bonita modelt schon als Baby für Trigema, »sie ist Trigema, und sie verkörpert Trigema«, sagt Mutter Elisabeth im Interview. Bilder beider Kinder zieren heute die Lieferwagen der Firma. Auch Wolfgang Grupp ist ein großzügiger, aber entschiedener Vater. Als Wolfgang junior vier wird, schenkt der Papa ihm ein Porsche-Cabrio-Kinderauto mit echtem Motor und Dreigangschaltung. Als der Kleine zehn ist, fertigt ihm der Münchner Maßschneider Max Dietl den ersten Anzug auf den Leib. Im selben Jahr entscheidet Wolfgang Grupp, die Kinder ins Internat zu schicken. Er selbst war von seinen Eltern in die Jesuitenschule St. Blasien gesandt worden. Die Erziehung dort war streng, der Tag strikt geregelt. Wer nicht kuschte, wurde gezüchtigt. Vom ersten bis zum letzten Moment hatte er Heimweh, sagt Grupp: »Es war für mich die schlimmste Zeit.«

»Warum haben Sie dann Ihre Kinder auch in ein Internat geschickt? «, frage ich verwirrt.

»Ich habe auch viel dabei gelernt«, sagt er. »Sich im richtigen Moment unterzuordnen, zum Beispiel, oder sich durchzusetzen, damit man nicht untergeht. Ordnung halten, damit man nicht in der Unordnung leben muss. Leistung zeigen, damit man nicht bei den anderen als Versager gilt, und so vieles mehr. Und deshalb habe er selbstverständlich auch seine Kinder in ein Internat geschickt. »Ich wollte ihnen diese strenge, aber fürs Leben positive Erziehung nicht vorenthalten.«

Nur ein deutsches Internat sollte es für seine Kinder nicht sein. Die Münchner Internatsberatung Tumulka empfahl ihnen Aiglon, ein englischsprachiges High-End-Internat in den Schweizer Alpen, das aktuell zwischen 50 000 und 65 000 Euro pro Jahr kostet. »Ich wollte meinen Kindern eine zweite Muttersprache möglich machen, deshalb war es ein englisches Internat«, sagt er. Und fügt an: »Auch weil dort die Erziehung noch etwas strenger ist als in Deutschland.« Er und seine Frau seien mit der Wahl sehr zufrieden gewesen, sagt Wolfgang Grupp.

Nach der Schule studieren Bonita und Wolfgang junior in England Betriebswirtschaft, holen sich den letzten Schliff. Sie sollten, sagt Grupp, noch das »ferne Ausland« kennenlernen, um zu begreifen, »dass das Schönste im Leben ist, eine Heimat zu haben«.

Wenige Wochen nach unserem Gespräch kehrt Bonita, den Business Master in der Mappe, nach Burladingen zurück. Wolfgang junior wird ihr ein halbes Jahr darauf folgen. Die Prinzessin und der Prinz stehen bereit.

»Wie oft ist denn die Übernahme der Firma Thema zwischen Ihnen und Ihren Kindern?«, frage ich.

»Das war von Anfang an klar und somit überhaupt kein Thema«, sagt er, »denn es ist für mich selbstverständlich, dass meine Kinder auch die Verantwortung in der Firma für die nächste Generation haben.«

»Für Sie ist das ein natürlicher Ablauf?«

»Ja, das ist für mich ein ganz natürlicher Ablauf.«

»Aber beschneiden Sie mit Ihren klaren Vorstellungen nicht die Freiheiten Ihrer Kinder?«

»Ich glaube nicht«, sagt er. »Selbstverständlich können meine Kinder tun und lassen, was sie wollen, aber ich glaube, dass es für sie das Größte ist, auch die Nachfolge antreten zu dürfen und Verantwortung für die Mitarbeiter zu übernehmen.«

Dann telefoniert Wolfgang Grupp seine Sekretärin herbei. Sie soll mir die Mailadressen seiner Kinder notieren, damit ich mit den beiden einen Gesprächstermin vereinbaren kann. In diesem Augenblick tritt Elisabeth Grupp an den Schreibtisch. Man müsse schon noch die Kinder fragen, ob sie auch reden wollen, gibt sie zu bedenken. Die hätten doch oft Schwierigkeiten, sich zu öffnen. Nein, nein, sagt Grupp, es sei Zeit für die beiden, die neue Rolle anzunehmen, und dazu gehöre nun mal die Darstellung des Unternehmens nach außen. Der Patriarch hat entschieden.

Dann aber schreibt Bonita, bedankt sich höflich für meinen Brief. Und sagt ab. Ich frage nach, verweise auf das »Okay« des Vaters. Sie bleibt bei ihrem »Nein« und schreibt: »Bitte verstehen Sie, dass wir heute noch nicht bereit sind, über unser mögliches Erbe zu sprechen. Wir wollen zuerst unseren Weg finden und uns beweisen.«

Ich war erleichtert, dass bei den eigenen Kindern die Macht des Königs von Burladingen offenbar doch Grenzen findet. Aber für mich folgte auf das Nein der Grupp-Kinder eine mühsame Zeit. Wenn Sie mal über Monate nicht wissen, wie Sie Ihre Tage füllen sollen, gebe ich Ihnen einen Tipp: Versuchen Sie doch mal, mit dem Erben einer Unternehmerdynastie in Kontakt zu treten. Viel Spaß!

5. GEHEIMBÜNDE

Wolfgang Grupp mag aus der Zeit gefallen wirken: der Mann, der mit Pathos vom Anstand des Unternehmers spricht, der Mann, der für Frau und Kinder die Rollen in seinem Leben vorbestimmt hat, der Mann, für den erben Naturgesetz ist. Er sei ein Mann wie eine Oper, schreibt die *Zeit*, eine Oper, die dazu verführt, mit all ihrer Wucht, dem großen Drama, der starken Emotion die trockenen Fakten zu verhängen.

Wolfgang Grupp ist Unternehmer, Patriarch und sicher in seiner Welt auch ein kleiner König. Aber Burladingen ist eine schwäbische Kleinstadt – Grupps Trigema mit 80 Millionen Euro Umsatz ein überschaubarer Mittelständler. Die Geschichten etlicher deutscher Familiendynastien sind weitaus prosaischer. Da geht es um Einfluss, um Macht und vor allem um viel, viel Geld. Im Jahr 2012 besaßen die neunzig reichsten Unternehmerfamilien ein Vermögen in Höhe von etwa 320 Milliarden Euro, inflationsbereinigt etwa fünf Prozent mehr als 2001.

»Interessant ist auch ein Blick in die Vergangenheit«, schreibt Jens Berger in *Wem gehört Deutschland?*. »In der starren Klassengesellschaft des Kaiserreichs verfügten im Jahre 1908 die reichsten deutschen Familien (Rothschild, Krupp und Henckel von Donnersmarck) über ein Gesamtvermögen von 580 Millionen Goldmark; kaufkraftbereinigt entspräche dies der heutigen Summe von 3 Milliarden Euro.« Die reichsten drei Familien des Jahres 2013, die Familien Albrecht, Quandt und Schwarz, schätzt Berger auf zusammen 59 Milliarden Euro, also auf fast das Zwanzigfache.

»Diese Eigentümer sind oft über Generationen hinweg unternehmerisch aktiv und bauen im Laufe der Zeit ein einflussreiches Imperium auf«, schreibt ein Forscherteam der Universität St. Gallen, das in einer Studie nicht – wie so viele andere – die Macht von Familienunternehmen, sondern die von Unternehmerfamilien untersucht hat: Familien, denen es gelungen ist, das Erbe des Gründers zu erhalten und in gewaltigem Ausmaß zu verbreitern. Ein *Zaibatsu*, so die Bezeichnung des japanischen Urahnen, wörtlich übersetzt: »vermögender Clan«. Der Begriff beschreibt die riesigen Holdinggesellschaften in Familienbesitz, die seit Jahrhunderten die japanische Wirtschaft dominieren. Die deutschen *Zaibatsus* sind weit weniger betagt, aber inzwischen ebenso mächtig.

»Erfolgreiche Familiendynastien sind im Mittel etwa achtzig Jahre alt«, fanden die Wissenschaftler heraus. Und: »Es ist eine Mär, dass erfolgreiche Unternehmerfamilien nur ein Unternehmen besitzen. Im Durchschnitt gehören 75 Unternehmen zu einer Familiendynastie.«

75 Unternehmen? Im Durchschnitt? Im Besitz *einer* Unternehmerfamilie? Auf meinem Zettel häufen sich die Frage- und Ausrufezeichen.

»Was haben Sie denn gedacht?«, fragen mich die, die sich auskennen.

Starke Clans, lese ich bei anderen, ballen wirtschaftliche Macht. »In die vierte Generation schafft es nur eine Minderheit«, nämlich weniger als zehn Prozent der Familienunternehmen, schreiben die Ökonomen Fritz Simon und Rudolf Wimmer. »Diejenigen aber, die diese Kontinuität verwirklichen, erweisen sich zumeist als ziemlich robust.«

Der Journalist Ulrich Viehöver berichtet seit Jahrzehnten über deutsche Unternehmen. Er kennt die Menschen jenseits der Pressestellen, die Chefs, die Mitarbeiter, die Zulieferer. Er hat zwei mühsame Jahre gebraucht, um ausreichend Stoff für seinen Porträtband mit den Geschichten von Familienunternehmen zu sammeln. »Die Unternehmer wollen nicht reden«, sagt er, »vor allem, wenn der Name des Betriebes auch der Name der Familie ist, dann haben die ein Graus vor Berichten, die kritisch und vielleicht sogar negativ sein könnten. Der Grundsatz vieler Familienunternehmer ist daher immer noch: Einmal in der Zeitung reicht – und zwar am Ende, mit der Todesanzeige.«

Er schreibt: »Deutschlands unbekannte Schatten-Reiche sind in Wirklichkeit ein gewaltiger Machtfaktor. Sie setzen in der Summe Billionen um und geben Millionen Menschen Arbeit.« Und: »In ihren Heimatregionen gelten die Unternehmerdynastien bei Behörden und Politikern oft als kleine (große) Könige. Zudem betätigen sich zahlreiche Clanmitglieder in Wirtschaftsverbänden, Kammern, in der Lokalpolitik oder in kirchlichen Organisationen. Und fast jede Familie der Superreichen unterhält eine oder mehrere Stiftungen für soziale, kulturelle, medizinische, ökologische oder pädagogische Wohltaten. Auch diese üben mit ihren Gaben subtil, aber sicher Einfluss aus.«

Es entwickele sich »ein neuer ökonomischer Feudalismus«, zitiert der *Spiegel* den Harvard-Ökonomen Richard Freeman. Selbst Unternehmer sprechen mit Unbehagen von den Anfängen eines »feudalistischen Kapitalismus«.

Als ich dem Journalisten Viehöver von meinem Besuch bei Wolfgang Grupp erzähle, lacht der im fernen Stuttgart nur und sagt: »Des isch ein kleiner Fisch.« Die dicken Fische, lerne ich schnell, schwimmen lieber in der Tiefsee, dort, wo niemand sie sieht. Und die zahlreichen Erben unter ihnen scheinen sich selbst am lichtarmen Meeresgrund noch hinter Felsen zu verbergen.

Da sind zum Beispiel die Reimanns, geschätzte elf Milliarden Vermögen, Rang vier auf der jährlichen Liste der reichsten Deutschen. Ihre Ahnen entwickelten Marken wie »Kukident«, »Clearasil« und »Sagrotan«. Die Nachkommen kontrollieren nach Recherchen der Universität St. Gallen insgesamt 89 Unternehmen. Einige stellen immer noch Reinigungsmittel her, andere Schuhe; oder Kosmetika; oder Luxustaschen; verkaufen Kaffee, gründen Privatschulen, was auch immer. Die Reimanns, einst sesshaft in der Kurpfalz, kontrollieren einen Teil der Unternehmen über eine Finanzholding, die inzwischen nach Luxemburg gezogen ist. Die zwei Gesellschaften, die die Familienanteile halten, sind 2006 nach Wien ausgewandert, da Österreich die Erbschaftssteuer abgeschafft hat.

Auch wer elf Milliarden sein Eigen nennt, auch wer allein im Jahr 2013 mehr als 200 Millionen Euro Dividende kassierte, scheint erpicht darauf zu sein, nicht mehr als nötig an die Allgemeinheit abtreten zu wollen. »Keine andere Dynastie ist in der Öffentlichkeit so unbekannt«, schreibt die *Frankfurter Allgemeine Zeitung*. »Fotos der einzelnen Mitglieder sind so gut wie nicht existent, von Äußerungen oder gar Interviews ganz zu schweigen.« Im Vergleich zu den Reimann-Erben scheinen selbst die scheuen Albrecht-Brüder Popstars gewesen zu sein.

Da sind die Haniels, Deutschlands größter Familienkonzern, mit 3,5 Milliarden Euro Umsatz im Geschäftsjahr 2013, rund 800 Einzelunternehmen und 50 000 Mitarbeitern ein Gigant. Eine Riesenholding, gesteuert von einer ebenso gewaltigen Sippe. 1756 errichtete Franz Haniel mit Erlaubnis des Preußenkönigs Friedrich II. am Rande der Stadt Ruhrort, die heute Duisburg heißt, ein Packhaus, ein Lagergeschäft für die Kolonialwarenhändler der Region. Das war der Gründungsmoment, der Beginn einer Unternehmensmonarchie. Heute gibt es 650 Erben des Ur-Haniels. Ihnen gehört der Konzern. »Gesellschafter dieser einflussreichen Compagnie wird nur, wer hundertprozentig ›grünes Blut‹ – die Farbe der Firma – in direkter Linie zum Urahnen in seinen Adern hat«, schreibt Ulrich Viehöver.

Der Clan hat sich auf absolute Verschwiegenheit eingeschworen. Kein Haniel darf eine Firma oder Marke unter dem Familiennamen führen. Kein Haniel darf im Management einer der zahllosen Töchter der Holding tätig werden, nicht mal ein Praktikum soll erlaubt sein, heißt es. Die Familie kontrolliert den Konzern über den Aufsichtsrat und einen Beirat – und bekommt, wenn alles läuft, den jährlichen Scheck, die Verzinsung der Anteile, die Rendite auf das »grüne Blut«. Ich lese, dass es trotz dieses Geldes nicht einfach ist, die Haniel-Sippe zusammenzuhalten; dass die Jung-Erben Führungen über das Firmengelände bekommen, das Betriebsmuseum besichtigen, um zu sehen, was ihnen da überhaupt alles gehört.

Ich will mehr wissen. Ich schreibe den Haniels, auch wenn ich in Viehövers Buch gelesen habe, die Familie wolle nicht in die Öffentlichkeit, die Pressestelle bremse jeden Kontakt mit der Sippe aus.

»Ich muss Ihnen leider absagen«, teilt mir eine Sprecherin mit. »Unsere Gesellschafter stehen generell nicht für solche Anfragen zur Verfügung. Es tut uns leid.«

Stattdessen wird mir nun stets das aktuelle Magazin der Haniel-Gruppe zugesandt. Es heißt *enkelfähig*, ist preisgekrönt und soll helfen, große Fragen zu beantworten – auch im Sinne der Generationen, die nach uns kommen, wie die Pressestelle ankündigt. Ich bin beeindruckt. Viel lieber aber hätte ich mit nur einem der vielen hundert Haniel-Erben ein Interview geführt.

Von nun an haben meine Tage eine verlässliche Taktung: Ich lese Bücher über die großen deutschen Familiendynastien. Ich schreibe Anfragen. Ich sammle die Absagen in einem Ordner. Manche fassen ihr »Nein« knapp, andere entschuldigen sich: Es sei nun mal Familientradition zu schweigen. Andere rufen sogar an, sagen: Sie hätten ja gern geredet, aber es gehe nicht. Ich begreife Stück für Stück, dass es die geheimen Schatten-Reiche der

Dynastien tatsächlich gibt: abgeschottete Clans, feudale Verbünde, Mosaiksteinchen, hinter denen sich mächtige Unsichtbare verbergen.

Passt das zu einer Demokratie?, schreibe ich auf meinen Zettel. Sind wir doch eine weit weniger offene Gesellschaft, als ich dachte? Und, da mit jeder Absage der Frust steigt: Ist es legitim, dass sich die Inhaber von Großkonzernen des 21. Jahrhunderts verhalten wie Gutsherren?

Nach und nach ahne ich aber auch, dass das Leben der Thronfolger dieser Schatten-Reiche nicht unbedingt ein Glücksfall sein muss. Wie ist es wirklich, in diesen Familien groß zu werden?, frage ich mich. Und immer wieder, wie schon während der Gespräche mit schwankenden Unternehmenserben, wartenden Inhabern und fordernden Patriarchen: Hat man als Kind eines solchen Clans die Freiheit, das eigene Leben zu wählen? Oder ist eine solche Dynastie wie ein Krake, der die Erben mit festem Griff umklammert?

Und mehr und mehr gerate ich in den Sog der Geschichten dieser großen Familien. Fasziniert notiere ich all die Dramen, Komödien und Erfolgsstorys, die in dem einzigartigen Klima der Dynastien, in diesem Gemenge aus Liebe, Macht und Geld, vortrefflich zu gedeihen scheinen.

Da sind die Oetkers, die Bekanntesten. Geschätzte sieben Milliarden Familienvermögen. Der Urahn August Oetker soll schon als Praktikant verkündet haben: »Mein Hauptziel ist natürlich zunächst die Erwerbung einer Apotheke; habe ich dieses erreicht, so werde ich versuchen, noch etwas Besonderes zu leisten.« Der Legende nach erfand er in einem Hinterzimmer seiner Pharmazie das Backpulver. Tatsächlich erwarb er das Rezept wohl von Amerikanern. Egal wie: Bald verkaufte er 10 000 Tütchen am Tag. Im »Dritten Reich« nährten die Nazis den Betrieb und kürten die Firma Oetker zum »Nationalsozialistischen Musterbetrieb«, gewährten für Puddingpulver Lebensmittelmarken. Sie beriefen den damaligen Unternehmensführer in Himmlers Freundeskreis.

In den letzten Kriegsjahren übernahm dann Rudolf-August, der Wirtschaftswunder-Oetker, der Patriarch. Er machte Oetker groß – und kaufte zu. Heute produziert Oetker: Pizza, Kuchen und Müsli, Bier, Wein und Sekt. Die Familie besitzt eine Reederei, eine Bank und Luxushotels. Sie beschäftigt mehr als 26 000 Mitarbeiter in 400 Unternehmen. Rudolf-August schuf nicht nur eine große Firmenfamilie, er zeugte in drei Ehen acht Kinder: Die älteste Tochter Rosely wurde 1940 geboren, die jüngste, Julia, kam 1979 zur Welt.

Rudolf-August war ein zurückhaltender, aber prinzipientreuer Mann: Als sein ältester Sohn noch vor Abschluss der Ausbildung heiratete, kam der Vater nicht zum Fest. Als der Junge nach New York zog, dort als Investmentbanker sesshaft wurde, reiste der Vater ihm mit dem Schiff nach und holte ihn zurück. Nachdem sein jüngerer Sohn Richard entführt und misshandelt wurde, unterhielt er sich mit dem Geretteten nicht über das Erlebte und Erlittene. Als die Stadt Bielefeld 1998 entschied, die Kunsthalle der Stadt, für die die Oetkers Geld und Werke gestiftet hatten, nicht weiter nach dem Unternehmensführer zu benennen, der ein so enger Freund der Nazis war, ließ er die Bilder, die er einst gegeben hatte, von einem Spezial-Lkw abholen. Seine größte Sorge war, dass sich die acht Kinder im Erbfall bekämpfen würden.

»Wann immer der alte Herr bei der Zeitungslektüre Berichte über Streitigkeiten in anderen Unternehmerfamilien fand, über Dauerzwist wie bei den Bahlsens oder den Porsches, ließ er sie von seiner Sekretärin kopieren und schickte sie mit Anmerkungen versehen seinen Söhnen und Töchtern«, schreibt Oetker-Biograph Rüdiger Jungbluth.

Es war wohl vergebens. 2007 starb Rudolf-August Oetker. Heute gelten seine Kinder als zerstritten. Die fünf aus den ersten beiden Ehen sollen sich gegen die drei aus der letzten Ehe verbündet haben. Ein Schiedsgericht versucht seit fünf Jahren zu vermitteln. 2015 beendet endlich ein Kompromiss den offenen Streit: Alfred, eines der jüngeren Oetker-Kinder, wird stellvertretender Vorsitzender der Oetker-Gesellschafter. Bald aber müssen die Erben endgültig über die Nachfolge entscheiden. Ob der Frieden hält?

Da sind die Springers. Friede natürlich, die fünfte Ehefrau und Haupterbin des Patriarchen. Sie kennt man, ist sie doch eine der reichsten Frauen des Landes, ihr Aufstieg längst Legende: Am Anfang war diese Anzeige, die Friede, Tochter eines Gärtners auf der Insel Föhr, in der *Welt am Sonntag* las: »Villenhaushalt sucht Kindermädchen«. Und so kam sie, gerade zwanzig, ins Haus der Springers, um sich um den dreijährigen Nicolaus, Sohn aus der vierten Ehe Axel Springers, zu kümmern. Der Verleger verfiel der neuen Nanny. Er mietete ihr eine Wohnung. Er ließ sie von einer Vertrauten »in marinefarbene Kostüme einkleiden«, wie Friede Springers Biographin protokolliert, »mit weißen Blusen, an denen handgedrehte Knöpfe hingen«. Er zahlte ihr ein monatliches Budget – und ließ sie über Jahre als Geliebte ausharren, bis sie dann endlich doch Frau Springer werden durfte. »Bald schon gab es in ihrem Leben nur noch ihn«, lese ich in ihrer Biographie. »Keine Ausbildung, keinen Beruf, keine Freundinnen, keine Familie, keinen anderen Sinn.« Als Axel Springer 1985 stirbt, erbt seine fünfte Ehefrau Friede 70 Prozent des Verlagsimperiums. Der Einsatz habe sich gelohnt, ätzten manche.

Aber dann gibt es da auch noch Axel Sven Springer, den Enkel, den kaum jemand kennt. Axel III., rief ihn der alte Springer oft. Er schätzte ihn. »Lassen Sie mich sagen, wie beglückt ich über den Bengel bin«, schrieb Springer einst einem seiner Chefredakteure. Trotzdem spielt Enkel Axel Sven heute in der Verlagsführung keine Rolle.

2012 veröffentlichte er ein Buch: *Das neue Testament*, heißt es, *Die wahre Geschichte einer Erbschaft*. »Ich lernte bereits als Kind einige der spannendsten Köpfe der deutschen Medienlandschaft kennen. Ich führe ein finanziell sorgenfreies Leben«, schreibt er darin. »Aber das ist nun ein Teil meiner Geschichte. Mein Vater, der auch Axel Springer hieß, nannte sich eine Weile lieber Sven Simon. Er nahm sich das Leben, bevor ich ihm all die Fragen stellen konnte, die ein Sohn an seinen Vater hat. Ich war nicht einmal vierzehn Jahre alt. Als neunzehnjähriger Internatsschüler blickte ich eines Nachts in den Lauf einer Maschinenpistole, die ein Kidnapper auf mich gerichtet hielt. Meine Entführer forderten 15 Millionen Mark. In ihrer Gewalt durchlitt ich die schlimmsten 68 Stunden meines Lebens. Dann war ich frei und bin es doch, bis heute, nie mehr so ganz.«

Neun Monate später, schreibt Axel Sven Springer, stirbt sein Großvater. Er ist da neunzehn, steht kurz vor den Abiturprüfungen. Acht Tage nach dem Tod des Opas wird Axel Sven ins Haus »Tranquillitati« auf Schwanenwerder geflogen, dem Sitz der Springers. Man wolle den Nachlass schnell regeln, heißt es, auch damit der Junge so wenig Unterricht wie möglich verpasst.

Am nächsten Morgen, um kurz vor acht, versammeln sich die Erben des Axel Springer, Witwe Friede, Tochter Barbara, Sohn Nicolaus, Enkel Axel Sven und Enkelin Ariane, im Wohnzimmer des Hauses. Der Rechtsberater verliest feierlich den Letzten Willen des Patriarchen: »Ich appelliere an meine Erben und Vermächtnisnehmer, stets dessen eingedenk zu sein, dass der wesentliche Gegenstand des Nachlasses mein berufliches Lebenswerk ist.« In einem Umschlag liegt das offizielle, das notariell beglaubigte Testament des Verlegers bereit. Darin steht: Friede Springer solle 50 Prozent erben, Tochter Barbara 25, Enkel Axel Sven ebenfalls.

Plötzlich, erinnert sich der Enkel, habe der Jurist die Tonlage gewechselt, als wollte er ein Geheimnis teilen. Axel Springer habe seinen Letzten Willen noch einmal ändern wollen, sagt er den Erben, aber er sei zu schwach gewesen, das neue Testament zu Papier zu bringen. Er habe nur ihm und Friede davon erzählt: 70 Prozent für Friede, jeweils zehn Prozent für die beiden Kinder und fünf für die Enkel. Das sei der in den Wochen vor dem Tode gefasste eigentliche Letzte Wille.

Axel Sven, ein Teenager ohne Rechtsbeistand, zögert nicht lange. »Ja, natürlich machen wir das so, wie Granddaddy sich das gewünscht hat«, sagt er, greift zum Stift und unterzeichnet eine Erbenvereinbarung, in der er auf 80 Prozent seines testamentarischen Anteils verzichtet. Als er erwachsen ist, klagt er dagegen. Über sieben Jahre ziehen sich die Prozesse, dann weist die höchste Instanz sein Anliegen ab.

Im Verlag, der Axel Sven Springers Buch veröffentlichte, nimmt man meinen Brief mit der Bitte um ein Gespräch freudig entgegen, schickt ihn weiter, hakt nach, aber antwortet dann: »Ich hätte Ihnen gerne weitergeholfen, aber Herr Springer gibt zurzeit einfach keine Interviews.«

Also weiter. Merckle, die Erben des Pharma-Konzerns. Rossmann, die beiden Drogisten-Söhne. Henkel: Leider nicht, lassen die Erben mich wissen. So wie viele andere vor und nach ihnen.

Und dann, mitterweile völlig unverhofft, doch ein Ja: eine Mail, eine Adresse, eine Handynummer. »Gerne bin ich bereit, mich interviewen zu lassen«, schreibt mir der Absender. Er kenne das Spannungsfeld, in dem ein Erbe lebe: im »Schatten eines großen Vaters und jetzt auch einer großen Mutter«. Es sei schwierig, da den eigenen Weg zu finden. Der Mann, der das schreibt, ist Andreas Mohn, der jüngste Sohn des Verlegers Reinhard Mohn, des Mannes also, der aus dem Buchverlag Bertelsmann einen Weltkonzern machte: der »erfolgreichste Unternehmer der Bundesrepublik«, wie der Publizist Günter Gaus einst schrieb, der »Unternehmer des Jahrhunderts«, fand die *Zeit*.

Schalten wir eine kurze Szene in Schwarzweiß dazwischen: Es sind die fünfziger Jahre, Betriebsfest bei Bertelsmann. Die Belegschaft singt und tanzt. Der Chef Reinhard Mohn, der angesehene Verleger, der dreifache Vater, ist mittendrin. Bei der »Reise nach Jerusalem« kämpft er mit einer siebzehnjährigen Auszubildenden um den letzten Stuhl, schreibt der Autor Thomas Schuler in seinem Buch *Die Mohns*. Der Chef gewinnt. Um fünf Uhr morgens fährt er das junge Mädchen nach Hause. Ihre Mutter ist besorgt. Aber für sie fängt etwas Neues, etwas Spannendes an: eine Affäre mit dem großen Mohn.

Sechs Jahre später bekommt Elisabeth das erste Kind vom Verleger, eine Tochter, dann einen Sohn und, 1969, noch einen: Andreas. Reinhard Mohn lebt da noch immer bei seiner ersten Ehefrau. Elisabeth ist nicht die Einzige, die er nebenher trifft. »Die Art und Weise, wie Reinhard sein Privatleben und seine Beziehungen organisiert hatte, passte nicht zu der Vorstellung, die man sich von einem gesitteten Lebenswandel in einem christlichen Verlagshaus machte«, schreibt Biograph Schuler. Mohn schafft Abhilfe: 1963 heiratet seine Geliebte Elisabeth einen Kinderbuchlektor des Hauses Bertelsmann. Der Mann sei »für seine Dienste als Familienvater großzügig entlohnt worden«, heißt es. Als die drei Kinder erfahren, dass nicht der Mann, der mit ihnen lebte, ihr Vater ist, sondern Verleger Reinhard Mohn, ist Andreas zwölf.

Am 22. November 1982 heiratet Mohn die ehemalige Auszubildende Elisabeth und adoptiert Andreas und seine beiden Geschwister. Man könnte meinen, dass ein Elternpaar, das den Kindern eine solche Lebenslüge offenbart, danach alles tut, damit die Familie sich fängt, stabil wird, zur Ruhe kommt. Aber in einem Clan gelten offenbar andere Regeln. Ein Familienunternehmer auf Nachfolgersuche darf sich nicht erlauben, nur Vater zu sein, haben mir Berater und Forscher in den Interviews gesagt. Er muss an das Unternehmen denken, muss im Zweifel Lieblingskinder bevorzugen, ungerecht teilen, hart entscheiden. Wenn es um die Macht geht, muss die Liebe ruhen.

Mir war nicht ganz wohl, als ich diese Weisheiten notierte. Reinhard Mohn allerdings hielt sich an diese Grundsätze: Mehrfach machte er einem seiner Kinder Hoffnungen, der Auserwählte zu sein – um dann doch alles ganz anders zu machen. Lange galt Sohn Johannes, der Älteste aus erster Ehe, als erste Nachfolger-Wahl. Mohn beauftragte seine Manager, den Jungen unter die Fittiche zu nehmen. Aber dann sagten die Vertrauten: Der Junge ist nett. Aber er hat nicht genug Biss. Und die »neue« Frau Mohn, Elisabeth, die sich jetzt Liz nannte, wollte offenbar eines ihrer drei Kinder an der Konzernspitze positionieren. Johannes Mohn wurde zurück ins zweite Glied beordert. Und der Vater kürte den nächsten Favoriten und dachte wohl an Andreas.

Es ist das Jahr 1989. Andreas Mohn, gerade zwanzig geworden, studiert in Münster Jura und Wirtschaft, engagiert sich für den Schutz der Umwelt und macht Praktika bei der Lokalzeitung, als ihn der Vater aus diesem normalen Leben reißt. Reinhard Mohn bittet seinen Jüngsten zu einem Gespräch. Er habe gesagt: Die Hoffnungen ruhen nun auf ihm, erinnert sich Andreas, er solle die Tradition fortsetzen. Sein Vater habe ihm eine Musterkarriere vorgezeichnet: mit fünfunddreißig in den Vorstand, dann, mit vierzig, fünfundvierzig: Vorsitzender, mit fünfzig: Aufsichtsrat.

»Andreas fühlte sich geschmeichelt durch das Vertrauen seines Vaters«, schreibt Thomas Schuler. Aber: »Die Zukunft, die Reinhard Mohn für ihn entworfen hatte, wurde ihm mehr und mehr zu einer Last.« Im Januar 1993 zieht Andreas nach Israel, lebt erst in einem Kibbuz, dann in Jerusalem, wo er niemanden kennt. Die »Reise nach Jerusalem«, mit der einst die Liaison seiner Eltern begann, endet für ihn unglücklich: Er hat Panikattacken, fühlt sich verfolgt, er bricht zusammen. Als er schließlich in einem Achtbettzimmer eines psychiatrischen Krankenhauses liegt, kann er sich an nicht viel mehr als seinen Namen erinnern. Zurück in Deutschland, verbringt er weitere Monate in einer Klinik; bricht sein Studium ab; bekommt Medikamente; fühlt sich allein. Er erinnert sich an einen einzigen Besuch seines Vaters. Offenbar hatte der auch Andreas als potenziellen Nachfolger abgehakt.

Schon sehr früh, schon im Jahr 1978, hatte Reinhard Mohn öffentlich und unmissverständlich klargemacht, dass die Interessen der Familie hinter denen der Firma stets zurückstehen müssten: »Der Gesichtspunkt der Familientradition«, hatte er gesagt, »ist deutlich untergeordnet unter die Notwendigkeit der Kontinuität der Führung.« Und: »Die Tatsache«, dass einer »mein Sohn ist, reicht nicht aus«, um sich für den Job an der Spitze zu qualifizieren.

Im Jahr von Andreas' Zusammenbruch beschließt Reinhard Mohn, die Kapitalmehrheit am Unternehmen an seine Stiftung zu übertragen. Zwei Milliarden Erbschafts- und Schenkungssteuer habe Mohn durch diesen Schritt gespart, schreibt der Journalist Harald Schumann. Außerdem hat er das wahre Machtzentrum im Konzern in einer verschachtelten Stiftungsarchitektur verbergen können. Die Kontrolle hat inzwischen Liz Mohn – sekundiert von ihren zwei anderen Kindern, Andreas' Geschwistern Christoph und Brigitte. Nun wetteifern allein diese beiden um die Gunst der Mutter und die Nachfolge bei Bertelsmann, falls sich diese Kategorien überhaupt trennen lassen. Lange galt Brigitte als Favoritin, vor allem nachdem ihr Bruder mit der Internetfirma Lycos scheiterte. Aber dann ließ Mutter Mohn erklären, beide Kinder hätten »die gleichen Chancen« – und inzwischen scheint der Sohn, den sie im Konzern den »Erdulder« nennen, vorn zu liegen.

Und Andreas? »Wie so viele Söhne bedeutender Väter, deren Schatten sie nicht entrinnen können, fühlt sich Andreas Mohn abgestoßen und zugleich angezogen von seinem Vater«, schreibt Thomas Schuler in *Die Mohns*. »Manchmal tut er ganz augenscheinlich Dinge, um sich von seinen Eltern zu lösen. Dann wieder scheint er alles zu tun, um ihre Anerkennung zu erringen.«

Andreas Mohn war Erotikfotograf. Maler. Autor von Büchern, die er in Kleinverlagen veröffentlicht hat. Heute ist er Stifter, »in der Tradition seiner Familie«, wie er schreibt. Ein Suchender. Er hat eine seltene Augenkrankheit. Multiple Sklerose. Schizophrenie, wie er selbst sagt. Ein Sorgenkind. Seine Anteile an Bertelsmann wurden Ende 2008 laut Branchendiensten auf fast 102,8 Millionen Euro bewertet. 2011 soll er ein knappes Zehntel für zehn Millionen Euro verkauft haben. Er ist reich.

Ob das Erbe sein Leben erleichtert oder beschwert, ob es ihn frei macht oder einengt, ob es ihn trotz allem gut groß werden ließ oder klein hielt, wollte ich Andreas Mohn fragen. Aber nach der Zusage antwortet er lange gar nicht mehr. Dann sagt er wieder ab. Es möge an seiner schlechten Verfassung liegen, schreibt er, oder am Wetter. Er wolle im Moment doch nicht.

Am Ende wird meine Suche doch noch erfolgreich sein. Ich werde all meine Fragen stellen können, erfahren, wie es ist, mit einem großen Namen aufzuwachsen, werde Unternehmenserben treffen, die nicht schweigen. In einem Luxushotel an der Düsseldorfer Königsallee werde ich mit Roger Klüh lunchen, dem Sohn eines Unternehmens, der laut *Manager Magazin* der 389-reichste Mann im Lande ist – und werde besser begreifen, wie es ist, reich geboren zu werden. Auf einem kleinen Weingut im Fränkischen werde ich mit Philipp Neckermann den siebzigsten Geburtstag seiner Mutter Marlene feiern dürfen – und besser verstehen, wie man als Teil eines Clans lebt.

Aber noch müssen die Geschichten dieser Erben eine Weile warten. Denn erst werde ich das Mosaik an anderer Stelle weiterlegen.

Es waren lange Wochen, die ich mit dem Lesen der Geschichten der großen deutschen Familien verbrachte, Wochen, in denen etwas geschah: Lange trieb mich beim Lesen der Texte eine leise, aber stete Wut: Wie kann es sein, dass in so einem Land wie Deutschland, aufgeklärt seit dem 18. Jahrhundert, dauerhaft demokratisch seit 1949, so wenige Familien über so viel Macht und Kapital verfügen – oft völlig verborgen vor den Augen anderer?, notierte ich.

Aber nach und nach wurde das Bild feiner. Ich dachte: Würde ich wirklich tauschen mögen? Würde ich ein Leben im Griff eines solchen Clans führen wollen? Ein Griff, der so fest zu sein scheint, dass er sich auch nach dem Tod der Ahnen nicht lockert? Ein Griff, der den ein oder anderen zu erdrücken scheint? Was löst das Geld der Eltern im Leben der Kinder aus? Lars sagte, das Geld seines Vaters sei ein Netz, das ihn mutiger mache, zuversichtlicher, freier. Das klang erstrebenswert. Aber kann das Geld nicht genauso Fessel sein? Eine Fessel, die junge Menschen an ihre Familien bindet, an diesen Verbund, in dem Liebe bekanntlich genauso gedeiht wie Hass, Eifersucht oder Verachtung?

Nicht nur die Oetkers haben sich ineinander verbissen, nicht nur die Springers bekämpften sich vor Gericht, nicht nur die Mohns taktierten mit dem Schicksal ihrer Kinder: Der Gucci-Clan führte zeitweise zwanzig Parallel-Prozesse gegeneinander. Die Sippe zerfleischte sich im Machtkampf. Dann wurde Maurizio Gucci, der letzte echte Erbe, in seiner Mailänder Edel-Residenz ermordet. Seine Exfrau soll Angst gehabt haben, er würde das Erbe mit der neuen Geliebten verprassen.

Der Milliarden-Dollar-Nachlass des Ölmagnaten, Produzenten und Hollywood-Playboys Howard Hughes beschäftigte die Anwälte und Gerichte fünfzehn Jahre lang, verschlang 30 Millionen Dollar. Vierhundert Erbanwärter kämpften um das Geld, zweiundfünfzig Testamente kursierten. Am Ende bekamen die gesetzlichen Erben alles, Hughes' einundzwanzig Neffen und Nichten.

Um Picassos Werk, knapp 2000 Gemälde, 1300 Skulpturen, 3000 Keramiken, 18 000 Stiche und knapp 13 000 Skizzen und Zeichnungen, die er hinterließ, rangen: der Sohn, den er mit seiner ersten Ehefrau Olga hatte, die Töchter seiner Geliebten Françoise, das Mädchen, das er mit seiner Kurzzeit-Affäre Marie-Therese zeugte, und Jaqueline, seine letzte Frau, die ihn »Gott« genannt haben soll.

Streit gab es außerdem um den Nachlass von Franz Kafka, Lew Tolstoj und William Shakespeare; um das Erbe von Jospeh Beuys, Jörg Immendorff und Michael Jackson. Die Liste ließe sich beliebig fortführen.

Am Olivaer Platz, unweit des Berliner Kurfürstendamms, sitze ich in einer feinen Altbaukanzlei Dana Peić-Thiel gegenüber, einer Notarin, einer Expertin des Erbrechts, die sagt: »Manchmal denke ich, die, die nichts haben, sind glücklicher. Denn wer nichts hat, hat auch keinen Streit.«

Maxi Unger, die Therapeutin, hatte gesagt: »Beim Erben werden die ganzen alten Rechnungen noch mal auf den Tisch gelegt. Danach gibt es keine Chance auf Wiedergutmachung mehr.«

»Und dann gibt es Streit und Neid«, sagt Dana Peić-Thiel. »Da brechen dann im Erbfall Dinge auf, die durch die Oberinstanz der Eltern über Jahre unterdrückt wurden: Du warst immer der Liebling! Dir haben sie doch schon so viel finanziert!«

»Je größer der Vorwurf«, hatte Maxi Unger gesagt, »desto größer ist die Wahrscheinlichkeit, dass die Kinder ein unglückliches Leben haben. Erwachsene Kinder, die verbittert sind und sagen: Wir müssen noch etwas bekommen, sind in der Tendenz Menschen, die ihrem Lebensglück im Wege stehen, denn sie werden nie mehr die kleinen Kinder sein, die noch etwas zu kriegen haben.«

Schätzungen zufolge bringt jeder zweite Erbfall die sensible Statik einer Familie zumindest kurzfristig ins Wanken. Um jede fünfte Erbschaft tobt ein heftiger Kampf. Dann ziehen Brüder gegen Schwestern vor Gericht, Kinder erster Ehe gegen Frauen zweiter Ehe, Großeltern gegen Enkel. Und manchmal auch einfach: jeder gegen jeden.

6. NAHKAMPF

Leas Opa war ein weltbekannter Künstler, ein liebenswerter Zeitgenosse, ein Patriarch vom alten Schlag – das schrieb der Intendant des Südwestrundfunks über ihn.

Leas Opa war ein Mann mit Stil, eine Kämpfernatur. Sein Werk ragt über sein eigenes Schaffen hinaus – so urteilte der Oberbürgermeister seiner Stadt über ihn.

Leas Opa kam aus dem Nichts. Als Berserker aus dem Böhmerwald verspotteten ihn die Etablierten. Aber er, stolz wie ein Pfau, kämpfte sich durch und hoch – das sagte er selbst über sich.

Ich treffe Lea in einem Café in Berlin-Mitte. Sie trägt Zopf, Jeansjacke und eine Sonnenbrille, in der ich mich unablässig spiegele. Wir trinken Cappuccino. Wir reden lange. Von ihrem Opa weiß ich da noch nichts. Ab und an erwähnt sie ihn am Rande. »Der war eben Künstler«, sagt sie, »so Kunst am Bau, Skulpturen, Konstruktivismus, Farbfelder.« Und: »Er war jetzt nicht so ein Wald- und Wiesenmaler; aber auch nicht Gerhard Richter oder Jackson Pollock.« »Es ist nicht unbedingt meine Baustelle«, sagt sie. »Als Kind bin ich auf den Skulpturen rumgeklettert. Aber es ist nicht poetisch genug, als dass es mich berühren würde.«

Wen lassen diese Worte erahnen, dass der Mann in seiner Zeit ein Star war – einer, der seine Werke auf der documenta in Kassel zeigte, auf der Biennale in Venedig, bei der Weltausstellung in Brüssel? Einer, der das Stadtzentrum einer australischen Großstadt schuf, der seine Kunst in Prag zeigte, in Moskau und New York? Einer, dem Papst Johannes Paul II. eine Privataudienz gewährte? Der mit Willy Brandt befreundet war und dessen »Triptychon auf die deutschen Nationalfarben« Helmut Schmidt in den Nato-Saal des Bonner Kanzleramts hängen ließ? Einer, der zum Senator ernannt wurde, zum Ehrendoktor, zum Professor? Ein unwiderstehlicher Charmeur? Ein begnadeter Netzwerker? Ein Genie, wie manche sagen? – Otto Herbert Hajek, geboren am 27. Juni 1927 in Kaltenbach, gestorben am 29. April 2005 in Stuttgart.

Aber das Leben ihres Opas ist nicht Leas Thema. Ihr Thema ist das, was er nach seinem Tod hinterließ, der Nachlass, der sie, die Enkelin im fernen Berlin, das Mädchen, das nie »eine emotionale Bindung« zu den Großeltern hatte, wie sie sagt, nun schon seit fast sechs Jahren gefangen hält.

2008 starb Leas Mutter, Lea erbte ihren Teil am Erbe der Großeltern. Und den Streit, der darum entbrannt ist, den erbte sie auch. Ein Streit, der Anwälte beschäftigt, Gutachter und Vermittler, ein Streit, der das vererbte Vermögen auffrisst und die Lebenszeit der Kinder und der Enkelin, wie Lea sagt. Wie konnte das nur passieren?

Leas Großeltern hatten fünf Kinder. Ihr Opa schien stolz auf seine Nachkommen zu sein, entwarf er ihnen doch eigens ein Familienwappen: ein roter Kreis, der fünf aufrechte Striche umschlingt, vier rote – denn vier der Kinder waren Töchter – und einen, den vorletzten, in hellem Grün – der Sohn. Offensichtlich prägte die Herkunft die Kinder: Sie studierten Gesang und Innenarchitektur und Kunst. Es wirkt so, als hätten die Eltern ihnen einiges mitgeben können.

Später, als ich versuche, das große Loch, das das Leben von Leas Opa in ihren Erzählungen ist, zu füllen, werde ich auf ein Foto blicken, das ihn und seine vier Geschwister zeigt: Im Hintergrund ist ein ärmliches Haus zu sehen, ein Stuhl steht schief auf sandigem Grund. Darauf hockt er, der Kleinste, der die ersten, nur ihm gekauften Schuhe erst mit neun bekam, der zur Schule zweiein-halb Kilometer lief, oft auf bloßen Füßen.

Da hat er seinen Kindern doch einiges mehr bieten können, werde ich denken. Sie durften in einer wunderbaren Villa in bester Lage aufwachsen, die sich die Eltern erkämpft hatten: Sie hatten das Haus früh gekauft, aber zunächst aus Geldnot alle Stockwerke vermietet und nur im Keller gelebt. Schrittweise zog die Familie dann nach oben, bis sie sich das ganze Haus leisten konnte. Prominente und Künstler gingen ein und aus, es wurde diskutiert und gefeiert. Die Kinder erlebten das alles mit.

»Im Haus meiner Großeltern wuchsen keine Freigeister heran«, sagt Lea. »Es war schon sehr reglementiert, und mein Großvater war eine dominante Persönlichkeit. Er war der Chef – der Despot, würde ich fast sagen.«

Leas Opa war ein begnadeter Künstler, aber offenbar ein weit weniger talentierter Vater, höre ich. Der Ruhm entfremdete ihn von der Familie, erzählt mir ein Vertrauter des Großvaters. Er war viel unterwegs, reiste, präsentierte, parlierte. Und er soll ein Dick-schädel gewesen sein, einer, der auch zu Hause unbedingt den Ton angeben wollte. Die Mutter gab in der Villa die Alltagsbesetzung. Sie musste füttern und kleiden, loben und strafen, war immer da, immer verfügbar. Dabei war auch sie eine begabte Frau, eine Ly-rikerin. Der Vater aber war der Fixstern der Kinder, die Galabeset-zung, der, nach dem sie sich sehnten, dem sie gefallen wollten.

»Er war wahnsinnig ichbezogen«, sagt ein alter Freund, »er konnte diese Bedürfnisse nicht stillen.« Und dann fügt er, den gro-ßen Künstler immer noch vermissend, hinzu: »Wenn man aber seinen Narzissmus und seine dominante Persönlichkeit ertrug, war er der beste Gastgeber und Freund der Welt.«

In den letzten zehn Jahren seines Lebens war Leas Großvater schwer krank, sein Herz machte Probleme. Und ein alter Freund erzählt mir, dass es brach, als auch die Familie zerfiel. Wenige

Jahre vor ihrem Tod, im hohen Alter, trennten sich Leas Großeltern. Die Großmutter zog aus und reichte die Scheidung ein. Da sie alles gemeinsam aufgebaut hatten, zerfiel ihr Besitz damit in zwei Hälften. Und als sie nacheinander starben, wurde klar, dass sie auch im Letzten Willen getrennte Leut' waren. Der Großvater verfügte, dass eine Tochter 40 Prozent erben sollte, die anderen drei jeweils zwanzig. Die Ansprüche des Sohns, befand er, seien mit alten Schenkungen abgegolten, »der Sohn war komplett raus«, sagt Lea. Zumindest fast komplett: Denn wenn der Erlös aus einem Verkauf des Nachlasses einen festgesetzten Betrag überschreiten sollte, würde der Sohn doch noch Geld erhalten.

Die Großmutter verfügte, dass die Töchter von ihrer Hälfte nur den Pflichtteil erhalten sollten, der Sohn den ganzen Rest. »Es ist ein menschliches Desaster«, sagt Lea. »Ich verstehe auch nicht, wie jemand das machen kann. Ahnt man nicht, wenn man so ein Testament aufsetzt, dass es das nicht leichter macht für die, die nachkommen?«

Glaubst du, das war eine Art Endabrechnung deiner Großeltern, eine letztgültige Aufteilung der Elternliebe?

»Das glaube ich schon«, sagt Lea. »Für mich zeigt das eine Härte im Herzen. Jedem, der ein Testament macht und mehrere Kinder hat, würde ich nur empfehlen: Egal, wie zerstritten ihr wart, macht es einfach nur gerecht! Denn wenn nicht, dann wird es nur noch mehr Streit geben. Und ich frage mich: Wie kann man das nur wollen?«

Das Mädchen im fernen Berlin versteht nicht, wie tief der Konflikt ging. Sie mache es sich zu einfach, sagen Freunde der Familie in Stuttgart.

Später aber werde ich auf einen Text blicken, der Leas Worte mit Verve unterstützt – auch, wenn er vor weit über zweihundert Jahren entstand, ein Text, der zu den berühmtesten zählt, die je über das Erben verfasst wurden. Es ist die Rede des Grafen Mirabeau, der im April 1791 vor die französische Nationalversammlung trat und der die Gleichheit der Kinder im Erbfall forderte: »Trägt die Gesellschaft nicht schon genug an den Launen und Leidenschaften der Lebenden?«, sagte Mirabeau. »Müssen wir ihre Launen und Leidenschaften auch dann noch ertragen, wenn sie nicht mehr sind? Haben wir nicht eine Unzahl von Testamenten gesehen, die entweder von Hochmut oder von Rache, von unrechter Ablehnung oder von blinder Vorliebe zeugten?«

Applaus, notierten die Protokollanten am Ende. Ich vermute, Lea hätte mitgeklatscht.

Man schätzt, dass etwa jede fünfte Erbschaft Familien entzweit. Als das Institut für Demoskopie Allensbach im Auftrag der Postbank eine Detailstudie ausfertigte, kam die zu einem eindeutigen Ergebnis: »Mit steigendem Umfang einer Erbschaft nimmt auch die Streithäufigkeit zu«, schreiben die Forscher. Es scheint also oft so zu sein wie in Leas Fall: Wenn viel da ist, besänftigt das die Erben nicht etwa. Offensichtlich nähren üppige Eurobeträge den Neid und die Missgunst.

Um Erbschaften im Wert von mehr als 100 000 Euro wird in mehr als jedem vierten Fall gestritten. Die Erblasser aber, auch das ein Ergebnis der Studie, blicken oft mit naiv-mildem Blick auf ihre Nachkommen: 90 Prozent gehen davon aus, dass diese sich selbstverständlich gütlich einigen werden. Warum aber gelingt das so häufig nicht?

Dana Peić-Thiel, die Berliner Notarin, weiß, auf welchem Grund der Streit um das Erbe besonders gut gedeiht. Die Menschen sterben später, sagt sie, nicht selten hochbetagt, mit achtzig oder neunzig Jahren. Ein Drittel der Erben ist inzwischen über sechzig. Oft hätte sich die enge Einheit Familie da schon gelöst, die Nähe der Kindheit sei längst der Distanz des Erwachsenenlebens gewichen. Und wer sich fremd geworden ist, zieht im Todesfall selten an einem Strang. Zudem zerfasern die Familien heute häufiger. Oft gibt es alte und neue Partner, Kinder aus ersten und zweiten Ehen. Das Patchwork hat Sollbruchstellen, die im Erbfall nachgeben.

»Neulich ging es um ein Testament«, sagt Dana Peić-Thiel, »da habe ich mehrmals nachgefragt. Ein seit langem verwitweter Mann, um den sich seine Tochter kümmerte, hatte in hohem Alter eine Frau kennengelernt, geheiratet und wollte sie als Alleinerbin einsetzen. Der Tochter sollte nur der Pflichtteil verbleiben. Der Mann erklärte mir strahlend, er fühle sich so gut! Er habe nie gedacht, dass ihm noch einmal so ein Glück widerfahren würde. Er liebe seine Tochter, aber für sein Leben habe er so entschieden.«

Und dann, sagt Peić-Thiel, sei da noch das Anspruchsdenken der Kinder, das wohl dem deutschen Erbrecht entspringt, ein Recht, das die Familie ehrt und schützt und heiligt; ein Recht, das Eltern verbietet, ihr Vermögen nach Gutdünken zu verteilen; ein Recht, das bestimmt, dass jedem Kind sein Pflichtteil zusteht, und das übrigens weitestgehend aus dem Kaiserreich stammt und für eine lange vergangene Gesellschaft verfasst wurde. Das Erbrecht, schreibt der Rechtswissenschaftler Siegfried Willutzki, »ist eine der wenigen Materien des Zivilrechts, die vom Wandel der Zeiten und des Zeitgeistes weitgehend unberührt geblieben ist«.

In den USA oder England müssen Kinder damit leben, dass die Eltern das Geld nach Gutdünken verteilen, selbst wenn die Testierfreiheit dazu führt, dass – wie im Falle der New Yorker Immobilienmilliardärin Leona Helmsley – die Enkel nichts erben, Schoßhündin »Trouble« aber zwölf Millionen Dollar.

Dana Peić-Thiel stammt aus dem ehemaligen Jugoslawien. Sie wird häufig mit Fällen aus Kroatien, Serbien oder Bosnien betraut. Und sie staunt, wie anders auch dort das Erben läuft. Stirbt der Vater, verzichten meist die Kinder zugunsten der Mutter. Sind beide Eltern tot, treten oft die Geschwister, die hier in Deutschland sind, zurück und sagen: Es soll der Bruder bekommen, der in der alten Heimat geblieben ist. Hierzulande, sagt sie, erlebe sie selten, dass ein Erbe freiwillig auf seine Anteile verzichtet.

Erbschaften, schreibt die Soziologin Marianne Kosmann, würden in Deutschland eben als »materialisierte Ausdrücke von Zuneigung« wahrgenommen.

»Da haben sich die Kinder seit zwanzig Jahren nicht gekümmert«, sagt Dana Peić-Thiel, und könnten es trotzdem nicht fassen, wenn andere im Erbfall bevorzugt werden: der Bruder, der über Jahre den Rollstuhl der Eltern schob, oder die Schwester, die ihnen den Löffel zum Mund führte. »Wenn die Eltern tot sind, beansprucht doch jedes Kind ›gleich‹ zu sein. Da ist ein Empfinden da, dass gerecht nur sein kann, wenn die Eltern alle Kinder gleich behandeln, auch wenn die Kinder sich nie gleich benommen haben.«

Und so führt ein Testament wie das von Leas Großeltern eben oft zum Knall, ein Testament, aus dem jeder meint, den Grad der elterlichen Liebe erlesen zu können, ein Testament, mit dem offenbar niemand leben kann. Seit acht Jahren zerfleischen sich die drei noch lebenden Töchter, der Sohn und die Enkelin in einem Streit, der allen unerträglich ist, aus dem es aber keinen Ausweg zu geben scheint. Der Hass, sagt einer der Beteiligten, ist zu groß, die Kluft zu tief. Versöhnung kann es nicht geben, sagt ein anderer.

»Sie führen sich noch immer wie kleine Kinder auf«, sagt ein Freund der Familie. Der große Name und das üppige Vermögen der Familie, die Rolle als Erben des großen Künstlervaters hätten die Kinder klein gehalten, sagt er. Und so zanken sie noch heute, vermutlich wie damals: Mich liebte Papa mehr! Mama mochte dich nie! Ich war der Liebling!

Vielleicht haben die Christen recht, wenn sie die Kräfte, die auch Leas Tanten und ihren Onkel auseinandertreiben, als so wesentlich erachten, dass sie sie gleich an den Anfang ihrer großen Erzählung stellen?

Erstes Buch Mose, Absatz 4: Da gebärt Eva zwei Söhne und damit auch den Urkonflikt, den Bruderstreit, den Kampf um die Liebe des Vaters. »Abel wurde ein Hirt, Kain ein Bauer«, heißt es. Da ist noch alles gut. Aber: »Einmal brachte Kain von seinem Ernteertrag dem Herrn sein Opfer. Auch Abel brachte ihm ein Opfer; er nahm dafür die besten von den erstgeborenen Lämmern seiner Herde.« Wie nett. Aber dann heißt es: »Der Herr blickte freundlich auf Abel und sein Opfer, aber Kain und sein Opfer schaute er nicht an.«

So reißt man Wunden. Wenn es im Hause von Leas Großeltern Nachtisch gab, habe der Vater ihn im Zweifel seinem Sohn zugeschoben, erzählt mir einer der Beteiligten. Wenn er von Reisen zurückkehrte, habe er oft zunächst nach seinem Sohn geschaut, mit ihm teilte er seine knappe Zeit, ihn ließ er in seine Nähe – und blickte offenbar oft über seine Töchter hinweg.

»Ich habe schon Psychogramme von jedem Einzelnen erstellt«, sagt Lea. »Der Onkel hat als einziger Sohn immer alles gekriegt. Der Vater hat ihn klar bevorzugt. Und natürlich fanden die Mädels das scheiße. Das tut mir auch leid. Aber irgendwann muss man diese Sachen doch mal vergessen«, sagt sie.

Doch wenig scheint so zuverlässig zu Hass zu führen wie völlig ungleich verteilte Elternliebe.

Buch Mose, Absatz 4, Vers 8: »Kain aber sagte zu seinem Bruder Abel: ›Komm und sieh dir einmal meine Felder an!‹« Und als sie draußen waren, fiel er über seinen Bruder her und schlug ihn tot.

Man muss froh sein, dass der Geschwisterhass im Fall von Leas Familie keine Leben kostet, sondern nur den Besitz gefährdet, den der Großvater weiterreichen wollte.

Leas Opa wuchs in einem Weiler auf, fernab der nächsten Stadt, sein Vater starb früh. Er war ein schwaches, ein dürres, kränkliches Kind. Als er zur ersten Schulklasse angemeldet wurde, sagte der Oberlehrer erst nein. Da weinte die Mutter und protestierte:

Der wird schon, der wird schon! Und er wurde ja auch. Als er Kind war, hatte seine Familie drei Kühe, drei Stück Jungvieh, Schweine, Hühner und manchmal auch Gänse. Ein Besitz, der so überschaubar war, dass es ein Leichtes gewesen wäre, ihn unter den Kindern aufzuteilen. Ein Wirtschaftswunder-Leben später hinterließen die Großeltern ihren Kindern: eine Villa in guter Lage, Schätzwert: über zwei Millionen Euro. Fremdkunst. Und Dutzende, ja vielleicht Hunderte Stücke von der Hand des Großvaters. Schon zu Lebzeiten hatte Leas Großvater jedem seiner fünf Kinder eine Immobilie geschenkt. Welch imposante Lebensbilanz, was für eine Wohlstandsvermehrung!

»Es ist ein totales Desaster«, sagt Lea, »dieses Erbe macht mein Leben schwieriger, es hängt mir an den Fersen. Es ist oberkompliziert. Und wenn der Streit nicht endet, dann sind da am Ende nur Schulden.«

Seit Jahren verstaubt das Werk von Leas Opa in einer riesigen Lagerhalle, weil die Erben sich nicht einig sind.

»Die Erben haben eine Verpflichtung dem künstlerischen Werk gegenüber«, sagt einer, der viele der Arbeiten kennt und liebt und der sich ärgert, ja trauert, weil sie nicht zu sehen sind. »Die Kunst«, sagt er, »gehört ihnen nicht. Sie haben sie nicht geschaffen, sie ist ihnen nur anvertraut.« Sie dürfen sie der Nachwelt nicht vorenthalten, sagt er.

Am Anfang, das weiß Lea noch genau, gab es diese Phase, als sie glaubte, sie sei jetzt reich. »Da habe ich gedacht: Hey, das ist ja genial. Das ist genau das, was ich gebrauchen kann. Da habe ich jetzt nicht so einen Stress mit dem Geldverdienen und kann mich und meine Pläne ganz in Ruhe entwickeln. Aber dann habe ich irgendwann gemerkt: Irgendetwas stimmt da nicht.«

Erst wollte eine Erbin mit der Kunst ein Museum bestücken. Dann kam ein Schätzer, der den Wert taxierte: acht bis zehn Millionen Euro, sagte er. Dann sagten einige der Erben: Schwachsinn! Viel zu viel! Illusorisch! Und ein anderer hielt dagegen: Ihr habt keine Ahnung! Ich habe die Lieferscheine, die Versicherungsdokumente! Die Kunst hatte am Todestag einen Wert von 12,8 Millionen Euro!

»Eigentlich«, sagt Lea, »müsste man sich zusammensetzen und gemeinsam gucken: Was sind die Werke, die wertvoller sind? Und dann lasst uns da zehn raussuchen und an die Auktionshäuser geben, und dann teilen wir uns die Kohle und gut ist. Und mit dem Rest kann jeder machen, was er will: Zwangsversteigern, auf den Sperrmüll, sich in den Vorgarten stellen.«

Einmal rief eine der Tanten bei Lea an. Sie schrie am Telefon und sagte: Sie, die Enkelin, sei doch nur hinter dem Geld her.

Und?, frage ich.

»Klar will ich nur das Geld«, sagt Lea. »Ich will am liebsten Cash sehen. Selbst wenn es mir zum Vorwurf gemacht wird: Es ist ja eigentlich kein Vorwurf, denn mal ehrlich: Was soll ich denn sonst wollen? Das ist doch eine Pseudomoral.«

Ich schaue mir ein spätes Foto ihres Opas an und sehe einen Mann mit gebeugtem Körper und vitalem Gesicht, einen Mann mit Brille und wollenem Pullover. »Sein Mund, der lächelt gern, sein scharfes Auge blitzt, und auf dem Schädel glänzt das dichte Borstenhaar«, beschrieb ihn einer seiner Dichterfreunde.

Ich fahre nach Stuttgart, weil ich das Bedürfnis habe, in diesem Zank der Nachkommen Spuren des Menschen zu finden, dessen Lebenswerk die eigenen Kinder zu einem Streitobjekt reduzierten. Ich fahre in die Straße, in der er lebte, heute eine noble Wohngegend mit spektakulären Ausblicken über die Stadt. Mir kommen teure Autos entgegen, die viel zu mächtig sind für den schmalen, steilen Weg, der nicht ohne Grund »Steige« heißt.

Im Nieselregen streife ich um die Villa, in der die Familie seit den 1950er Jahren lebte, die Villa, die sich die Eltern erwohnt hatten, das Haus, in dem die Kinder aufwuchsen. »Hier kann man leben und bleiben«, soll Gerhard Schröder gesagt haben, als er im Jahr 2004 den schon geschwächten Hausherrn besuchte. Heute sieht nichts mehr nach Leben und Bleiben aus. Keines der Kinder hat den Familiensitz übernommen, die Villa ist schon lange verkauft. Ein metallener Bauzaun umrahmt das Anwesen. Die Fenster des Schuppens sind zerbrochen, der Garten verwildert. Man sei nicht glücklich über den Umstand, dass die Villa so verlassen wirke, und stehe in ständigem Kontakt mit dem neuen Eigentümer, teilt mir das Denkmalschutzamt der Stadt mit.

Ich blicke auf die Kopie eines seiner Werke, eine Holzskulptur, die seine Frau als junge Braut zeigt, das Haar lang, die Züge sanft, der Bauch wölbt sich kaum sichtbar. Sie war wohl gerade schwanger damals mit der ersten gemeinsamen Tochter, Leas Mutter. Es ist eine liebevolle Büste, eine Erinnerung an einen glücklichen Beginn.

Und dann sehe ich Lea wieder, sitze mit ihr in ihrer Wohnung, in der sie gleichzeitig arbeitet. Oder präziser: in ihrem Atelier, in dem sie auch lebt – zusammen mit ihrer siebenjährigen Tochter. Vor einiger Zeit ist sie aus Berlin-Mitte hierher in den Wedding geflüchtet. Ihrem Haus gegenüber befindet sich ein Fight-Club, daneben ein türkischer Kulturverein. Die Gedanken seien hier freier, sagt Lea, die Preise noch niedriger.

Auch Lea ist Künstlerin geworden. Sie hat an der Universität der Künste Malerei studiert, war Meisterschülerin bei Georg Baselitz. »Irgendwann«, sagt Lea, »da war ich ganz früh in der Uni im Atelier, und da kam Baselitz reingestolpert und sagte: ›Na, alles klar, jetzt weiß ich, wie der Hase läuft.‹ Und ich: ›He? Was?‹ Und dann sagte er, er habe rausgekriegt, wer mein Opa ist und woher ich komme. Und von da an hat er mich ein bisschen härter rangenommen. Er sagte: Du bist Künstlertochter, Künstlerenkelin, du musst das toppen wollen und toller und größer und besser werden als alle davor. Sonst brauchst du ja gar nicht erst anzutreten.«

Lea arbeitet gerade an einem wandgroßen pastellfarbenen Acrylgemälde, das sich aus mehreren Einzelbildern zusammensetzt. Eine Katze taucht in jedem Baustein auf. Mal naturgetreu gezeichnet, mal schablonenhaft skizziert. Worte, Sätze durchbrechen die Fläche. Ihr Thema, sagt Lea, sei der urbane Raum. »Text und Schrift spielen bei mir immer eine Rolle«, sagt sie. »Auf einem poetischen Level: Wand, Mauer, Stadt, Orte und Nicht-Orte«; mit Graffiti auf Leinwand hat sie sich früh einen Namen gemacht. Eine ihrer Galeristinnen hat ihr gesagt: »Du bist sehr talentiert. Du kannst dir eine Leinwand hinhängen, und es wird ein schönes Bild. Aber dass dir alles so leichtfällt, steht dir im Wege.«

»Ich kann dir jetzt sofort eine schöne Landschaft malen«, sagt Lea. »Ich kann dir auch ein Farbfeld abliefern, ein abstraktes Bild.« Das Talent, gutes Handwerk abzuliefern, habe sie vielleicht geerbt, sagt sie. Aber den eigenen Stil, den Fokus auf ein Thema, das müsse sie in sich finden, da hilft ihr kein berühmter Opa, keine Künstler-Mutter. Ihre letzten Bilder waren graphisch anmutende Textarbeiten. Sie nannte sie »oh beautiful fuck«, »'cause I am what I am« oder »notnow«. Die großen Formate erzielen 7500 bis 8000 Euro. »Ich verkaufe schon seit dem Studium«, sagt Lea. »Es gibt immer mal so Talfahrten, aber eigentlich kann ich davon leben.«

Als Lea studierte, lebte ihr Opa noch. Einmal, als sie sich sahen, zeigte sie ihm etwas von sich. Er habe sich das angeguckt, sagt Lea, mehr nicht. »Er wusste doch, wie schwer Anfänge sind«, sagt sie. »Und dann kommt da die Enkelin, die auch Kunst macht. Das ist doch geil! Da kann man doch mal einen Schritt auf diese Enkelin zumachen. Aber das ist nie passiert.« Sie hält inne, schiebt ein »Leider nein« nach. Und sagt schließlich: »Manchmal denkt man ja, im Alter werden die Leute noch mal sanfter und überblicken das ganze Ausmaß ihres Lebens. Das ist bei ihm nicht so gewesen. Er ist noch härter geworden und war von sich eingenommen, bis zum Schluss.«

Freunde des Großvaters erzählen mir, dass sie die Familie oft vermisst hätten in seinen letzten Monaten, als er alt und krank und schwach war, dass die, die sich heute wegen des Erbes zerfleischen, damals nicht Schlange standen, um die Hand des alten Mannes zu halten.

Man mag es ungehörig finden, dass die Nachkommen sich über die Hinterlassenschaften eines Toten zerstreiten, dass es ihnen nicht gelingt, den Besitz, den nicht sie erarbeiteten, der doch ein spätes Geschenk ist, großzügig und gelassen zu teilen. Aber vermutlich hat Leas Opa nicht nur seine Enkelin enttäuscht, wahrscheinlich ist der Kampf um den Nachlass tatsächlich einer, bei dem es in Wahrheit um eine Schlussabrechnung geht – um die letztgültige Verteilung von Liebe. Mit Sicherheit reißen Wunden, die Menschen anderen in ihrem Leben zufügten, nach dem Tod wieder auf.

Zuletzt, sagt Lea müde, hätten ihre Tanten und ihr Onkel versucht, die Objekte in zwei gleichwertige Hälften zu teilen, in die Erbmasse der Oma und in die Erbmasse des Opas. Als das leidlich gelungen war, stellte einer den Antrag, die Hälften zu tauschen. »Was soll das?«, fragt sie, »wollen die Zeit schinden? Wozu?« Sie möchte jetzt nur noch raus aus der Geschichte, sagt sie. Sie hat ihren Onkel kontaktiert und verhandelt darum, ob er ihren Erbteil übernimmt. »Es ist mein Plan, dass er ein bisschen Kohle rüberwachsen lässt, und dann war es das.«

Wie viel denn?, frage ich.

»Fünfzigtausend«, sagt sie. Und klingt enttäuscht – was ich auch wieder verstehe. Es waren ja Millionen im Gespräch. Es gab Momente, in denen sie dachte, nun wirklich reich zu sein, vermeintlich sorgenlos. Ich weiß nicht, wie ich reagieren würde, wenn ich erleben müsste, wie solch ein Traum im Streit zerplatzt. Geld, sagt Lea, verdirbt die Menschen. Das Haben-Wollen, das Dran-Festhalten. Aber so ganz loslassen kann sie auch nicht. Und wer würde es ihr verübeln.

Leas Ratlosigkeit wäre ein ihrer Geschichte angemessenes Ende gewesen. Aber ich werde sie wiedertreffen, als der Streit in ihrer Familie eskaliert.

7. ZU VIEL

Ich blättere zurück zu meinen Zahlenreihen:

250 Milliarden Euro: die geschätzte Summe, die pro Jahr weitergereicht wird.

Gut sieben Billionen Euro: das Nettovermögen der Deutschen.

Knapp unter siebzig: das Alter, in dem die Deutschen im Durchschnitt am reichsten sind.

Die Sparschweine vieler alter Menschen sind prall gefüllt, es ist so viel Geld da wie noch nie. Wie schön für die, die es bekommen, dachte ich zu Beginn, wie gemein aus Sicht derer, die außen vor sind. Aber – wie naiv war ich, das nicht zu sehen: Natürlich weckt so viel Geld Begehrlichkeiten. Man sollte das ausgeleiertste aller Tolstoi-Zitate umformulieren – zu einer Wahrheit, die er selbst ja auch begreifen musste: »Alle glücklichen Erbfälle sind einander ähnlich« – treusorgende Geber-Eltern treffen auf dankbare Empfänger-Kinder –, »aber jeder unglückliche Erbfall ist auf seine besondere Art unglücklich.«

Und so setze ich nach und nach immer mehr trübe Steinchen in mein Mosaik. Mittlerweile umrahmen sie die, die zuerst da waren, die, die mich anglänzten, die mich neidisch werden ließen: die unerklärlichen Kapitalzuwächse meiner Freunde, Lars' teure Wohnung, die immensen Reichtümer der Firmenerben. Ach, Erben baden im Glück!, hatte ich nach diesen Gesprächen gemeint. Aber da hatte ich noch nicht in die Abgründe geblickt, die aufreißen, sobald Menschen um Geld kämpfen.

Mehrmals treffe ich Burkhard Kellermann, den Mann, der stets

Jackett trägt, den Mann mit dem Hörgerät und dem traurigen Blick, den der Streit um das Erbe seiner Mutter nicht loslässt. Ein Streit, der vor mehr als fünfzehn Jahren begann. Damals lebte seine Mutter noch in dem Haus, in dem auch Kellermann aufwuchs, das Familienhaus – eine Doppelhaushälfte, erbaut und erarbeitet in den Boomjahrzehnten der Bundesrepublik. »Ein Haus der breiten Mittelschicht«, sagt Kellermann, »mit Garage und Garten in einer Wohnsiedlung in Stadtnähe.«

Das Drama begann Mitte der 1990er Jahre. Sein Vater war schon verstorben und die Mutter dem Leben in dem großen Haus nicht mehr gewachsen. Mal brach sie auf, um Besorgungen zu machen, und fand nicht mehr zurück. Mal packte sie, um Dinge zu angeblichen Verabredungen mitzunehmen, die aber nie stattfanden. Erste Demenzerscheinungen, sagten die Ärzte.

Die Mutter hatte sich immer gewünscht, bis zum Ende in ihrem Haus bleiben zu können, hatte gedacht, dass eines ihrer Kinder im Notfall zu ihr ziehen würde. Die Söhne hatten gewusst, dass sie ihr diese Hoffnung irgendwann würden nehmen müssen. Also organisierte Burkhard Kellermann gemeinsam mit seinem Bruder den Kauf einer betreuten Wohnung ganz in der Nähe, er führte sie aus dem Haus, spazierte mit ihr dorthin. Er sagte: So, da steht jetzt dein Bett. Heute gehen wir nicht mehr zurück. Belastend war das, sagt er.

Kaum war die Mutter nicht mehr da, meldete der Bruder plötzlich Ansprüche an: Ich will das Haus, gab er zu verstehen, ich will drin wohnen. Und er forderte, dass ihm das Haus schon vor dem Tod der Mutter übertragen werde. »Wir hatten gerade den Arztbericht in der Hand«, sagt Kellermann, »ich war empört, dass mein Bruder auf einmal so auftrat. Das Haus war das Herzstück des Besitzes meiner Mutter, den wir verwalten sollten. Wenn ich seiner Idee zugestimmt hätte, hätten wir die Vollmacht missbraucht. Wir hätten unsere Mutter gemeinschaftlich enteignet.«

Burkhard Kellermann sagte nein. Seine Mutter hatte ihm bewusst – gemeinsam mit dem Bruder – eine Vollmacht ausgestellt. Solange die Brüder sich nicht einig sind, konnte nichts passieren – dachte Kellermann zumindest. Es kam zu einem Gütetermin im Büro eines Notars. Der schlug vor: Der Bruder sollte im Haus wohnen dürfen. Er sollte es auch umbauen dürfen, aber Miete sollte er zahlen. Und die Mutter sollte Eigentümerin bleiben.

Okay, sagten die beiden Brüder und erteilten den Auftrag, den Vertrag auszuarbeiten. Alles schien nun geregelt zu sein. Umso weniger konnte Burkhard Kellermann fassen, was dann geschah. Es klingt auch unglaublich, aber so selten ist dieser Trick nicht:

Die damalige Freundin des Bruders regte an, dass ein amtlicher Betreuer für die Mutter bestellt werden sollte, da die Geschwister zerstritten seien. Burkhard Kellermann erfuhr davon per Post, als das Verfahren schon über Wochen lief. Das Gericht stimmte zu. Der Betreuer, ein Angestellter der Stadt, der nebenher rechtlicher Vormund von Dutzenden Menschen war, trat an. »Ich kam dann an keine Informationen mehr ran«, sagt Kellermann. »Mein Bruder gab mir zu verstehen: Ich sage überhaupt nichts mehr. Wir kommunizieren nur noch über den Betreuer. Und der Betreuer hat keine Rechenschaftspflicht den Angehörigen gegenüber.«

Ab dem Zeitpunkt des Beschlusses konnte Burkhard Kellermann nicht mal mehr beim Grundbuchamt einsehen, ob sein Elternhaus noch seiner Mutter gehörte. Er erklagte Akteneinsicht. Und sah: Auf Betreiben des Betreuers war das Haus an seinen Bruder verkauft worden – ohne objektiven Grund, denn die Mutter hatte mehr als 100 000 Mark an Erspartem und weitere, wenn auch weniger wertvolle Grundstücke. Die Kosten für das Heim, im dem sie inzwischen lebte, konnte sie aus ihren Renteneinnahmen zahlen.

Dann entdeckte Kellermann, dass seinem Bruder ein Kredit in Höhe von 270 000 Mark gewährt wurde. Mit dem Haus als

Sicherheit hatte er sich also ein üppiges Darlehen aus dem Vermögen der Mutter verschafft. Und im Vertrag stand, er müsse es erst drei Monate nach ihrem Tod zurückzahlen. »Mein Bruder hat mich in die Irre geführt«, sagt Kellermann. »Und der Staat hat ihn unterstützt. Der Betreuer hat mit dieser Vermögensaufteilung das Erbe meiner Mutter zu ihren Lebzeiten geregelt – obwohl es ein gemeinschaftliches Testament der Eltern gab, darüber wurde hinweggegangen. Der Tod meiner Mutter wurde sogar Bestandteil eines Kreditvertrags. Die familiären Bande waren damit völlig zerstört.«

Der Kampf um das Erbe entzweite die Brüder. Kellermann hat sein Elternhaus nie wieder betreten. Als seine Mutter starb und der Bruder ihm das Darlehen aus der Erbmasse nicht fristgemäß zurückzahlte, schickte Kellermann einen Gerichtsvollzieher, der die erste Rate eintrieb. Aber längst war der Streit mehr als ein Kampf zwischen Geschwistern. Die Brüder steckten in einer Maschinerie, die das Verhältnis zwischen ihnen, zur Mutter und zu deren Vermögen betreute, organisierte, verwaltete: Richter und Rechtspfleger am Amtsgericht, selbständige Berufsbetreuer und Verfahrenspfleger, Gutachter, eine Angestellte der Sozialbehörde beim Landkreis und ein Notar. Kellermann zählte dreißig Personen, die im Auftrag des Amtsgerichts in ihrem Fall tätig wurden, davon allein siebzehn Juristen. Die Kosten: insgesamt 28 000 Euro, die das Amtsgericht vom Konto der Mutter abbuchte. Kellermann sagt: »Das ist eine Summe, für die mein Vater viele Jahre arbeitete, meine Mutter als Hausfrau lange sparte.«

Verbrannt. Genau wie ein Großteil der Rücklagen, die Burkhard Kellermann sich erarbeitet hatte: Fahrtkosten, Rechtsanwaltskosten, Gutachterkosten fielen an. Immer wieder musste er Auskünfte zum Besitz der Mutter erstreiten. Der fünfzehnjährige Kampf vernichtete ein mittleres Vermögen. Burkhard Kellermann, der lernen musste, wie schwer es ist, in solch einem Konflikt Herr über das eigene Leben zu bleiben, sich nicht völlig im Dickicht aus Beschuldigungen, Behördenhandeln und Rechtsgebaren zu verlieren, tauscht sich heute mit anderen Betroffenen aus. Er sammelt Wissen, versucht zu helfen. Und manchmal überlegt er, ob daraus sogar mehr werden könnte: eine Existenz.

Wie läuft es?, frage ich bei unserem letzten Treffen.

»Ich stehe am Anfang«, sagt er und lächelt schwach. Aber er wird weitermachen. »Diese Geschichte kommt auch auf andere zu, und viele stecken drin«, sagt er. Ihn wird das Geschehene wohl nie loslassen.

Ein Mosaiksteinchen, so grau wie Kellermanns Anzug. Ein Erbstreit, der Züge eines klassischen Dramas trägt. Da ist dieses Reihenhäuschen mit Garten und Garage, das Zeichen des Aufstiegs der Eltern, der Schauplatz eines geordneten, bürgerlichen Lebens, wie Kellermann es nennt. Das Häuschen, das sie ihren Söhnen hinterlassen wollten. Und am Ende führen die Kinder um dieses Haus einen Kampf, der Geld verschlingt und Lebenszeit, der die zwei Brüder auf ewig auseinanderbringt.

So kann aus Wohlstand Unglück werden, denke ich. Und klicke mal wieder dieses Foto auf meinem Handy an, das mich nicht loslässt, das Foto eines alten, kranken Mannes, eines Greises. Ich will ihn Hans nennen, so heißt er zwar nicht, aber der Name passt, war es doch der häufigste im Jahr 1935, als er in Hamburg geboren wurde.

Hans sitzt in einem Rollstuhl, die eine Körperhälfte etwas abgesackt. Auf dem Schoß liegt eine grüne Decke, sie reicht bis zu den kraftlosen Knien. An seiner linken Seite hängt ein Urinbeutel. Hans' Blick ist leer. Seine Ohren wirken riesig, sie scheinen nicht mehr zu diesem schmalen Gesicht zu passen, zu den eingefallenen Wangen, den schlaffen Zügen. Der Rollstuhl steht vor einer strahlend weißen Schrankwand, daneben glänzt das Glas einer Vitrine.

Hans war wohlhabend. Er besaß Eigentumswohnungen in einer westdeutschen Großstadt, Aktien, ein stattliches Vermögen. Er hatte als Versicherungsmakler ordentlich verdient und war stets sparsam gewesen. Als der Boiler in seiner Küche kaputtging, weigerte er sich, ihn zu reparieren. Über Jahre zapfte er das warme Wasser am Hahn im Gästeklo. Hans soll früher ein aufmerksamer, humorvoller, belesener Mann gewesen sein, ein Opernfreund, vor allem aber eine treue Seele. Auch Jahre nach der Scheidung stand das Foto seiner Exfrau auf seinem Nachttisch. Mit seiner Stieftochter traf er sich regelmäßig zum Halma-Spielen. Aber der Mensch, der ihm am nächsten war, war wohl die eigene Mutter. Hans pflegte sie bis zu ihrem Tod. Er eilte an ihr Bett, wenn sie Nacht um Nacht seinen Namen schrie.

Als die Mutter starb, war Hans sehr einsam. Er rührte ihr Zimmer nicht an. Es blieb ein Museum in Erinnerung an seine einzig wahre Liebe. Damals trank er viel zu viel, er ließ seine Wohnung verkommen. Seine einzigen Freunde waren die anderen Stammgäste seiner Eckkneipe.

Hans liebte Börsencharts. Wenn man seine menschlichen Kontakte als Kurskurve darstellen würde, so wäre sie wohl bis zur Mitte seines Lebens auf durchschnittlichem Niveau recht stabil verlaufen, nach der Trennung von der Frau und vor allem Jahre später nach dem Tod der Mutter abgesackt, um dann aber, als sich sein eigenes Leben dem Ende neigte, plötzlich wieder rasant in die Höhe zu schießen: Denn als Hans, der wohlhabende Exmakler, der alleinstehende Alkoholiker, alt wurde, suchten plötzlich viele seine Nähe. Seine Stieftochter kümmerte sich doch wieder um ihn. Seine Saufkumpane besuchten ihn täglich. Eine Mitarbeiterin des Gesundheitsamtes behauptete, sie hätten sich ineinander verliebt.

In den Mann, den ich auf dem Foto sehe? In den tattrigen Greis?

So etwas kommt vor. Howard Marshall II., ein texanischer Öl-Milliardär, war 86 Jahre alt, als die junge Vickie Lynn Hogan, die unter dem Namen Anna Nicole Smith wenig später Playmate des Jahres werden sollte, in einem Strip-Club in Houston ihr Herz an ihn verloren haben will. Man kann nur hoffen, dass zumindest ihn diese Beziehung glücklich machte. Vierzehn Monate nach der Hochzeit starb Marshall. Anna Nicole Smith und Marshalls Sohn Pierce kämpften seit diesem Tag um die 1,6 Milliarden Dollar, die er hinterließ, vor diversen Gerichten in diversen Bundesstaaten. Beide überlebten die Endlos-Verfahren nicht. Er starb im Jahr 2006 an einem Infekt, sie 2007 an einer Überdosis Medikamente. Die Angehörigen beider Seiten streiten bis heute weiter.

Hans' Geschichte klingt wie eine ebenso traurige Provinzvariante dieses berühmtesten aller Sugar-Daddy-Dramen. Sie beginnt im September 2010. Hans' Stieftochter Marlena war beunruhigt. Seit Wochen versuchte sie, Hans zu erreichen. Sie wollte ihm zum Geburtstag gratulieren, so wie jedes Jahr. Auch wenn sie seit ihrem letzten gemeinsamen Urlaub, bei dem er viel zu viel trank, den Kontakt »eingedämmt« hatte, wie sie sagt. Erst wunderte sie sich. War er vielleicht zu der Kreuzfahrt aufgebrochen, von der er schon so lange träumte, ohne ihr Bescheid zu sagen? Sie versuchte es weiter und hörte auch bei ein paar Bekannten nach: »Niemand wusste was«, sagt sie. Am Ende klapperte Marlena die Krankenhäuser der Umgebung ab und fand Hans in einer geriatrischen Klinik. Die Feuerwehr hatte ihn in seinem Wohnzimmersessel gefunden – zu schwach, um aus eigener Kraft wieder hochzukommen. Einer seiner »Trinkfreunde«, wie Marlena seine Kneipenbekanntschaften nennt, hatte den Notruf abgesetzt. Er hatte Hans besuchen wollen und die Tür verschlossen gefunden. »Ich bin sein Lebensretter«, hörte Marlena den Kumpel sagen, wenn sie ihn in der Klinik traf.

Bis zu diesem Punkt ist das Geschehen unstrittig: Der einsame Hans hat nur noch den Alkohol und seine Kneipenfreunde. Er bricht zusammen. Er liegt im Krankenhaus. Aber nun betraten plötzlich nicht nur ungewohnt viele Menschen den bislang stillen Schauplatz seines Lebens, sondern diese Menschen werden sich bis heute darüber streiten, wer welche Rolle an seiner Seite und in seinem Herzen hatte, wer Hans mochte und wer nur sein Geld. Marlena sagt, sie sei immer wieder zu Hans ins Krankenhaus gefahren, und behauptet, noch viel mehr gemacht zu haben: Sie habe die verwahrloste Wohnung aufgeräumt, Wäsche gewaschen, sich durch die unerledigte Post gegraben. »Ich war arbeitslos zu der Zeit«, sagt sie. »Und da war es für mich selbstverständlich, mich um ihn zu kümmern.«

»Die Wohnung war immer noch chaotisch. Sie war sicher mal da, aber niemand hat den Mann versorgt«, sagen andere.

Sie sagt: Noch in der Klinik habe Hans vorgeschlagen: Hör mal, ich will dich jetzt mal endlich adoptieren. Wer weiß, wie lange das mit mir noch so weitergeht, und bevor der Staat alles erbt …

Andere behaupten: Ja, dieses Adoptionsbegehren gab es. Aber Hans sei immer skeptisch gewesen.

Marlena machte einen Termin beim Notar.

»Sie sind doch nur hinter seinem Geld her«, sagte der Trinkfreund.

»Ich habe vom ersten Moment gesehen, dass Sie sich Hoffnungen gemacht haben«, entgegnete ihm Marlena.

Als Hans aus der Klinik entlassen wurde und wieder zu Hause war, ging das Gerangel weiter. Marlena sagt, sie sei tagsüber bei ihm gewesen. Abends besuchte ihn der Kumpel aus der Kneipe. Sie warf ihm vor, Hans Bier zu bringen. Er warf ihr vor, Hans' Geld zu nehmen. Und Hans, der so lange allein war, schien nicht zu wissen, wie er mit der Konkurrenz um seine Nähe umgehen soll. Marlena gab er den Wohnungsschlüssel und trieb auch ihre Adoption voran. Er ging mit Marlena zum Notar und besprach dort das Adoptionsbegehren. Der Notar schickte die Entwürfe. Anfang Dezember, sagt Marlena, hätten Hans und sie in der Kanzlei alles unterschreiben wollen. Dem Kumpel aber stellte Hans eines Tages eine Vollmacht aus, vom Rechtsanwalt aufgesetzt, vom Notar beglaubigt. »Alle Rechnungen laufen nun über mich!«, soll der Kumpel triumphiert haben. Der Pflegedienst, erinnert Marlena, habe dann Alarm geschlagen und gesagt: Da muss man doch etwas machen! Den Hans müsse man doch vor sich selbst schützen!

Mittlerweile war es Dezember geworden. Marlena wurde von einer Zahnwurzelentzündung gequält, hatte Fieber und wollte zum Arzt, als sie einen Anruf bekam. Eine Dame vom Gesundheitsamt war dran, Abteilung Sozialpsychiatrischer Dienst. Ihr wahrer Name ist aktenkundig, aber nennen wir sie schlicht: Yvonne. Yvonne Mehlich vielleicht. Sie war Mitte fünfzig, hatte kurz vor diesen Dezembertagen ihre Fortbildung zur Pflegesachverständigen abgeschlossen. Die Absolventen lernen in dem Kurs, den Hilfebedarf kranker Menschen besser zu erkennen, den pflegenden Angehörigen zu helfen, Demenzgutachten zu prüfen, teilt der Veranstalter mit. Hans muss einer ihrer ersten Fälle gewesen sein.

An das Telefonat erinnert sich Marlena so: Yvonne Mehlich habe sie aufgefordert, sofort zur Wohnung ihres Stiefvaters zu kommen. Die Amtsärztin hätte kurzfristig Zeit, man müsse sofort handeln. »An diesem Tag habe ich sie also zum ersten Mal gesehen«, sagt Marlena. »Wir trafen uns an der Wohnung, es war vielleicht elf oder zwölf Uhr. Mein Stiefvater schläft aber immer lange. Ich habe gesagt: Das ist doch nicht richtig, ihn jetzt zu wecken und so viele Menschen sind dabei. Und sie sagte: Doch, das ist jetzt ganz wichtig. Diese Vollmacht muss diesem Menschen entzogen werden.«

Die Ärztin testete Hans. Er musste eine Uhr malen. Das Datum nennen. Sich an dieses und jenes erinnern, sagt Marlena. »Er hatte wohl, so stand es auch im Krankenhausbericht, eine ›Demenz mit spätem Beginn‹.«

»Wie wird er eigentlich über Weihnachten versorgt?«, habe Yvonne Mehlich schließlich in die Runde gefragt. Marlena will gesagt haben: »Von mir. Ich will nur noch kurz zum Arzt.« Hans soll geantwortet haben: »Alles kein Problem. Wenn du krank bist, komme ich schon alleine klar.« Yvonne Mehlich, die schon mehrfach gegenüber Marlena bemerkt hatte, sie spüre »Spannungen« zwischen ihr und Hans, schlug vor, dass Hans die Feiertage als Kurzzeitpflegepatient in einem Krankenhaus verbringt. Hans war einverstanden. Marlena erleichtert.

»Und dann ging das rucki-zucki«, sagt sie. »Da kam der Krankentransport und hat meinen Stiefvater abgeholt. Und ich bin zum Arzt. Und ein paar Tage später rief mich eine Frau an und sagte: ›Ich bin jetzt die amtliche Betreuerin Ihres Stiefvaters‹«, und man möge doch bitte in der Angelegenheit zusammenarbeiten. Marlena schlug vor, eine offizielle Übergabe zu machen.

Von diesem Tag an klaffen die Erzählungen über Hans' letzte Lebensjahre noch weiter auseinander. Neue Personen treten in sein Leben: die amtliche Betreuerin, die Dame vom Gesundheitsamt, die Pflegekräfte. Sie berichten mir, was angeblich in der Wohnung und in Hans' Herzen geschah. Und das hat, spätestens von diesem Tag an, nichts mehr mit dem zu tun, was Marlena erzählt, die Stieftochter, die immer weiter von Hans wegrückte.

Nach den Tagen im Dezember meldete sich die amtliche Betreuerin lange nicht mehr bei Marlena. Erst hieß es Urlaub, dann Krankheit, dann persönliche Probleme. Und dann, zwei Monate waren schon vergangen, wurde plötzlich ganz in Frage gestellt, ob Marlena die Betreuerin überhaupt zu einem gemeinsamen Gespräch, zu der von ihr erwünschten Übergabe treffen dürfe. Die

Betreuerin schrieb brüsk: »Ich habe mit Ihnen keine Übergabe zu machen. Sie sind weder bevollmächtigt noch erbberechtigt noch Familienangehörige. Es ist reine Gefälligkeit, dass ich überhaupt mit Ihnen korrespondiere.« Hans sei nicht entmündigt, schrieb sie noch. »Erst vor wenigen Tagen hat er das Testament und die Adoption zurückgezogen.« Und was ein Treffen angehe: Sie sei sich nicht sicher, ob Hans seine Stieftochter überhaupt noch sehen wolle.

Marlena rief Hans an. Sie behauptet, er habe gesagt: »So ein Quatsch. Natürlich will ich dich sehen.« Marlena sagt: »Dann bin ich dahin. Mir machte eine Frau die Tür auf, die ich nicht kenne.« Die Dame sei eine Erscheinung gewesen. Sie trug die langen blonden Haare offen, High-Heel-Stiefel, Over-Knees, viel Schmuck und Schminke, sagt Marlena. »Ich fragte: Wer sind Sie denn? Sagte sie: Na, die Frau Mehlich. Ich habe die gar nicht erkannt und gedacht: Wie sieht die denn plötzlich aus?« Marlena erzählt weiter: »Ich hatte Teilchen mitgebracht, und wir haben uns um einen Tisch gesetzt. Yvonne Mehlich, die amtliche Betreuerin, eine Frau, die als Haushaltshilfe engagiert worden war, ich und der Hans. Er saß da. Ganz still.«

Die anderen sagen: Dieses Treffen sei der letzte Versuch gewesen, Hans und seine Stieftochter noch einmal an einen Tisch zu bringen. Man hätte in einer gemütlichen Runde bei Kaffee und Kuchen versuchen wollen, Hans noch einmal zu besänftigen. Der habe vermutet, dass Marlena ihn ausnehmen will. Er habe den Kontakt mit ihr abbrechen wollen. Er habe an dem Tag geschwiegen, weil er sauer war, dass er sie noch einmal sehen musste.

Marlena sagt: Die Betreuerin und Yvonne Mehlich hätten die ganze Zeit gekichert. Sie hätten gesagt: »So viele hübsche Frauen um Sie rum! Ist das nicht toll! Besser kann es Ihnen doch gar nicht gehen!«

Marlena, die den Fall ihres Stiefvaters über Stunden präzise und detailliert schildert, spricht nicht mehr weiter. Sie schluchzt.

Sie weint. »Ich muss immer heulen, wenn ich an diesen Moment denke«, sagt sie. »Es war so schlimm. Einfach furchtbar.«

Von diesem Tag an, sagt Marlena, sei das Band zwischen ihr und Hans zerrissen. Es war schon lange zerfetzt, sagen die anderen. Marlena sagt: Wenn sie anrief, hieß es: Er ist im Bett und schläft. Oder: Es geht ihm nicht so gut. Oder: Er will nicht reden. Die anderen sagen, Hans habe ausdrücklich verlangt: Kein Kontakt mehr zu meiner Stieftochter!

»Irgendwann habe ich gedacht: Gut, wenn der jetzt versorgt ist, ist alles in Butter«, sagt Marlena. Und sie meldete sich seltener. Dann erhielt sie einen Brief des Notars, in dem ihr offiziell mitgeteilt wurde, dass ihr Stiefvater aus persönlichen Gründen kein Interesse mehr an einer Adoption habe. Und sie meldete sich noch seltener.

Fast zwei Jahre vergingen. In dieser Zeit passierte einiges in Hans' Wohnung, aber bleiben wir zunächst draußen bei Marlena. In ihrem Leben verblich die Causa Hans. – Bis eines Tages ihr Telefon klingelte. Eine Nachbarin aus Hans' Haus war dran. Sie sagte: Wissen Sie, bei Ihrem Stiefvater steht häufig der Krankenwagen vor der Tür! Ich habe ihn kürzlich besucht, und da sah er gar nicht gut aus. Wollen Sie nicht mal wieder vorbeikommen?

Die Nachbarin fand heraus, dass Hans am Wochenende oft mit dem neuen Pfleger allein war. Der Pfleger ließ Marlena zu ihm.

»Ich war entsetzt«, sagt sie. »Hans sah so traurig aus. Er hat mich erkannt, aber er hat kaum geredet, er wirkte abwesend. ›Seit die Frau da ist, ist so viel Unruhe‹, hat er gesagt.« Was sie dann erfuhr, konnte sie kaum glauben: Yvonne Mehlich und Hans seien ein Paar, sagte der Pfleger. Erst sei von Hochzeit die Rede gewesen. Aber dann habe Hans vor ein paar Wochen sein Testament geändert. Alles für Yvonne.

Stimmt das?

Es hätte sich Stück für Stück entwickelt, erzählen die anderen.

Hans habe mehr Wasser und weniger Alkohol getrunken, er sei wieder fitter geworden. Und er habe dann irgendwann gesagt: »Ich will die Frau Mehlich häufiger sehen.« Frau Mehlich sei dann stundenweise zu ihm gekommen, auf Honorarbasis, parallel zu ihrem eigentlichen Job. Hans hätten diese Besuche sehr gefallen. Er habe sie gar nicht gehen lassen wollen. Man sah, sagen die, die zu dieser Zeit in der Wohnung waren: Er hatte sich verliebt. Und, Überraschung: Sie irgendwann auch.

»Können Sie verstehen, dass das seltsam wirkt, wenn sich eine noch recht junge Frau in einen alten, kranken Mann verliebt?«, frage ich die, die dabei waren.

»Natürlich«, sagen sie. »Aber die Menschen sind verschieden.« Und: »Der Mann war noch mal glücklich. Vielleicht zählt das am Ende mehr als Geld.« Und: »Für Frau Mehlich spielte sein Vermögen keine Rolle.«

»Es war ein strategischer Plan«, sagt Marlena. Hans sollte glauben, eine neue Liebe gefunden zu haben, und dann genau das tun, was er wenige Wochen vor seinem Tod auch tat.

Irgendwann bat Hans einen Mitarbeiter seiner Hausbank und seinen Anwalt zu sich und sagte: »Ich will ein Testament machen.« Ein Notar kam, und Hans sagte ihm: »Yvonne Mehlich soll erben.« Von da an kam noch mehr Bewegung in Hans' Leben, das nicht mehr lange dauern sollte.

Seine Wohnung sei verkauft worden, hörte Marlena.

Stimmt, sagt die Gegenseite: Die Wohnung war nicht ebenerdig und damit für den gehbehinderten Hans ungeeignet.

Er hatte einen alten Mercedes, »den ich bekommen sollte«, sagt Marlena. »Auch der war verkauft, und Frau Mehlich hatte einen neuen BMW, so einen fetten Geländewagen mit Lederausstattung.« Außerdem habe Hans für seine neue Liebe ein Haus gekauft. »Ich war so entsetzt«, sagt Marlena. »Ich habe gedacht: Das darf nicht wahr sein. Das ist doch alles nicht sauber.«

Von nun an ermittelte sie auf eigene Faust. Sie fand die Adresse des Hauses heraus und fuhr hin. »Das passte wie ein Puzzleteil«, sagt sie. »Das Haus war am Ende einer Straße, einer Sackgasse, davor ein hohes Tor, eine hohe Hecke drum herum. Hinter dem Haus ein Wall, dahinter die Autobahn. Mir war klar: Das sollte schön abgeschottet sein. Und der Hans war rausgerissen aus seinem bisherigen Umfeld, wohnte nicht mehr in seiner Wohnung, in seinem Haus, in dem er die Leute seit vierzig Jahren kannte.«

Hans hatte sich das Haus selbst ausgesucht, sagen die anderen. Er wollte ins Grüne. Er wollte genau hier mit Yvonne Mehlich leben. Das neue Haus hätte ihn glücklich gemacht.

Marlena nahm sich einen Anwalt. Sie schrieb eine Beschwerde an Yvonne Mehlichs Arbeitgeber, das Gesundheitsamt. Sie fuhr wieder zum Haus. Inzwischen waren Umzugswagen da, Hans' Name stand an der Tür.

Marlena klingelte. Aber keiner machte auf. Marlena rief die alte Nachbarin an. Die sagte: Da stimmt was nicht! Marlena rief die Notrufzentrale an und erfuhr, dass Hans vor knapp zwei Wochen in ein Krankenhaus gebracht worden war. Marlena rief in der Klinik an. Eine Schwester war am Apparat und sagte: Ihr Stiefvater war hier, aber er ist nicht mehr hier, mehr dürfe sie nicht sagen. Marlena brach zusammen. Die Schwester sagte: Okay, geben Sie mir Ihre Nummer, seine Ärztin wird sich bei Ihnen melden.

Am Abend, um halb elf, erfuhr Marlena, dass Hans seit zehn Tagen tot war. Er war im neuen Haus zusammengebrochen, wiederbelebt worden; erreichte das Krankenhaus in kritischem Zustand, galt als stabil. Und starb in der Nacht. »Sie haben es nicht mal für nötig gehalten, mich anzurufen«, sagt Marlena. Sie weint wieder.

Hans sei mit einem Lächeln entschlafen, sagen die anderen. Und er sei wunschgemäß neben seiner Mutter in Hamburg beerdigt worden.

Und warum wusste die Stieftochter nichts davon?, frage ich.

Weil er das nicht wollte, heißt es.

Als Marlena realisiert hatte, dass Hans nicht mehr lebt, ging sie sofort zur Polizei. Sie erstattete Anzeige. Sie erzählte ihre Geschichte. Die Ermittlungsbehörden nahmen die Arbeit auf. Hans' Leiche wurde obduziert, Tod durch Herzstillstand wurde attestiert. Keine Fremdeinwirkung nachweisbar. Die Ermittlungsbehörden prüften, ob Hans noch in der Verfassung war, sein Testament zu ändern. Schließlich war er in einem Gutachten zunächst als »dement« eingestuft worden. Auch in dem Entlassbericht, den der Arzt nach Hans' erstem Klinikaufenthalt verfasste, steht als erste von zwanzig bei Hans erstellten Diagnosen: »Alzheimer-Krankheit mit spätem Beginn«. Seine Demenz war ja gerade einer der Hauptgründe dafür, dass das Amtsgericht eine Betreuerin einsetzte. Die argumentiert aber heute, dass Hans unter ihrer Pflege aufblühte und sich seine Demenz so sehr milderte, dass sie kein Problem sah, als er unter ihren Augen sein Testament änderte.

»Dreistigkeit siegt«, sagt der Justitiar einer großen, bundesweit tätigen Pflegeheimkette, dem ich davon erzähle. Ein älterer Mensch, gerade einer, der unter Betreuung steht, sei besonders schutzbedürftig, sagt der Justitiar und weist darauf hin, dass Paragraph 14 des Heimgesetzes ausdrücklich verbiete, dass Senioren Mitarbeitern oder der Hausleitung Geschenke machen oder gar ein Erbe versprechen. Es ist eine Schutzklausel, die verhindern soll, dass die, die einen Menschen in seinen letzten Jahren versorgen, genau diese Nähe ausnutzen.

»Die Verlockung ist da«, sagt er. »Die Begehrlichkeit ist groß.« Und in der gesetzlichen Verbotsklausel klafft eine offensichtliche Lücke: Denn das Testament zugunsten eines Heimes oder eines Pflegers ist nur dann ungültig, wenn der Bewohner zu Lebzeiten davon erzählt. Erfahren die Erben erst nach dem Tod davon – oder behaupten sie dies –, greift Paragraph 14 nicht.

Yvonne Mehlich sagt, sie habe nicht gewusst, dass Hans dem Notar ihren Namen nannte.

Der Justitiar sagt: In den dreiundzwanzig Häusern seines Arbeitgebers habe man Paragraph 14 in den Verträgen aller Mitarbeiter verschärft. Sobald die Heimleitung davon erfahre, dass jemand das Erbe eines Bewohners antrete, würde unverzüglich die Kündigung ausgesprochen.

Ich erzähle ihm von Yvonne Mehlich, die als Mitarbeiterin des Gesundheitsamtes zu Hans kam, ihn dann auf Stundenbasis betreute, ihm näherkam und schließlich erben sollte und wollte.

»Wenn sie das Erbe angenommen hätte, wäre in unseren Häusern der gemeinsame Weg beendet gewesen«, sagt der Justitiar.

An einem Novembertag des Jahres 2013 um kurz nach zehn beginnt vor dem Amtsgericht der Stadt, in der Hans lebte und starb, der Prozess um die Frage, ob er kurz vor seinem Tod noch in der Lage war, sein Testament zu ändern. Marlena darf, weil sie nur die Stieftochter ist, nicht mit in den Saal, sie wartet draußen. Das Gericht gibt über den Verlauf keine Auskunft. Ich höre, dass es wohl zu dem Schluss gekommen sei, dass das Testament gültig war, dass Hans entscheiden durfte, wer sein Geld bekommen soll, aber sosehr ich mich auch mühe, bestätigen will mir dieses Gerücht niemand.

Frau Mehlich schreibt mir einmal, aber dann schweigt sie. Sie sei jetzt oft am neuen Haus, behauptet jemand, der sie kennt, versuche, Ordnung zu schaffen. Doch auch ob das zutrifft, weiß ich nicht. Yvonne Mehlich hat viel Zeit. Denn nach der Sache mit Hans hatte sie ihren Job beenden müssen. Nachdem das Amt erfahren hatte, dass sie eine Beziehung mit einem »Fall« geführt hatte, Erbin geworden war, sei ihr das Arbeiten dort unmöglich gemacht worden. Als sie dann hörte, dass gegen sie ermittelt wird, brach sie zusammen, war in Behandlung. Noch scheint das Geld ihr kein Glück zu bringen.

Marlena sagt: »Ich bin immer noch auf der Suche nach Gerechtigkeit. Wie kann man einen Menschen, dem es nicht gutgeht, so benutzen und ausnutzen – für den eigenen Vorteil? Da bin ich so entsetzt, nur wegen der Kohle«, sagt sie und wiederholt empört: »Nur wegen der Kohle. Nur wegen der Kohle.«

Und die amtliche Betreuerin, die Hans in seinen letzten Jahren begleitet hat, sagt: »Wissen Sie, wie oft ich Angehörige um mich habe, die von der Gier getrieben sind? Menschen, die über Jahre in der Versenkung verschwunden waren und dann plötzlich auftauchen und nach dem Vermögen lechzen? Ein Drittel meiner Akten«, sagt sie, »kann ich füllen, weil solche Angehörigen Probleme machen.« Und dann sagt sie noch: »Der Kampf um das Geld der alten Menschen wird härter. Sobald klar ist, dass etwas zu holen ist, kommen die Ratten aus ihren Löchern.«

8. LEBEN VON DEN TOTEN

Monate später starre ich am anderen Ende der Welt auf vier tote Ratten. Sie liegen in einem gläsernen Schaukasten im Naturkundemuseum von San Francisco im Stroh, sind Ausstellungsobjekte, Lehrbeispiele für den Verwesungsprozess. Das Exploratorium, das sie beherbergt, ist ein hipper Beton-Stahlbau an den Docks im Hafen. Draußen scheint die Sonne über der oft so nebligen Bucht, es ist prima hier. Und eigentlich mache ich gerade Urlaub. Aber offensichtlich sind die Steine, die ich zuletzt in das Mosaik einfügte, die so viel schwerer wogen als die davor, mit dabei. So, denke ich, sieht es wohl aus, wenn die Toten die Lebenden nähren. Und starre weiter.

Die Ratte ganz links starb erst vor wenigen Tagen. Ihr Körper ist noch recht unversehrt. Schwarzweiß das Fell, dick und rosig der Schwanz. Lediglich die Augen fehlen. Es waren offenbar die größten Leckerbissen für die paar Käfer, die den Körper der Ratte verwerten. Noch dominiert das tote Tier das Bild. Die wenigen schwarzen Aaskäfer, die auf ihr herumkrabbeln, sind kaum zu sehen.

Die Ratte daneben ist schon seit einer Woche tot. Die Käfer haben ihren Bauch zerfressen, das dicke Fleisch abgeknabbert. Den Käfern hat das gutgetan, sie haben sich vermehrt, die ersten Larven geboren.

Die Nachbarratte starb vor zwei Wochen. Ein bisschen Fell hängt noch am Skelett. Das meiste haben die Käfer verwertet, um Nester zu bauen für ihren Nachwuchs, der zahlreicher und zahlreicher wird, während die Ratte verschwindet.

Die vierte Ratte schließlich ist verborgen unter Hunderten Larven. Sie ist vergangen. Die Käfer aber leben satt und gut. Sie hatten Glück, denn die Ratte war ein fettes Tier.

Und wieder rasen die Zahlen durch meinen Kopf: das Erbvolumen, das Nettovermögen, die lange Lebensdauer. Am Ende legen sich zwei Fragen über das Bild der vier Leichen im Schaukasten: Wer labt sich eigentlich alles am fetten Portemonnaie der vielen vermögenden Alten? Und nährt das viele Geld die Gier?

»Der Kampf um das Geld der alten Menschen wird härter«, hatte die Frau, die Hans in seinen letzten Jahren betreute, in meinen Block diktiert. Und die Zahl derer, die mitkämpfen, steigt, so könnte man ergänzen. Da ist zum einen natürlich die »bucklige Verwandtschaft«, die Söhne und Töchter, die Witwen und Witwer, die Cousins und Neffen, die im Todesfall oft genug entdeckt haben wollen, dass das Blut sie doch enger an die Erblasser band, als die sporadischen Besuche im Altenheim vermuten ließen. Ein Motiv, das schon viele große Dramen trug.

Da ist zum Beispiel Vater Goriot, Honoré de Balzacs herzerweichende Figur, nach der auch das Buch benannt ist, das von ihm erzählt. Goriot ist neunundsechzig und hat als Nudel- und Mehlfabrikant ein Vermögen gemacht. Aber er hat eine Schwäche, und das ist die maßlose Liebe zu seinen beiden Töchtern. Schon zu Lebzeiten hat er ihnen seinen Reichtum vermacht, lebt von einer kleinen Rente in einer einfachen Pension. Aber die beiden wollen mehr und mehr. Und Vater Goriot gibt und gibt, verpfändet schließlich den Rest seiner Rente für eine Wohnung, in der die eine Tochter ihren Liebhaber empfangen kann, und für ein Ballkleid, in dem die andere eine Nacht lang erstrahlt. Kurz darauf stirbt Vater Goriot, verarmt und verlassen. Keine seiner Töchter wacht an seinem Totenbett. »Als die Zitrone so gründlich ausgepresst war, ließen die Töchter die Schale an der Straßenecke liegen«, schreibt Balzac und erschafft mit Anastasie und Delphine, des Vaters Mädchen, zwei eindrucksvolle Vertreterinnen des Typus »gierige Nachkommen«.

Ein Typus, der so dominant ist, dass man oft übersieht, dass ein reiches Erbe ein weitaus vielfältigeres Personal anlockt. Wo wir schon bei den Klassikern sind: Ben Jonson war ein Zeitgenosse Shakespeares, im England des 17. Jahrhunderts verehrt und gefeiert. Bei uns erlangte nur eines seiner Stücke Aufmerksamkeit, *Volpone oder Der Fuchs* heißt es. Es ist eines der ersten aller Erbschleicher-Dramen und beginnt damit, dass der venezianische Edelmann Volpone im ersten Akt ausruft: »Ich habe keine Frau, nicht Eltern, Kind noch Freund, die meine Habe übernehmen könnten.« Dieses Wissen treibt die halbe Stadt, treibt Anwälte, Kaufleute und Mätressen in Volpones Haus, »Frauen und Männer jeglichen Alters«, wie Volpone erkennt, die ihre Dienste anbieten, alle »in der Hoffnung, dass alles, wenn ich sterbe (worauf sie voller Gier jede Minute warten)«, ihnen, den glücklichen Erben zufallen möge.

Volpone beginnt ein Spiel mit denen, die ihn und seinen Reichtum wartend umkreisen, all denen, die er »Geier, Falke, Rabe und Aaskrähe« nennt: Sobald sie nahen, simuliert er »Husten, Schwindsucht, Gicht, Schlagfuß, Lähmung und Katarrh«, scheint dem Tod schon nahe zu sein und entlockt so den Wartenden teure Geschenke: »Gold und Silber, Münzen und Juwelen«, mit denen sich die Geber in den Rang des Erben schmeicheln wollen. »Ich hab sie in der Hand«, sagt Volpone, »laß ihnen die Kirsche vor den Lippen baumeln und zieh sie ihnen vor dem Munde weg, immer von neuem.«

Finten wie Volpones sind rar, aber die Ausgangsszenerie von Jonsons Drama ist so selten nicht. Fast jeder große Erbfall hat Personal, das man zunächst – konzentriert auf Vater, Mutter, Kind – nicht erkennt: die Professionellen, die beinahe jedes Mosaiksteinchen meiner Recherche einrahmen, die häufig stille Protagonisten der Erbgeschichten sind. Wie die Käfer im lehrreichen Schaukasten erfüllen viele von ihnen sinnvolle Funktionen.

Die Notare testieren den Willen. Die Erbanwälte assistieren im Streit. Die Betreuer verwalten in der Not. Die Coaches vermitteln im Kampf. Die Testamentsvollstrecker realisieren den Letzten Willen. Die Nachlassverwalter betreuen die schwierigen Fälle. Wie die Käfer laben auch sie sich an einer immer fetter werdenden Beute: Das wachsende Kapital der zahlreicher werdenden Alten lässt auch sie mehr und mehr werden.

Endlich löse ich meinen Blick von dem Schaukasten. Ende der Tiervergleiche, sage ich mir, die sind ohnehin meist heikel. Zu Hause blättere ich mich durch meine Notizhefte, »Erben 2012«, »Erben 2013«, »Erben 2014«. Ich lese die abgetippten Interviews. Ich spreche mit Berufsverbänden und versuche, einen Überblick über die Masse derer zu bekommen, für die die Erbschaft nicht Last ist, nicht Segen, nicht Bürde, nicht Glück, sondern – ganz prosaisch – ein Geschäft, und zwar oft ein gutes.

Da sind die Betreuer. Sie werden vom Amtsgericht als eine Art Vormund eingesetzt, wenn alte oder kranke Menschen ihre Angelegenheiten nicht mehr selbst erledigen können und wenn keine vertrauenswürdigen Angehörigen in Sicht sind.

Es war ein Betreuer, der Burkhard Kellermanns Bruder das Haus zusprach. Auch im Fall Hans hatte eine Fachfrau die Vormundschaft übernommen – weil es nötig war, sagen die einen; um mich rauszuhalten, sagt Stieftochter Marlena.

Staunend lese ich über den wilden Wuchs der Branche: Vor gut zehn Jahren gab es in Deutschland 420 000 Menschen, die behördlich bestellte Betreuer hatten. 2013 waren es 1,3 Millionen. Allein der Staat zahlte den Betreuern über 600 Millionen Euro, mehr als hundertmal so viel wie noch 1995.

Die meisten Betreuer machen sicher anständige Arbeit. Aber manche geraten auch in Versuchung. Die Gelegenheit ist schließlich zu günstig. Der Betreuer kennt die Konten seiner Klienten, er weiß oft um deren Einsamkeit. »Die rechtliche Betreuung bietet spezifische Formen von Interessenskonflikten und folglich Möglichkeiten für Betrug und Korruption«, schreibt Transparency Deutschland in einer Studie aus dem Juli 2013.

Es komme vor, dass die Betreuer die ihnen anvertrauten Menschen beerben, räumt der Bundesverband der Berufsbetreuer ein, wenn auch ausgesprochen selten. Im Frühjahr 2014 rät der Verband seinen Mitgliedern erstmals, »aus beruflich geführten Betreuungen kein Erbe anzunehmen«.

Der Justitiar der großen Pflegeheimkette, mit dem ich über Hans' Geschichte sprach, sagt: »Wir können kaum überprüfen, ob Betreuer oder auch Angehörige, Freunde mit Vermögensvollmachten kurz vor Toresschluss versuchen, sich an den Altvorderen zu bereichern.« Er denkt kurz nach. Und sagt dann: »Aber kürzlich hatten wir einen Fall, da war der Bewohner bei seinem Betreuer offenkundig unter die Räuber gefallen.« Dann erzählt er von einem Vorfall, der tatsächlich befürchten lässt, dass die allermeisten, die sich ans Erbe heranschleichen, eben nicht erwischt werden – denn kaum ein Betrüger wird wohl so plump zu Werke gehen:

»Der Betreuer hatte sich an das Personal gewandt«, sagt der Justitiar, und erbeten, ob man den Bewohner nicht für einen Vormittag in einen besonders guten Zustand bringen könne, damit er nicht so krank und schwach wirkte, wie er war. »Warum?«, habe das Heim überrascht gefragt. »Ich will mit ihm zum Notar. Da muss etwas notariell beurkundet werden«, sagte der Betreuer offenherzig.

In Frankfurt ist ein Betreuer zu eineinhalb Jahren Haft auf Bewährung verurteilt worden. Er habe, so das Gericht, das Testament einer Betreuten gefälscht und wollte so an 300 000 Euro gelangen. In Hannover ermittelt die Staatsanwaltschaft seit fast zwei Jahren gegen Betreuer, die sich in acht Fällen ein Erbe in

Höhe von mehreren hunderttausend Euro erschlichen haben sollen. Die Verdächtigen sollen, so die Staatsanwaltschaft, so lange auf die Senioren »eingewirkt haben«, bis diese bereit waren, ihr Testament zugunsten der Betreuer zu ändern.

Da sind die Anwälte, die Notare. »Das Erbrecht ist ein größeres Thema als früher«, sagt Dana Peić-Thiel, die Berliner Notarin. »In meiner Arbeit hat es eine größere Bedeutung gewonnen.«

»Das Erbrecht ist in der Tat für Anwälte relevanter geworden«, schreibt mir der Deutsche Anwaltsverein. Allein im Jahr 2013 stieg die Zahl der Fachkanzleien um 7,2 Prozent. Und auch die Gründe liefert der Verband gleich mit: »Das Erbrecht ist von hoher wirtschaftlicher Bedeutung. Die familiensoziologischen Voraussetzungen haben sich geändert.« Und: »Die Zahl erbrechtlicher Streitigkeiten nimmt zu.« Es ist die Gleichung, von der ich schon oft gehört habe: Vermögende Alte + losere Familienverbünde = mehr Streit im Erbfall.

Burkhard Kellermann hat der Streit um den Nachlass seiner Mutter 100 000 Euro gekostet. Ein großer Teil davon ging an Anwälte.

»Ich hatte nicht das Gefühl, dass die Anwälte ein Interesse hatten, den Erbstreit abzukürzen«, sagt mir einer der Beteiligten eines anderen Dauerkonflikts. »Allein ich habe denen 300 000 Euro überwiesen«, ergänzt er. Und: »Die haben mir doch nicht geraten, mich mit den anderen Parteien zu einigen, wenn jedes Telefonat, jeder Brief wieder ein paar hundert Euro kostet.«

Da sind die, von denen ich vorher noch nie etwas gehört hatte: die Testamentsvollstrecker, Menschen, die den Nachlass erfassen, verwalten und teilen und die entweder schon im Testament benannt oder im Streitfall vom Gericht bestimmt werden. Oder beides, wie Lea erzählt.

Wieder sitze ich ihr im Café gegenüber. Es ist dasselbe wie vor einem Jahr, als wir uns zum ersten Mal trafen. Es gebe Neuigkeiten in der Endlos-Erbgeschichte ihrer Familie, hatte sie geschrieben. Lea hatte sich doch nicht von ihrem Onkel auszahlen lassen. Sie hätten sich nicht einigen können, sagt sie. Vielleicht war aber auch einfach die Angst zu groß, leichtfertig auf die Chance auf das große Erbe zu verzichten. »Meine Tante ist jetzt als Testamentsvollstreckerin zurückgetreten«, sagt sie, »jetzt hat das Gericht einen Rechtsanwalt bestellt, der das Testament umsetzen soll.« Im ersten Moment dachte Lea: Eigentlich gut, vielleicht bringt er Bewegung rein, vielleicht löst er den Knoten. »Aber als Erstes hat er dann von uns verlangt, dass wir ihm 200 000 Euro freigeben, die auf einem Konto gesichert waren«, sagt sie. »Der will erst mal Cash sehen, das frisst jetzt also noch mehr Geld.« Leas Onkel aber wird das Konto nicht freigeben. Der Testamentsvollstrecker hat gedroht, ihn zu verklagen. Der Onkel sagt: Soll er doch. Er hat weitere Klageschriften gegen seine Geschwister vorbereitet. Es wird nie aufhören, sagt Lea.

Auch für Hans' Erben hat das Gericht einen Testamentsvollstrecker bestellt, auch er wird »angemessen« vergütet werden, wie es das Gesetz vorsieht: Eineinhalb bis vier Prozent des Nachlasses bekommt der Testamentsvollstrecker als Grundvergütung. Gibt es Streit, Steuerprobleme, oder ist der Fall aus sonstigen Gründen aufwendig, kann sich das Honorar im Extremfall verdoppeln. Ich vermute, so selten wird dieser Extremfall nicht sein.

Da sind die Nachlassverwalter und Nachlasspfleger, Menschen, die vom Amtsgericht bestellt werden, wenn ein Verstorbener kein Vermögen, sondern Schulden hinterlässt oder Erben zwar vermutet werden, aber nicht bekannt sind. Man schätze, es gebe zwischen 20 000 und 40 000 solcher Fälle pro Jahr, schreibt der Berufsverband, und auch hier natürlich »mit steigender Tendenz«.

Zwischen 20 000 und 40 000?, notiere ich. Und frage mich: Geht es noch ungefährer? Die Zahl ist schlicht geraten, erfahre ich. Denn über die Nachlassfälle wird keine Statistik geführt. Der

Beruf »Nachlassverwalter« ist nicht geschützt. Den Job kann erst mal jeder machen, der das Amtsgericht davon überzeugt, ihm Fälle zu überlassen, höre ich. Und staune.

Ich nehme Kontakt zu Nachlassverwaltern auf – zu den ganz seriösen und zu denen, die ein wenig halbseiden sind. Ich fahre zu offiziellen Gesprächen und zu solchen, aus denen ich nur anonym zitieren darf.

An einem Augustabend bekomme ich eine SMS. »Treffen gegen 18 Uhr?«, steht darin. Und: »Ich bin 2 m groß, weiße Hose, blau-weiß-gestreiftes Hemd und blaues Jackett. Da, wo noch Haare sind, sind sie gold.«

Kurz darauf sitze ich einem Mann gegenüber, der so schnell so viel sagen wird, dass seine Sätze oft nur Anfänge haben, aber keine Enden, nur Subjekte, aber keine Verben, nur einen Helden, nämlich ihn, und ganz viele Deppen, nämlich den ganzen Rest.

Wie wird man denn Nachlassverwalter?, frage ich.

Er sagt: »Ich habe BWL studiert. Dann war ich bei der Treuhand, gutes Geld verdient. Dann habe ich Zwangsverwaltungen gemacht. Und dann eben Nachlässe. Da habe ich am Anfang keine Ahnung gehabt, da bin ich ganz ehrlich.«

In Kursen hat er sich fortgebildet. Jetzt macht er den Job seit sieben Jahren. Ihn nervt, dass neuerdings so viele auf den Nachlasspfleger-Markt strömen. Aber noch läuft es, da er mit den Rechtspflegern einiger Amtsgerichte gut kann. Die verteilen die Fälle, die sind die Quelle, sagt er. »Das ist ganz oft personenbezogen. Ich habe mal 'ne dunkle Brille gehabt, da war ich noch jünger und sah ganz nett aus. Da war eine nette Rechtspflegerin, und da habe ich eben mehr Fälle bekommen. Dann hatte ich eine neue Brille und sah ein bisschen bieder aus und habe weniger Aufträge gekriegt. Dann wieder, andere Brille gehabt, kam wieder mehr. Die Rechtspfleger haben eine große Macht. Mögen sie dich, geht das in Ordnung. Mögen sie dich nicht, gehste nach Hause.«

Warum machen Sie das Geschäft?, frage ich.

»Ich mache damit kein Vermögen«, sagt er. »Wenn die Leute nichts haben, dann werde ich vom Staat bezahlt, dann verdiene ich 33,50 Euro die Stunde. Jeder Handwerker kriegt mehr.«

Also, warum machen Sie es?

»Es ist immer noch eine Nische, und die ist sicher. Sterben tun alle. Im Winter ist das Geschäft besser als im Sommer. Stellen Sie sich vor, es ist düster, es ist trübe, November, und die Leute fangen an, zu sinnieren und sagen: Ich habe keine Freunde. Ich will auch nicht mehr. Und schon sind sie weg. So, und dann nimmt mich das Gericht rein. Da fahre ich im Winter in den Harz. Wunderbar, Minusgrade. Und da ist dann ein Haus, und da muss ich handeln. Ich muss das Haus durchwühlen. Wenn das nicht aufgeräumt ist, dauert das. Und gerade, wenn es da drin so rumstinkt, will ich ja auch nur das Nötigste mitnehmen.«

Ich stocke – und wünsche mir fest, nicht einsam zu sterben. Ich denke: Dieser Typ soll niemals meine Sachen durchforsten, nicht meine Bücher aus dem Regal nehmen, nicht mit seinen Fingern durch meine Wäsche streifen, nicht in meinen Briefen lesen.

»Ich wühle in deren Leben, in deren ganzem Leben«, sagt er, »muss sämtliche Schubladen aufmachen, in sämtliche Klamotten reingreifen. Ich habe schon mal ein Testament in der Bademanteltasche gefunden. Oder Sie kommen in Häuser, da stirbt das Herrchen und liegt tot rum, dann stirbt der Hund und liegt tot rum, und vier Wochen später gehen Sie da rein. Wenn ich dann mit Vollschutz und Gasmaske durch solche Wohnungen laufe und in den Nachlässen wühle – was Sie da sehen, das ist schon faszinierend.«

Ich schlucke. Und frage: Zum Beispiel?

Er lacht. »Penispumpen.« Er lacht wieder. »Wie viele Penispumpen ich schon gesehen habe!« Dann sagt er: »Na ja, sollen sie doch machen, die alten Männer, ich vernichte die dann.« Er feixt. Ich bin ratlos.

»Die Penispumpe ist eine Unterdruckpumpe, die Männer mit Impotenz dabei unterstützen kann, einem normalen Geschlechtsverkehr nachzugehen, auch wenn sie durch bestimmte Krankheiten wie Diabetes, Gefäßerkrankungen, Operationen oder andere Beschwerden keine natürliche Erektion erzeugen können«, werde ich später lesen und von nun an dieses Bild mit mir herumtragen: Mein Gesprächspartner wühlt sich durch das Innerste eines langen Lebens und hält grinsend eine Penispumpe in die Höhe – denkt über den Toten, den er nie kannte: Du also auch, du Lümmel! –, um dann weiterzuwühlen, auf der Jagd nach Werten, die es ihm erlauben, mehr zu nehmen als die staatlich garantierten 33,50 Euro die Stunde.

Ich werde versuchen, ein anderes Bild über diesen Moment zu legen, gezeichnet mit den Aussagen eines erfahrenen Nachlasspflegers, Mitglied im Präsidium des Berufsverbandes, Ehrenretter seiner Zunft. Bernd Clasen ist ein kleiner Mann, fast sechzig, trägt halblange graue Locken und das rosafarbene Hemd des erfolgreichen Geschäftsmanns. Er macht den Job seit zwanzig Jahren, hat zwölf Angestellte. Ihn sprechen die Amtsrichter an, wenn Fälle kompliziert sind, Erbfolgen verworren, Nachlässe verschachtelt.

Bernd Clasen zündet sich eine Zigarette an und sagt: »Wenn man weiß, wie es geht, kann man als Nachlasspfleger und Erbermittler viel Geld verdienen. Deshalb interessieren sich für den Job auch viele.« Auch ihm wäre es lieber, wenn die Arbeit nicht jeder machen dürfte, dem das Amtsgericht einen Fall übergibt – aber nicht etwa, weil er wie sein Kollege Angst hat, zu wenig zu tun zu bekommen. Er sagt, er würde einfach gern die Spreu vom Weizen trennen. »Ich fände es besser, wenn der Zugang zu dem Beruf geregelt wäre«, sagt Clasen. »Es ist ein sensibler Job, den können nur Treuhänder – mit Betonung auf treu – erledigen.« Weil der Gesetzgeber nicht handelt, hat Clasen gemeinsam mit Kollegen den Bund Deutscher Nachlasspfleger gegründet. Die Mitglieder können sich von Quereinsteigern abheben. Ein Sternchen verleiht der Verband fürs bloße Dabeisein, zwei Sternchen für den bestandenen Fachlehrgang, drei Sternchen für den erfolgreichen Zertifizierungskurs.

Die finanzielle Hürde hat der Verband bewusst hoch gesetzt: 100 Euro kostet die Mitgliedschaft im Monat. Zum einen ist darin die teure Prämie für eine Risikoversicherung enthalten, zum anderen wollen sie im Verband aber auch nur die, die den Beruf ernsthaft betreiben, sagt Clasen, die Profis, Leute wie ihn. »Wenn ich in einem Haus bin und den Nachttisch durchsuche und da die Pornohefte aus der Schublade fliegen, dann geht das niemanden etwas an. Die verstorbene Person ist zu schützen«, sagt er. Wenn er neue Mitarbeiter beschäftigt, testet er, ob sie mit dem Nachlass des Verstorbenen genauso sorgsam umgehen wie er selbst, sagt er. »Wenn ich zum Beispiel jemanden die Wohnung räumen lasse, muss ich sicher sein, dass der mir alle Wertgegenstände aushändigt, auch die, von denen ich nichts weiß.«

Wie wollen Sie das merken?, frage ich.

»Indem ich nach meiner ersten Durchsicht bewusst etwas zurücklasse«, sagt Clasen, einen Köder also in Form eines goldenen Ringes, zum Beispiel, oder eines Stapels Geldscheine. »Wenn ein Entrümpler mir das aushändigt, weiß ich, dass ich ihm trauen kann.«

Und wenn er von seinen Schritten durch die Wohnung eines Toten berichtet, klingt auch das ganz anders. Er ringt ein wenig um Worte: »Was soll ich Ihnen über dieses Gefühl sagen?«, fragt er. Um dann selbst die Antwort zu geben: »Man fühlt sich wie ein Einbrecher, ernsthaft: wie ein Einbrecher. Abgesehen davon, dass es manchmal sehr eklig ist, wenn die verstorbene Person vorher wochenlang im Haus gelegen hat, was nicht so selten vorkommt, oder wenn die Wohnung ein einziges Dreckloch ist. Dann muss man tief durchatmen und sagen: Okay, da muss man jetzt durch. Aber es ist grundsätzlich ein komisches Gefühl. Ich dringe in den Privatbereich eines Menschen ein – um dann in den Schränken zwischen den Handtüchern nach irgendwelchen Dingen zu gucken, die Papiere durchzugucken, die Briefe! Wie ein Einbrecher fühle ich mich da.«

Dankbar lausche ich ihm. Wenn er mit Respekt in der Stimme von dem siebenundneunzigjährigen Eisenbahner erzählt, der seinen Haushalt bis zum Ende ganz allein geführt hat, der alles blitzeblank hielt, der so reinlich war, dass man an seinem Tisch noch am Todestag hätte essen können. Wenn er irritiert von der alten Dame berichtet, die fast eine Million besaß, deren Leiche man aber in einem völlig vermüllten Haus fand, in dem der Unrat kniehoch lag, weil sie sich trotz ihres Reichtums keine Hilfe holte und sich nur das Essen von einer Nachbarin zubereiten und durch einen Spalt in der Tür anreichen ließ. Wenn er geduldig von dem Fall berichtet, der ihn nun schon seit zehn Jahren beschäftigt: ein Imperium aus Zuckerfabriken in Mecklenburg-Vorpommern, die alle in der Nachkriegszeit aufgelöst wurden und die einen Nachlass von heute drei Millionen Euro erbrachten, den Clasen nun an achthundert ehemalige Gesellschafter und deren Erben verteilen muss.

Während ich zuhöre, werde ich immer wieder an meine Vernunft appellieren, die mir sagt: Es gibt einen wachsenden Bedarf für diese Berufe. Wenn Menschen einsam sterben, wenn sich die Blutsbande längst gelöst haben, wenn nichts geregelt ist, wenn sich die Verwandtschaft zerfleischt – dann braucht es eben all diese Profis. Aber in Deutschland, in dem Land, in dem doch so vieles genormt und kontrolliert wird, scheint ausgerechnet das sensible Geschäft mit dem Vermögen der Toten häufig sich selbst überlassen. Bernd Clasens Klage lässt sich auf die anderen Branchen übertragen: Nicht nur von Nachlassverwaltern und Testamentsvollstreckern, sondern auch von Betreuern wird keine Ausbildung verlangt, keine Tests, keine Prüfung, kein Schwur auf einen Kodex. Gefällt der Rechtspflegerin meine Brille, regnet es Fälle, sagte der erste Nachlassverwalter, den ich traf. So plump mag es selten zugehen.

Aber wieso werden gerade in diesem heiklen Geschäft die Pfründe dann doch so willkürlich verteilt? Vielleicht, weil sich die Verstorbenen nicht wehren können? Weil die Kunden, die ja nun mal tot sind, nicht wählen können, wer sich am Ende durch ihre Wohnung wühlt? Wer die zerstrittenen Erben befriedet? Oder in einen ewigen Kampf treibt? Wieder und wieder werde ich an meine kalifornischen Ratten denken, die vergehen, während auf Käferseite Leben entsteht; werde mir die Sparbücher, die Goldbarren, die Aktiendepots vorstellen, rangeschafft in einem Leben, die nach dem Tod nun alle mit durchbringen sollen: die Nachlassverwalter, die Testamentsvollstrecker, die Erbanwälte, die Betreuer, die Notare.

Die Mosaiksplitter fliegen durch mein Bild, mir raucht der Kopf. Dann ist es still, endlich still. Ich stehe an der Hecke einer roten Backsteinvilla am Rande von Lübeck. Die hüfthohen Disteln wehen im Sommerwind, die Papageienblumen sind verblüht. Gras wächst zwischen den Bodenplatten, die zum Seiteneingang führen. Bernd Clasen, der Nachlassverwalter, hat mich hierhergebracht, weit weg von all den Kampfplätzen. Er hat lange gezögert. Ich musste ihm versprechen, den wahren Standort dieses Hauses zu verschweigen. Aber am Ende hat er verstanden, dass ich einen Ort sehen wollte, der mich wieder daran erinnert, dass jedes Erbe viel mehr ist als ein mehr oder weniger hoher Eurobetrag, viel mehr als eine Summe X, die nach der Quote Y an die Erben A, B und C verteilt wird, sondern Zeugnis eines Lebens. Eine Erbschaft, schreibt der Soziologe Andreas Hansert, sei immer auch Kommunikation mit der Zeit nach dem eigenen Tod.

Die Villa in bester Lage steht seit zwei Jahren leer. Zuvor war sie über lange Zeit das Heim einer alteingesessenen Familie gewesen. Liese und Anne, die zwei Schwestern, die zuletzt hier lebten, wurden hier geboren. Das Schild mit ihren Namen hängt noch an der Tür. Als Anne, die Ältere, hier ihre ersten Schritte tat, war der Erste Weltkrieg gerade zu Ende gegangen. Als Liese, die Jüngere, in die Schule kam, genoss das Land die kurze Blüte der goldenen zwanziger Jahre. Fast ein Jahrhundert ist das alles her.

Ich trete ein – und mich empfängt der etwas muffige, etwas staubige, aber warme Geruch, der auch in der Wohnung meiner Großeltern hing. Ich mache Licht und schrecke kurz zurück, denn am Schalter klebt das gleiche schwarze Stanzband, das ich auch von ihnen kannte. In weißen Druckbuchstaben steht da »FLUR« am linken Schalter und »BAD« am rechten. Die Schranktüren in der Küche sind geöffnet, einige Möbel verrückt, im Wohnzimmer stapeln sich Kartons mit Annes und Lieses Papieren: Korrespondenz, Bankunterlagen, Behördenpost.

Clasens Mitarbeiter haben hier all das zusammengetragen, was für die Abwicklung des Nachlasses wichtig sein könnte. Aber ansonsten ist das Haus noch immer so, wie es wohl war, als die beiden noch hier wohnten. Anne in der ersten Etage, Liese im Erdgeschoss. Zwei Schwestern, die als Gelehrte beruflich erfolgreich waren, die aber nie heirateten und beide, bis auf wenige Jahre in der Fremde, von der Geburt bis zum Tod in ihrem Elternhaus blieben, auch wenn das andauernde Zusammensein wohl schwierig war und sie am Ende eher nebeneinander – oder besser übereinander – lebten: Jede hatte einen eigenen Eingang, jede eine Küche, jede ein Bad, jede ein schmales, kurzes Bett.

Ich streife durch das Haus, laufe über die alten Dielen, steige die Treppe mit dem geschwungenen Geländer empor. Oben, im dritten Stock, finde ich eine stoffbezogene Mappe, zusammengehalten von einem rissigen Faden Paketband, KRIEGSERINNE-

RUNGEN hat jemand in das graue Tuch gestickt, darunter, ebenfalls von Hand gearbeitet, eine schwarzweiße Reichsflagge und ein Kreuz. Ich stehe zögernd vor der Mappe.

»Schauen Sie ruhig«, sagt Clasen.

Ich öffne also den Knoten und halte Hunderte Briefe in der Hand, die der Vater der Schwestern während des Ersten Weltkriegs, also weit vor ihrer Geburt, aus dem »Felde« schickte, wie er säuberlich auf jedem Schreiben oben rechts als Ortsmarker notierte. Im Erdgeschoss blättere ich durch die Seiten eines Zeugnisbuches von 1934. Liese war da in der siebten Klasse, ein folgsames deutsches Mädchen: »Führung, Ordnung: sehr gut«, hatte der Lehrer notiert. Und: »Liese ist zuverlässig in der Arbeit. Ihre Haltung ist einwandfrei.« Nur »Leibesübungen« waren nicht ihre Stärke, da hatte sie nur eine 4.

Im ersten Stock finde ich in einer Kiste den Fahrplan der örtlichen Busse und Bahnen aus dem Jahr 1981. Eine bofrost-Schachtel, in der sie Weihnachtsschmuck aufhoben. Eine WMF-Servierzange. Ein Paket Versandtaschen »Natron braun«. Einen Kalender mit Blumenfotos, ganz oben der März 2007. Und – wohl eine der letzten Anschaffungen – einen schnurlosen Wasserkocher der Marke Petra, originalverpackt und unbenutzt. Es sind die Spuren zweier Leben. Ich bin eine der Letzten, die sie liest. Anne und Liese sind hochbetagt kurz hintereinander gestorben. Sie hatten keine Kinder. Ihre Eltern sind längst tot. Es gibt keine weiteren Geschwister, keine Onkel, keine Tanten; keinen mehr, der sich für all das interessiert, was die beiden Schwestern in über 160 gelebten Jahren zusammentrugen. Und so wird ihr Erbe in diesen Tagen abgewickelt. Im Testament verfügten sie, dass ihr Vermögen, weit über eine Million Euro, an eine Forschungseinrichtung gehen wird.

Das Haus ist bereits nach Geld und Schmuck durchsucht worden. Das, was sich verkaufen lässt, wird bald abgeholt werden, die Möbel, vielleicht ein paar der leinengebundenen Bücher, ein paar

Briefmarken. Ihre Kleidung wird verschenkt werden. Eine Kiste mit ihren alten Brillen steht gepackt auf Lieses Couchtisch. Sie wird nach Afrika geschickt werden. Ein Nachbar war bereits da und bot fast eine halbe Million Euro für das Haus, das also mit Sicherheit einen Käufer finden wird. Die Mappe mit den Feldpostbriefen aber, das Zeugnisheft aus der Nazi-Zeit, der Fahrplan aus den Achtzigern, der Weihnachtsschmuck und der Wandkalender werden wohl vernichtet werden. Denn Anne und Liese waren die letzten Äste des Stammbaums ihrer Familie. Bald wird sich niemand mehr ihrer erinnern.

Herr Clasen führt mich zur Tür.

Traurig, oder?, sage ich.

»Ja«, sagt er. »Aber ich darf die Schicksale nicht zu nah an mich heranlassen, ich muss Distanz wahren, denn mein Ziel ist es, das Ganze hier zu einem Abschluss zu bringen.«

Achtzig Nachlässe betreut Bernd Clasen im Moment. Das, was mich seit Wochen verunsichert, ja verstört, ist sein Alltag: das Flackern in den Augen derer, die erfahren, dass ein Toter vermögend war, die Erbarmungslosigkeit, mit der die Nachkommen den Streit um den neu zu verteilenden Besitz ausfechten, die magnetische Wirkung des Geldes.

Bernd Clasen betreut den Fall eines Rentners, der – was keiner ahnte – reich starb. Und plötzlich behauptete der Nachbar: »Er hat immer gesagt, dass ich erbe.« Und sofort stürmten zwei Organisationen herbei, die versicherten: »Er hat immer gesagt, dass wir erben.« Es sei kein schöner Tag gewesen, sagt Clasen, als er mit diesen Dreien im Schlepptau durch das Haus des Toten zog und Rabe, Krähe und Aasgeier, wie Volpone sagen würde, hinter jedes Bild schauten, jeden Umschlag öffneten, um ein Testament zu finden, das es nicht gab.

Schon seit Monaten verwaltet Clasen den Nachlass des Mannes, der kurz vor seinem Tod seine Ehefrau enterbte, um seinen

Besitz – Grundstücke, Häuser, Wohnungen, Unternehmensanteile – seiner Geliebten zu vermachen, die er, wie viele vor ihm, bei ihrer Arbeit kennengelernt hatte. »Von der Dame heißt es, sie habe im horizontalen Gewerbe gearbeitet«, sagt Clasen und erzählt vom juristischen Kampf der beiden Frauen, an dem sich inzwischen etliche Anwälte erfreuen.

Und ich denke: Pause! Stopp! Erbarmen! Und gehe dann doch einen Schritt weiter. Denn während die Käfer nur die bereits toten Ratten zerlegen, ist der Mensch aus Gier manchmal Raubtier und Aasfresser zugleich.

9. WEN DIE KINDER TÖTEN

An einem Junimorgen des Jahres 2010 geht um 8.38 Uhr in der Leitstelle der Polizei einer westdeutschen Großstadt ein Notruf ein. Nur Fragmente sind zu hören. Später wird die Mordkommission den Mitschnitt des Anrufes wieder und wieder filtern und verstärken. Und es werden die letzten Worte der neununddreißigjährigen Nina zu verstehen sein: »Papa, Papa, lebst du noch?« Dann ein Wimmern und die Stimme eines Mannes: »Sei ruhig!« Und: »Ich will nichts hören, sonst gibt's Ärger.« Der Täter zwingt Nina und ihren Vater, sich hinzuknien. Sie müssen sich gegenseitig fesseln und die Münder mit silberfarbenem Panzerband verkleben. Dann schießt der junge Mann. Fünf Mal. Auf Ninas Kopf. Auf den ihres Vaters.

Ninas Mutter, damals einundachtzig, überlebt die Tat. Der Mörder drängt sie ins Badezimmer und fesselt sie. Aber er ist höflich zu ihr und sagt den Satz, der die Ermittler später so staunen lässt: »Gehen Sie mal hier herein.« Nach einer Stunde kann sich Ninas Mutter befreien. Sie ruft die Polizei. Als die Ermittler kurz darauf die Wohnung betreten, bietet sich ihnen ein furchtbares Bild: Die Leiche des Vaters Werner liegt bäuchlings auf Ninas Bett. Nina kauert zwischen Fenster und Matratze. Sie lebt noch. Auf einer Trage hieven sie die Ärzte aus dem Fenster, fahren sie ins Krankenhaus. Dort stirbt sie am Mittag.

Ein brutaler Mord. Ein rätselhafter Mord. Es dauert Monate, bis die Mordkommission das Geschehen entschlüsselt hat: Der Täter war offenbar ein junger Drogenabhängiger. 2000 Euro hatte er bekommen, um zu töten. Der Mann, der ihn angeheuert hatte, war Ninas Halbbruder, der verstoßene Sohn. Nach und nach begreifen die Ermittler, dass das Verbrechen das Ende eines Jahrzehnte währenden Familiendramas ist: ein Erbmord.

Nina und ihre Eltern lebten im Hochparterre eines unscheinbaren Mehrparteienhauses: Nina war Studentin der Philosophie im 28. Semester und »schöne Yoga-Lehrerin«, wie der Boulevard später texten wird. Ihr Vater Werner, 82, war ehemaliger Regierungsbaudirektor, Besoldungsstufe A 15. Die Mutter Rosana, damals 81, war vor ihrer Ehe Leiterin einer Supermarktfiliale. Die drei führten ein Leben, das mit der Floskel »zurückgezogen« nur unzureichend beschrieben ist. Nina hatte nie enge Freunde. Bis zum Abitur hätten die Eltern ihre Tochter mit dem Auto zur Schule gefahren und abgeholt, erzählen Vertraute. Noch mit neununddreißig schlief sie in einem schmalen Kinderbett, das aus dem Schrank herausgeklappt wurde, als wäre sie nie erwachsen geworden. Die Fenster der Wohnung waren stets verhängt und der Balkon mit Bauplanen verdeckt. Niemanden habe die Familie in die Wohnung gelassen, heißt es.

Nur die Post nahm der Vater jeden Morgen persönlich entgegen. Es war ein Ritual, eines, das auch der Mörder kannte. In den Tagen vor der Tat hatte der Sohn seine Mutter angerufen. Wann bei ihnen eigentlich der Briefträger käme, hatte er wissen wollen, am Morgen oder am Nachmittag? Am Morgen, hatte die Mutter geantwortet und sich anschließend gewundert. Und so kam der Mörder in der Früh als Postbote. In dem Paket unter dem Arm versteckte er seine Waffe.

Nina und ihre Eltern waren wohlhabend, reich sogar. In ihrer Wohnung horteten sie Goldbarren, Wertpapiere und Bargeld. In den Akten fanden die Polizisten Ninas Kontoauszüge: Insgesamt hatte die Familie rund eine Million Euro. Wären die Eltern verstorben, hätte auch Ninas Halbbruder aus diesem Gesamtvermögen geerbt. Er wusste, dass Nina und ihr Vater versuchten, genau das zu verhindern.

Rosana hat ihren ersten Sohn siebzehn Jahre vor ihrer Tochter Nina geboren. Damals ist sie in erster Ehe verheiratet mit einem Säufer, einem Fremdgeher, wie sie später sagt. Schon im Wochenbett beschließt sie, den unseligen Erzeuger zu verlassen, und zieht ihren Sohn zunächst allein auf. Rosana war eine hübsche Frau damals, immer auf sehr hohen Absätzen unterwegs, heißt es. Sie lernt den Regierungsdirektor kennen und hält ihn wohl für eine gute Partie.

Nina kommt zur Welt, und der Sohn stört offenbar. Er wird weggeschickt, lebt fortan bei der Großmutter. Dort aber hält ihn nichts. Bald zieht er aus, heiratet, baut ein Haus, lässt sich scheiden. Immer braucht er Geld. Dann ruft er seine Mutter an. Die Mutter zahlt. Vielleicht aus schlechtem Gewissen, vielleicht aus Liebe. Als die Ehe des Sohns zerbricht, will die Frau das Haus haben. Um das zu verhindern, kauft es die Mutter, rettet ihrem Sohn das Heim. Eine sechsstellige Summe bekommt er über die Jahre. Aber er braucht immer mehr. Er hat vier Hunde und fünf Autos. Und er spottet immer, über die, die weniger haben, über die, die, wie er sagt, mit dem Rad zur Disko fahren.

Unten im Haus richtet er zwei Wohnungen ein und vermietet sie – meist an Russinnen, die wiederum in den Wohnungen ihren Körper vermieten. Ein Privatpuff also, in dem Haus, das die Mutter dem Sohn gekauft hat, dessen Besitzerin sie noch immer ist. Eine gewagte Konstruktion, eine, die nicht auf Dauer halten wird.

Das Drama beginnt schließlich über Umwege. Der Sohn hat Probleme mit der Steuer. Das Finanzamt lässt 42 000 Euro als Schuld ins Grundbuch eintragen. Und so erfährt die Mutter, die ja auch im Grundbuch steht, von den finanziellen Engpässen des Sohnes – und mit ihr der Stiefvater und die Stiefschwester. Und dann beschließen die beiden offenbar, den Sohn zu enterben, ohne die Mutter einzubinden.

Der Sohn wird nervös. Er schreibt Drohbriefe an das Finanzamt. Er ruft Nina an. Vermutlich droht er ihr. Sie erzählt Bekannten, dass sie Angst vor ihrem Bruder habe.

Nina und ihrem Vater gelingt es anscheinend immer mehr, sich zwischen Mutter und Sohn zu schieben. Am Ende, so höre ich, hätten sie Rosana oft nicht mal mehr mit ihm telefonieren lassen. Da entschied der verstoßene Sohn wohl, Schwester und Stiefvater aus dem Weg zu räumen. Seine Mutter sollte die einzige Überlebende sein. Das hätte ihm der Sohn noch im Auto vor der Wohnung eingeschärft, sagt der junge Junkie, als er den Mord gesteht: Der Mutter dürfe nichts passieren.

Der Sohn leugnet die Tat bis zum Schluss. Ja, räumt er ein, er habe die Waffe besorgt, den Plan mit der Post entwickelt und den jungen Mann zur Wohnung seiner Eltern und seiner Stiefschwester gefahren. Aber, behauptet der Sohn, niemand habe sterben sollen. Er habe vielmehr einen Raubüberfall fingieren wollen, damit seine Mutter endlich einsähe, wie gefährlich das Leben in der Großstadt sei. Sein Wunsch sei gewesen, dass Mutter und Stiefvater zu ihm in die Provinz zögen. Eine gewagte Story.

Das Landgericht der großen westdeutschen Stadt, in der die Tat geschah, glaubt ihm nicht. Im Januar 2012 verurteilen die Richter den Sohn zu lebenslanger Haft. Er habe den Mord, der einer Hinrichtung glich, aus Habgier detailliert geplant und kaltblütig in Auftrag gegeben, sagt das Gericht und entscheidet auf eine besondere Schwere der Schuld. Über zwanzig Jahre wird der Sohn in Haft bleiben müssen. Kurz vor dem Prozess war er am Herzen operiert worden, ist immer noch schwerkrank mit schlechter Heilungsprognose. Vermutlich wird er im Gefängnis sterben. »Wir sind uns bewusst, dass Sie bei der Vollstreckung dieser Strafe die Freiheit nicht mehr erleben werden«, sagt einer der Richter.

In der Wohnung, in der Nina und ihr Vater erschossen wurden, fanden die Ermittler in einem separaten Raum mehrere Dutzend Aktenordner. Mit großer Sorgfalt hatte die Familie alles aufgehoben, alles abgeheftet: den Studentenausweis von Nina, die Depotauszüge, die Grundbucheinträge. Sogar ein Schreiben aus Ninas Schulzeit. Sie war mit einer kaputten Hose nach Hause gekommen, die sie sich an einer Schraube an ihrem Schulstuhl zerrissen hatte. Vater Werner, ganz Beamter, monierte diesen Schaden und verlangte von der Schule einen angemessenen Schadensersatz. Es scheint, als sei es der Kleinfamilie wichtig gewesen, hinter ihrer stets verschlossenen Tür alles unter Kontrolle zu haben. Vergeblich.

Es gibt Verbrechen, die sind kaum vorstellbar. Es gibt Tötungsdelikte, die halten wir für barbarischer als andere – weil sie sich nicht mit dem Wertegerüst vertragen, das unsere Zivilisation seit Jahrhunderten hält. Das Vierte Gebot Gottes lautet: »Ehre deinen Vater und deine Mutter, damit du lange lebst in dem Land, das der Herr, dein Gott, dir gibt.« Das Fünfte Gebot Gottes heißt: »Du sollst nicht töten.« Wer seine Eltern ermordet, bricht mit beiden.

869 582 Menschen starben im Jahr 2012 in Deutschland. 520 wurden ermordet. 1449 vorsätzlich getötet. Wie viele Eltern unter ihnen waren, die starben, weil die Nachkommen auf das Vermögen schielten, wie viele Ehemänner, deren Ehefrauen auf das Geld aus waren, wie viele Tanten, deren Neffen sich nicht gedulden mochten, erfasst keine Statistik.

Morschen in Hessen: Ines und Julia, die halbwüchsigen Töchter eines wohlhabenden Unternehmerehepaars, lassen ihre Eltern ermorden. Ines will zügig erben. Julia will die Eltern, die sie als brutal und dominant erlebt, loswerden. Die beiden beauftragen den Freund einer Freundin. Er schneidet den Eltern in der Villa die Kehle durch. Ines spielt danach die trauernde Tochter, wählt sogar die Grabinschrift aus: »Was jetzt schläft, erwacht auch wieder. Nach Dunkelheit kommt wieder Licht. Erkenne, Mensch, dies immer wieder, sei dankbar und verzage nicht.«

Düsseldorf, Ortsteil Bilk: Daniela, Auszubildende, ersticht gemeinsam mit ihrem älteren Freund ihre Mutter und den Stiefvater, einen reichen Fabrikanten. Daniela, pummelig, mit runden Brillengläsern, war bis dahin ein unscheinbares Mädchen, stand kurz vor der Prüfung zur Bankkauffrau. Der Richter urteilt: Habgier. Es sei Daniela um das Erbe gegangen, das Unternehmen und ein paar Immobilien im Wert von insgesamt sieben Millionen Euro. Daniela hatte sich zum Nachmittagsbesuch angemeldet, den Eltern dann vorgeschlagen, ihnen einen Cocktail zu servieren – auf Wodkabasis, versetzt mit Beruhigungsmitteln. Dann hielt sie Vater und Mutter fest, während ihr Freund zustach.

Eislingen, Baden-Württemberg: Andreas, 18, und sein Freund Frederik, 19, erschießen Andreas' Eltern und seine beiden Schwestern Annemarie und Ann-Christin. Die Waffen haben sie im Schützenverein geklaut, aus Colaflaschen Schalldämpfer gebastelt. Das Motiv? Der Vater war dominant. Andreas und Frederik verroht: Erst töteten sie Nachbars Katze, grillten dann einen lebendigen Igel, erschlugen eine Gans. Am Ende mordeten sie. Das Gericht sagt: auch aus Habgier. Andreas wollte Alleinerbe werden, eine Million hatte der Vater in der Schweiz angelegt.

Sind das verstörende Einzeltaten? Oder ist Erbe tatsächlich ein wiederkehrendes Mordmotiv? Treibt das Geld, das die ältere Generation hortet, manche Nachkommen dazu, zum Äußersten zu gehen? Es bleibt qualifizierte Spekulation.

Der Kriminologe Christian Pfeiffer, früher niedersächsischer Justizminister, heute umtriebiger Leiter des Kriminologischen Forschungsinstituts in Hannover, hält die These für abwegig. Seit dem Jahr 2000 sei die Kriminalität um ein Drittel gesunken, sagt er. Und da die Eltern heute weniger prügeln und maßregeln, seien auch die Nachkommen nachweislich weniger gewalttätig. Und auf den ersten Blick gibt die Kriminalitätsstatistik Pfeiffer recht: Das größte Risiko, Opfer einer Straftat zu werden, haben Teenager und junge Erwachsene. Danach sinkt die Gefahr – kontinuierlich, bis zum Grabe.

Und wenn man einen zweiten Blick wagt? Wenn man zum Beispiel jede tote Oma, die angeblich nach langer Krankheit im Kreise der Familie entschlafen ist, entkleiden und untersuchen würde? Wenn man jeden an vermeintlicher Herzschwäche dahingeschiedenen Opa obduzieren würde? Dann hätte man am Ende wohl ein ganz anderes Bild.

Die Deutsche Hochschule der Polizei hat im Jahr 2012 den Forschungsbericht »Sicher leben im Alter« verfasst – im Auftrag des Bundesministeriums für Familie, Frauen und Senioren. Darin notieren die Kriminologen: Es gebe etliche Hinweise darauf, »dass gerade bei hochaltrigen und gesundheitlich eingeschränkten Menschen die Gefahr des Verkennens nicht natürlicher Todesfälle besteht«. Hinter diesem verqueren Satz verbirgt sich ein grausiger Befund: Die Forscher vermuten, dass etliche der Senioren, die als natürliche Todesfälle in der Statistik auftauchen, in Wahrheit getötet wurden. Wenn das stimmt, könnte niemand sagen, wie oft aus Habgier beim Ableben der Älteren nachgeholfen wurde.

Die Erste, die diesen Verdacht systematisch untersucht hat, ist die Journalistin Sabine Rückert, früher Gerichtsreporterin, heute stellvertretende Chefredakteurin der *Zeit*. In ihrem Buch *Tote haben keine Lobby* schreibt sie, dass jeder zweite Mord in Deutschland unentdeckt bleibt und in keiner Statistik auftaucht. Das wären über tausend ungezählte Tötungen, Jahr für Jahr. Vor allem, so Rückert, weil das deutsche System der Leichenschau strukturelle Schwächen hat. Laut Gesetz begutachten hierzulande Ärzte jeden Toten und stellen den Leichenschein aus. Der Arzt »ist der

Filter, der die auf natürliche Weise ums Leben Gekommenen von den nicht natürlich verstorbenen Toten trennt«, schreibt Rückert. Oft aber ist der Arzt, der gerufen wird, der Hausarzt. Er kennt die Familie, die trauernd vor ihm sitzt. Wer fängt in so einer Situation an, nach Tötungsspuren zu suchen?

Rechtsmediziner schätzen, dass nur etwa 20 Prozent der Leichen entkleidet werden, dass nur jeder dritte Arzt die Kinnbinde entfernt, die Würgemale verstecken kann. »Und so«, schreibt Rückert, »wundert es keinen forensischen Mediziner, wenn einer Toten mit elf Messerstichen im Leib, die vom aufgeregten Bestatter ins Institut gebracht wird, im Totenschein jäher Herztod bescheinigt wird«, wie es zum Beispiel in Hannover geschah.

Als die Gesellschaft für Rechtsmedizin Ende der 1990er Jahre 350 Leichen sezierte, denen Ärzte ein natürliches Ableben bescheinigt hatten, fanden die Wissenschaftler heraus, dass 92 von ihnen auf höchst unnatürliche Art und Weise verstorben waren. Sie entdeckten Unfälle, Selbstmorde, Drogentote und eben auch zehn Ermordete, deren Fälle durch alle Raster gerutscht waren. Aber das sind Zufallsfunde, denn nur drei Prozent der Leichen werden obduziert. Die Zahl sinkt stetig, auch weil der Staat bei den Toten spart.

»Es erscheint in hohem Maße plausibel«, schlussfolgern die Kriminologen der Polizeihochschule, »dass solche Fehler insbesondere dort auftreten, wo der Tod eines Menschen ohnehin erwartet wurde oder sein Eintritt jedenfalls nicht als ein außergewöhnliches und in besonderem Maße erklärungsbedürftiges Ereignis aufgefasst wird.« Die Oma, zum Beispiel, die schon so lange mit dem Blutdruck kämpfte. Oder der Opa, der schon seit Jahren dieses Rasseln in der Lunge hatte. Wer fragt da nach, wenn die eines Tages tot im Bett liegen?

Marianna Röhl war über Jahre Gerichtsgutachterin am Landgericht Hamburg. Sie sagt: »Eine ziemliche Dunkelziffer vermute ich bei den älteren Leuten, die es schon jahrelang am Herzen haben oder an Krankheiten leiden, die unerwartet zum Tode führen können. Der Hausarzt kommt dann und sagt mit gutem oder weniger gutem Gefühl: Nun gut, jetzt hat es ihn oder sie eben erwischt. Und er stellt den Totenschein aus, ohne sich große Gedanken zu machen.«

Klaus Püschel leitet die Rechtsmedizin der Universitätsklinik Hamburg. »Professor Tod« nennt der Hamburger Boulevard den schmalen Mann. Tausend Tote untersucht sein Team jedes Jahr im gekachelten Keller der Klinik. »Das ist natürlich etwas, worüber wir ständig reden«, sagt er, »dass alte Menschen besonders leicht Opfer werden und dass bei denen sehr oberflächlich ein natürlicher Tod bescheinigt wird.«

In den Tagen vor unserem Telefonat hatte er die Leiche eines alten Mannes untersucht. Er war plötzlich gestorben, aber ungewöhnlich fand das niemand. »Erst bei uns im Keller ist rausgekommen, dass er getötet wurde«, sagt Püschel. »Der ist stranguliert worden. Man sah noch die typischen Bindehautblutungen. Aber viele Ärzte erkennen das eben nicht.«

Die Verwandtschaft also. Die Kinder, die nicht länger warten wollen. Aber auch die anderen, die ein Stück vom großen Kuchen begehren, den die Alten in diesem Land zu verteilen haben: der Pfleger, der sich eine Erwähnung im Testament erschmeichelt hat, oder der Arzt, der immer so gut war und weiß, dass er nach dem Tod nicht leer ausgehen wird.

»Die besondere Gefährdung älterer Menschen muss vor dem Hintergrund wirtschaftlicher Rahmendaten betrachtet werden«, schreiben die Kriminologen der Polizeihochschule. »Neuere Studien zeigen, dass derzeit Menschen nach der Erwerbsphase vielfach über beträchtliche Vermögenswerte verfügen.« Gewalttäter könnten also davon ausgehen, dass »der zu erwartende Tatertrag in einem günstigen Verhältnis zum Tataufwand steht«. Für einen habgierigen Mörder ein idealer Dreiklang: Alte haben oft Geld; sind häufig schwach; ihr Tod macht selten stutzig.

In Ben Jonsons Erbschleicherdrama sagt der Hausdiener des Volpone am Ende des ersten Aktes: »Das Weinen eines Erben« sei »maskiertes Lachen«. – Ich weiß nicht, ob ich diese Seite meiner Art so genau kennenlernen wollte. Ich weiß nicht, ob all die, die ihr Leben lang schaffen, aufbauen, anhäufen und dabei stets behaupten, dies alles im Namen der Kinder zu tun, allein für deren Wohle, sich irgendwann bei dem Gedanken ertappen, vielleicht Autor der eigenen Tragödie zu sein und mit all den Reichtümern gerade nicht das Beste im eigenen Kinde zu wecken, sondern Seiten, die besser für immer hätten schlafen sollen.

Bela Martin redet und redet und redet. Ich war nicht angemeldet, wollte nur mal sehen, ob ich sein Büro finde, wollte mir den Tatort anschauen. Jetzt sitzen wir uns gegenüber – zwei Meter zwischen uns. Das Aufnahmegerät läuft. Und Bela Martin, Anfang dreißig, ein wenig füllig und früh ergraut, spricht atemlos, füllt die Zeit, die wir haben, mit so vielen Wörtern wie möglich. »Sie schreiben Bücher?«, fragt er. »Ich kann keine Bücher mehr lesen. Ich kann mich seit der Sache nicht mehr konzentrieren.« »Wie heißen Ihre Kinder?«, fragt er und erzählt von seinen drei Töchtern, »gesund und lebendig« und von seiner Freundin. »Wäre dieser Fall nicht in meiner Familie«, sagt er, »wäre ich ein glücklicher Mensch. So nicht.« »Ja, ich bin jetzt reich«, sagt er. »Aber ich habe keinen Luxus, keinen Porsche, keine Playstation. Ich bin nicht in der Lage, den Reichtum zu genießen.«

Bela Martin redet sich den Schmerz von der Seele, denn Bela leidet. Seine Eltern leiden. Ja, auch sein Bruder leidet. Es ist zu hoffen, dass zumindest seine ermordete Tante nicht zu lange leiden musste, wie man in solchen Fällen sagt.

Wir sitzen im Erdgeschoss einer düsteren Bürobude, ganz unten, ganz hinten im »Isarparkhaus«, ein in die Jahre gekommener, viergeschossiger Glaskasten in bester Lage. Ein kalter Regen benetzt München an diesem Nachmittag. Durch die halb herabgelassenen Jalousien fällt nur ein fahles Licht. Bela Martins weißer Strickpulli, ein Fan-Artikel des FC Bayern München, leuchtet im Halbdunkeln. Neben uns führt eine Metallrampe auf die

Parkdecks, in meinem Rücken flackern hin und wieder die Scheinwerfer der Autos, die an den Zapfsäulen der hauseigenen Tankstelle halten und wieder anfahren. Es ist ein unwirtlicher Ort. Vor allem, wenn man weiß, dass über unseren Köpfen, im Obergeschoss des Parkhauses, ein Mord geschehen ist.

Über Bela Martins Kopf hängt ein gerahmtes Bild. Es zeigt den Gründer des Unternehmens: Onkel Oskar ist das, ein stämmiger Bayer. Jeden Raum habe er sofort ausgefüllt mit seiner Präsenz, seiner Aura, sagt sein Neffe. In den Nachkriegsjahren hat er eine imposante Firmenfamilie geschaffen: Ihm gehörten mehrere Hotels und das Parkhaus, das lange seinen Nachnamen trug. Ein Name, der in München bekannt ist, der in diesem Text aber nicht erwähnt werden darf. Auch Bela Martin heißt in Wirklichkeit anders. Die bayerische Justiz hat verlangt, dass ich zusage, die vollen Namen der an dieser Geschichte Beteiligten nicht zu erwähnen, obwohl der Fall der Familie längst über die Stadtgrenzen hinaus bekannt ist. Ohne dieses Versprechen hätte ich Belas Bruder nicht im bayerischen Hochsicherheitsgefängnis Straubing besuchen dürfen, wo er das achte Jahr seiner Haft absitzt.

Im Shop des Parkhauses ist es laut und hell. Die Kunden kommen und zahlen: eine Parkkarte, eine Tankfüllung, einen Schokoriegel, einen Energy-Drink, eine Zeitschrift und wieder eine Parkkarte. Sie lassen einiges an Geld da und haben die Inhaberfamilie auf diese Weise reich gemacht: Drei Millionen Euro ist das Parkhaus wohl wert. Es ist das Erbe von Bela Martins Tante. Alles, was sie besaß, gehört nun ihm. Auch die Hälfte, die eigentlich seinem Bruder zugedacht war.

Janek Martin ist von einem Gericht für erbunwürdig erklärt worden. Das deutsche Gesetz kennt kaum Gründe, die einen Erben unwürdig machen, der einschlägige Paragraph 2339 des Bürgerlichen Gesetzbuches ist kurz. Ganz vorn aber, unter Artikel 1, steht: »Erbunwürdig ist, wer den Erblasser vorsätzlich und widerrechtlich getötet oder zu töten versucht« hat. Im August 2008 hat das Landgericht München I den damals dreiunddreißigjährigen Janek Martin des Mordes an seiner Tante schuldig gesprochen. Heimtückisch und aus Habgier habe er gehandelt, so das Gericht, weil er um sein Erbe gebangt habe.

Auf Bela Martins Schreibtisch im Büro der Parkgarage steht eine Fotografie seines Bruders: schwarzes Haar, eine runde Brille, ein Babyface. »Er war es nicht«, sagt Bela Martin.

Er war es nicht?

Das Büro, in dem wir sitzen, sieht chaotisch aus. Einzelne Deckenplatten hängen herab. Auf dem Fußboden, auf den Schreibtischen, überall liegen Papiere, Zeitungsartikel, Kataloge. Auf dem Kühlschrank steht eine Palette mit dreißig Eiern, im geöffneten Korpus liegen zwei Sektflaschen. »Den ganzen Büroschmarrn mache ich nicht gerne, wie man sieht«, sagt Bela Martin. »Schaut schlimm aus hier.«

Aber Bela wollte auch nie hier sitzen, wollte nie die gesamte Verantwortung auf seinen breiten Schultern tragen. Er wollte nicht der Geschäftsführer der Parkgarage werden, das war immer Janeks Traum, der Traum des großen Bruders. »Ich verwalte das hier für ihn«, sagt Bela, »ich halte das Erbe für ihn warm!«

Führe man die Metallrampe höher und höher, käme man irgendwann auf die Dachebene. Hier lebte die Tante der beiden seit dem Tod ihres Mannes allein in einer 450-Quadratmeter-Penthouse-Wohnung, der Eingang versteckt hinter einer Metalltür. Hier fand man sie am Tag nach dem Mord in einer Blutlache liegend.

Aus der Urteilsbegründung, in der ich auch den Namen der Tante geändert habe: »Am Montag, den 15. 5. 2006, lauerte der Angeklagte seiner Tante Katharina L. vor deren Wohnung auf. Als sie um ca. 19.00 ihre Wohnungstüre öffnete, um zu ihrem regelmäßigen Stammtisch zu gehen, schlug der Angeklagte mindestens 24 Mal mit einem Schlagwerkzeug auf den Kopf des Opfers ein. Katharina L. war vom Angriff völlig überrascht und deshalb nicht in der Lage, dem Angriff wirksam zu begegnen. Beides nutzte der Angeklagte bewusst aus. Er handelte daher heimtückisch. Frau L. verstarb aufgrund der erlittenen Gewalt an zentraler Lähmung bei schweren Schädel-Hirnverletzungen in Verbindung mit massivem Blutverlust nach außen.«

Es gibt für die Tat keine sicheren Beweise, keine Zeugen, kein Geständnis. Das Gericht stützt sein Urteil auf Indizien. Es räumt ein, dass »jedes in der Beweisaufnahme gewonnene Indiz für sich alleine gesehen« nicht ausreiche, »den vollen Beweis dafür zu erbringen, dass der Angeklagte« die Tante »in ihrer Wohnung getötet hat«. Aus Sicht der Richter lässt sich aus diesen Indizien allerdings ein Ring mit vierzehn Gliedern schmieden, in sich geschlossen und makellos, ein Ring, der sich, wie das Gericht begründet, »um den Angeklagten schließt«.

Janek Martin sagt und schwört und schreit, dass er seine Tante nicht ermordet hat. Er sagt das, als sie ihn zwei Tage nach der Tat festnehmen, als er noch ein junger Mann mit langem Haar und weichen Zügen war. Und er sagt es am Ende des Prozesses, als das Gericht das Urteil spricht und er schon aussieht wie ein ganz anderer: bleich nach sechsundzwanzig Monaten Untersuchungshaft, abgemagert nach vierzig Tagen Hungerstreik, den Kopf kahlrasiert. Er ruft: »Das ist falsch, jeder Satz ist falsch! Schämen Sie sich!«

Der Prozess gegen Janek Martin war der bis dahin längste Indizienprozess vor einem Münchner Schwurgericht. Zweiundneunzig Verhandlungstage. Der Zuschauersaal war immer voll, »Elendstouristen habe ich die genannt«, sagt Bela Martin. »Rentner, die mit ihren Butterbroten kamen.« Im Zeugenstand saß ein guter Teil der Münchner Bussi-Gesellschaft, Bekannte der Tante. Sie tratschten und spekulierten. Gerd Käfer, zum Beispiel, der Gründer des Feinkostimperiums, erzählte, die Tante habe nach einem

Streit mit dem Neffen geflucht: »Er will immer mehr und mehr. Jetzt ist Schluss.« Auf mehrmalige Nachfrage des Verteidigers konnte er sich dann doch nicht mehr so genau an die Details erinnern. Zur Klärung der Sachlage trugen die Prominenten wenig bei. Aber die Münchner Presse war ekstatisch. Es war ja auch eine verdammt gute Geschichte: »Lieblingsneffe erschlägt reiche Erbtante«.

Es war die Geschichte, die auch mich angelockt hatte. Da ist einer, der ist so wie die Menschen, die ich kenne, dachte ich: Mitte dreißig, studiert, ein feingeistiger Theaterliebhaber. Und der mordet des Erbes wegen? Weil er, wie das Gericht rekonstruiert, Angst hatte, aus dem Testament gestrichen zu werden? Weil sein Leben der Tante nicht gefiel? Janek Martin, der als Kindergartenkind mit seiner Familie aus Ungarn zugewandert ist, der ein guter Schüler war, dann Jura-Student, verlobt mit einer hübschen Sonderschullehrerin und rechte Hand seiner reichen Tante – so einer geht hin und erschlägt mit dieser rechten Hand die Tante, die er liebevoll »Pötyi«, Pünktchen, genannt hat? Was für eine Geschichte.

Aber jetzt sitze ich hier mit Bela Martin, der so verletzt wirkt. Die vergangenen Wochen hockte ich über dem Urteil. Und am Morgen sprach ich lange mit Janek Martins Anwalt. Und diese Geschichte zerrinnt mir zwischen den Fingern.

Damals, als das Gericht seine Entscheidung traf und begründete, streifte Martins Verteidiger, ein erfahrener Strafanwalt, seine Robe ab. Den Kopf gesenkt, mit Tränen in den Augen verließ er den Saal. »Es ist für mich unerträglich zuzuhören, was sich die Kammer da zusammengezimmert hat«, sagte er. Heute, sechs Jahre später, zerpflückt er das Urteil mit lauter Stimme. Wir sitzen an einem gewaltigen Konferenztisch in seiner Kanzlei in einer Schwabinger Altbauetage. Um uns herum Stuck und Holz, eine gediegene Atmosphäre, in die der erregte Anwalt so gar nicht passt.

Jetzt gerade geht es um ein zentrales Indiz, vielleicht sogar das zentrale Indiz. Am Sakko der Toten wurde eine DNA-Spur gefunden, eine Mischspur, wie die Kriminalisten sagen, zusammengesetzt aus DNA-Merkmalen von Janek Martin und denen seiner Tante. »Und diese Spur war im Bereich von blutigen Handschuhabtragungen«, sagt der Verteidiger. Handschuhabdrücken, die man dem Täter zuschreibt. Die Sakkofläche, auf der man die Spur gefunden hat, hatte die Größe eines DIN-A5-Blattes. »Diesen Bereich haben die Beamten der Spurensicherung mit einer Art Tesafilm abgeklebt«, sagt der Anwalt. Dann haben sie das Material abgekratzt, in ein Lösungsmittel gegeben und daraus eine DNA-Spur extrahiert. »Die Konsequenz aber ist: Man konnte nicht sagen: Wo ist diese DNA gewesen? War sie in der blutigen Handschuhabtragung? War sie im Gewebe? Wie alt ist sie? Stammt sie überhaupt aus der Tat?«

Hart wurde vor Gericht um diese Spur gekämpft. Denn es kann sein, dass Janek Martin sie am Sakko hinterließ, weil er der Täter war und die Leiche mit seinen blutigen Handschuhen anfasste. Dann ist die DNA-Mischspur tatsächlich ein echter Beweis, der den Argumentationsring des Gerichts zusammenhält. Es kann aber auch ganz anders gewesen sein: »Da ist der Neffe, und da ist die Tante«, sagt der Anwalt. »Dass die einen sozialen Kontakt hatten, war völlig unstreitig. Und dass die sich begrüßt haben, geküsst haben, umarmt haben: auch klar.« Niemand weiß, ob Janek Martin die DNA-Spur nicht »setzte«, wie die Ermittler sagen, als er die Tante begrüßte und umarmte, als er ihr Sakko von Flusen befreite, als er es aufhob, weil es zu Boden gefallen war. Auch an den Jacken, die im Kleiderschrank der Tante hingen und mit der Tat rein gar nichts zu tun haben, fanden sich Spuren, die von Janek Martin stammen könnten.

»Im Urteil finden Sie dazu nur einen Absatz«, sagt der Anwalt. Das Gericht schreibt: Es sei fernliegend, dass die Spur anderweitig gesetzt wurde. Der Neffe sei nicht mit der Kleiderpflege betraut gewesen, und die Spur war an keiner Stelle, die man berührt, weil man jemandem ins Sakko hilft. Damit sind für das Gericht alle Zweifel erledigt. »Die zwei Argumente«, sagt der Anwalt, »so ein Schwachsinn. So denkt ein Jurist, der zu einem Ergebnis kommen will, der zimmert sich die Argumente so.« Er wird noch lauter. »Wenn man das hinterfragt, kommt man ins Nachdenken und zu dem Ergebnis: Die Spur ist nichts wert.«

Dieses Spiel kann man mit jedem der Indizien treiben: Es kann so gewesen sein, wie das Gericht vermutet. Aber es gibt auch immer andere Erklärungen, die ebenso plausibel scheinen.

Ich lese wieder und wieder im Urteil, die Entgegnung des Anwalts, seine Anträge. Mal für Mal quäle ich Freunde mit Gedankenspielen: Glaubst du, dass jemand an einem warmen Maitag mit dem Rad durch München fährt, durch eine Gegend, in der ihn viele kennen, dass er aber von niemandem gesehen wird? Folgt man dem Tathergang, den das Gericht konstruiert, muss es so gewesen sein. Warum fand man wohl 500-Euro-Scheine in Janek Martins Geldbörse? Hat er wirklich, wie er behauptet, bei Fußballwetten gewonnen? Oder die tote Tante bestohlen? Kann er, der Linkshänder, der Täter sein, obwohl das Opfer mit rechts erschlagen wurde? Und ist das Motiv überhaupt schlüssig? Fürchtete Janek Martin wirklich um seinen Posten als potenzieller Nachfolger in der Parkgarage? Hatte er Angst um sein Erbe?

Irgendwann drehen sich die Fakten und Details, die Widersprüche und Wahrscheinlichkeiten. Und es bleibt nur ein Gedanke, der haltbar ist, der mit ganzer Gewissheit vertretbar scheint: Nur Janek Martin weiß, was in Wirklichkeit geschehen ist. Vielleicht weiß es auch noch ein Zweiter, der Mörder, falls es ihn gibt, falls es Martin doch nicht war. Alle anderen können nur vermuten, alle anderen müssen Zweifel haben. Das Gericht musste Zweifel gehabt haben.

»Juristisch ist die Sache damit einfach zu entscheiden«, schreibt der *Spiegel*-Redakteur Thomas Darnstädt in seinem Buch *Der Richter und sein Opfer*: Janek Martin »müsste sofort freigelassen werden, denn seine Schuld ist nicht erwiesen«. Im Zweifel für den Angeklagten: ein Satz, geboren aus der Überzeugung, dass ein demokratischer Staat eher einen fälschlicherweise frei herumlaufenden Straftäter erträgt als einen unschuldig Verurteilten, einen zu Unrecht Weggesperrten.

Monate bevor ich Bela Martin kennenlernte, hatte ich seinem Bruder einen Brief ins Gefängnis geschrieben. Ob er bereit wäre, mit mir über seine Tante und das Erbe zu sprechen, hatte ich gefragt. Und weil er mir über seinen Anwalt ein »Ja« überbrachte und auch die Anstaltsleitung beschied, »ausnahmsweise« den »Interviewwunsch« zu genehmigen, stehe ich an einem Dienstagmorgen auf dem Theresienplatz in Straubing und warte auf das Taxi zum Gefängnis.

Straubing, ein schmuckes Städtchen, über tausend Jahre alt und immerhin ehemalige Herzogresidenz, fügt sich am Fuße des Bayerischen Waldes in den weiten Bogen, den die Donau schlägt. Hier, am Marktplatz, unter den grünen Spitzdächern des Wachturms, hocken die Senioren auch an diesem Tag wie gewohnt im Traditionshaus »Krönner« über ihren Torten, Mütter schieben ihre Kinder im Wagen über das Pflaster. Gekrönt wird die morgendliche Idylle vom golden strahlenden Kreuz der Dreifaltigkeitssäule. Sie zeugt davon, dass früher die Sache mit dem Erbe viel schlimmer, viel vertrackter, viel folgenreicher war, damals, als der Kampf ums Erbe nicht nur einzelne Familien, sondern noch ganze Kontinente erschüttert hat. Auch weil das Wohl und Wehe aller davon abhing, ob der Beischlaf der Monarchenpaare einen Thronfolger erbrachte oder nicht. Die Säule, unter der ich warte, erinnert an den Wahnsinn, der daraus resultierte, dass alles vom einen Erben der Macht abhing, vom Sohn des Königs.

König Karl II., der letzte spanische Habsburger, war selbst bereits das schwächliche Ergebnis des unbedingten Wunsches seines Vaters Philipp IV. nach einem Thronfolger. Philipp hatte in seinen Vierzigern seine erst dreizehnjährige Nichte Maria Anna geheiratet. Er rang ihrem Körper mehrere Kinder ab, die aber meist früh starben oder bereits tot geboren wurden. Karl überlebte als einziger Sohn, aber er war kränklich und einfältig, wohl Folge der jahrhundertelangen Inzucht zwischen den Königshäusern.

König Karl heiratete einmal, die Französin Maria Louisa, die darunter litt, dass sie nicht schwanger wurde, und im Alter von 26 Jahren starb. König Karl heiratete noch einmal, Maria Anna von der Pfalz. Aber auch ihr gelang es nicht, den Erben zu gebären. Heute würde man sagen: Es lag wohl an ihm. Und damit wäre die Sache erledigt. Damals war das Kind, das einfach nicht geboren werden wollte, der Auslöser der spanischen Erbfolgekriege, ein dreizehnjähriges Gemetzel, das 1704 auch Straubing erreichte. Die Österreicher standen vor den Toren der Stadt, warfen Brandbomben, wollten rein. Die Straubinger Bürger erbaten sich Beistand und gelobten, zum Dank Gottes eine Säule zu errichten, sollten sie den Sturm der Feinde glimpflich überstehen.

Zehn Jahre lang besetzten die Österreicher die Stadt, aber sie ließen die Straubinger weitestgehend in Frieden weiterleben. Diese bauten, wie versprochen, ihre Säule. Eigentlich sollte man niederknien und danken, dass die Demokratie uns von der Allmacht des einzigen Erben erlöst hat.

Ich steige ins Taxi. Zehn Minuten dauert die Fahrt vor die Tore der Stadt. Dann stehe ich an der Pforte der Justizvollzugsanstalt Straubing – ein Riesenknast, in den der Freistaat Bayern all seine Kapitalverbrecher sperrt. Achthundert Gefangene sitzen hier, zweihundert Lebenslängliche sind es zurzeit. »Fünf, sechs Jahre Haftstrafe, das ist bei uns die Eintrittskarte«, wird der Anstaltsleiter später sagen.

Über den schmutzigen Betonmauern kreisen Raben. Zögerlich melde ich mich bei einem Beamten im grünen Pullunder an. Ich gebe mein Handy ab, lasse mich per Metalldetektor überprüfen, sitze im Warteraum. Auf den Spinden stehen selbstgebastelte Vogelhäuser der Gefangenen, bemalt mit Windmühlen, Rosen und Pilzen. Kitschige Freiheitsphantasien, käuflich zu erwerben für 28 Euro. Unter einem Holzkreuz hängt, ein wenig schief, an einem roten Faden ein Schild. »ZUR BEACHTUNG«, steht da.

»Der Besucher kann den Beamten bitten,

1 Erfrischungsgetränk

2 Tafeln Schokolade zu besorgen.«

Und darunter ist zu lesen:

»Schokoladen werden dem Besuchten erst am Ende der Besuchszeit vom Besuchsbeamten übergeben. Ansonsten darf zum Besuch nichts« – und dieses Wort ist unterstrichen – »nichts mitgebracht werden.«

Der Justizvollzugsbeamte führt mich in das hochmoderne, unterirdische Besucherzentrum, vorbei am Schokoladenautomaten. Die Gänge sind pastellfarben gefliest, klinisch rein. Alles hier hat seine Ordnung.

Ich stimme der optischen Überwachung durch einen Justizbeamten zu und werde in einen kleinen Raum geführt, setze mich auf meine Seite des blassgrünen Tisches, auf die Seite mit der Tür, die nach draußen führt. Durch die Tür mir gegenüber tritt Janek Martin, Belas Bruder. Der, der behauptet, dass in seinem Fall überhaupt nichts seine Ordnung hat, dass er zu Unrecht hier sitzt. Der, den das Gericht für schuldig hält, für den Mörder seiner Tante.

Ich hatte vorher lange darüber nachgedacht, wie das Gespräch mit einem wie ihm sein würde. Schwierig und stockend? Oder aggressiv? Oder irgendwie gestört? Das letzte Mal, als ich einen Schwerverbrecher interviewte, trug der ein Gedicht vor, das er zum sechzigjährigen Jahrestag des Endes des Zweiten Weltkriegs geschrieben hatte. Er forderte darin, dass Deutschland nicht länger über Schuld und Scham reden solle. Eigentlich hatte sich das Gespräch um die Arbeitsbedingungen in der Knastwerkstatt drehen sollen. Es war kein normales Interview.

Diesmal ist das anders. Janek Martin gibt mir die Hand. Er dankt für den Besuch. Er setzt sich. Er ist längst nicht mehr der Bubi vom Bild seines Bruders, aber auch nicht der kahlgeschorene Asket aus den Tagen des Prozesses. Er sieht – darf man das bei einem, der seit Jahren in einem Hochsicherheitsgefängnis sitzt, sagen? – gut aus. Das schwarze Haar trägt er kurz geschnitten, leicht asymmetrisch, es wirkt, man kann kein anderes Wort dafür finden, recht hip. Bekleidet ist er mit einem schwarzen, dicht gewebten Jogginganzug. Fast drei Stunden lang wird er sprechen, konzentriert, betont und höflich, mit einem präzisen, manchmal etwas altmodischen Vokabular.

Wir beginnen mit einer Art Knast-Small-Talk.

Wie leben Sie hier?

»Das Haus ist ein Altbau, ich glaube, 1903 fertiggestellt, aber dafür ist es gut in Schuss. Sie kommen in die Zelle, da haben Sie Toilette, Waschbecken auf der linken Seite, einen Schrank auf der linken Seite, dahinter ein Bett, vis-à-vis einen Tisch, der nicht fest montiert ist, was für ein Gefängnis sehr liberal ist, und einen Stuhl davor. Acht Quadratmeter, denke ich. Zweimal vier Meter kommt ziemlich genau hin.«

Und Ihr Tag, wie läuft der ab?

»Jeder Tag hier ist mehr oder weniger identisch. Es gibt eine offizielle Weckung um 6 Uhr, 6 Uhr 30 fängt das Arbeiten an, für diejenigen, die in Arbeit sind, wie ich zum Beispiel in der Anstaltsdruckerei. Die Arbeit geht bis 11 Uhr 30, glaube ich. Es sind so Zeiten, da klingelt es eben. Dann ist Mittagspause, und danach geht es weiter bis halb vier, vier. Gewerkschaftlich geregelte

Arbeitszeiten. Und dann folgt die sogenannte Freizeit: eineinhalb Stunden oder eine gute Stunde Hofgang. Und danach ist in der Regel Einschluss. Ich versuche, mich einer Entmenschlichung zu entziehen, die hier ja auch gewünscht ist. Selbst nach mittlerweile über sieben Jahren Haft, also jetzt im achten Jahr, ist es für mich ein Muss, wenn ich in meinem Loch, also in meiner Einzelzelle, mein Essen zu mir nehme, dass ordentlich gedeckt wird. Ich schlinge das Essen nicht während des Fernsehens hinunter. Vom Äußerlichen und vom Inneren versuche ich die Standards zu halten, die ich auch draußen hatte.«

Haben Sie Kontakt zu den Mitgefangenen?

»Ich vermeide es. Ich vermeide es.«

Warum?

»Psychohygiene. Ich schaue, dass ich für mich bleibe.«

Aber haben Sie nicht das Bedürfnis, mit anderen zu reden?

»Das läuft im Kopf ab. Das geht nicht anders. Ich erhalte für hiesige Verhältnisse sehr viel Besuch. Im Monat volle fünf Stunden. Meine Eltern kommen, aber auch meine Freunde.«

Das heißt, dass Sie fünf Stunden im Monat mit anderen Menschen sprechen?

»Ja.«

Und das geht?

»Es gibt keine Alternative. Das ist ja das Schöne an meiner Situation. Es geht nicht anders.«

Janek Martins Stimme wird hart, als er das sagt: fünf Stunden Gespräch im Monat, im Schnitt alle sechs Tage eine Stunde. Hinzu kommen Gespräche mit seinem Anwalt oder – wie jetzt – mit mir, die sein Zeitkonto nicht belasten. Das klingt unerträglich. Martin aber merkt an, für Vollzugsanstaltsverhältnisse sei er mit dieser Bilanz ein Glückspilz. Noch nie sei eine Stunde seiner genehmigten Besuchszeit verfallen. Seine Eltern und sein Bruder kommen regelmäßig. Die restliche Zeit teilen die Freunde unter sich auf, in Tabellen halten sie fest, wer wann die zwei Stunden nach Straubing fährt. Seine Freunde und seine Verlobte, das war sie zumindest bislang. Die Frau mit den langen braunen Haaren und den dunklen Augen war Martins große Liebe. Vor Gericht hatte sie ihn mit warmen Worten als »gebildet, liebevoll, empfindsam, friedfertig und harmonieliebend« beschrieben. Fünf Monate vor meinem Besuch hatte sie in der *Bild*-Zeitung geschworen, auf ihn zu warten, selbst wenn es noch zwanzig Jahre dauere. Aber seit kurzem, sagt Janek Martin, habe er den Eindruck, dass ihre Beziehung nach und nach zerbröckele.

»Schlimm genug, aber vielleicht auch eine Frage der Zeit«, sagt er. »Ich habe Verständnis dafür. Ich sehe ja nur mich selber. Wie es denen um mich herum geht, das kann ich mir nur vorstellen.«

Was denken Sie den ganzen Tag?

»Es läuft in meinem Kopf ein surrealer Film – immer.«

Mit welchem Inhalt?

»Das ist privat. Gestatten Sie, dass ich das für mich behalte. Es ist meine Insel. Ich bin im Moment sehr unversöhnlich und zornerfüllt und zelebriere das auch.«

Was heißt das: Sie zelebrieren den Zorn?

»Ich möchte nicht, dass er abflacht. Ich wirke hier in einer Musikgruppe mit. Vor kurzem bin ich in meine Zelle zurückgekommen und habe vorher eine Fuge von Bach gespielt. Nicht so, wie ich es mir im Kopf vorstelle, aber ganz okay eigentlich. Und ich merke dann, als die Zellentür hinter mir wieder abgesperrt wird: Ich bin ausgeglichen. Und da denke ich mir: Oh weh, übertreib es ja nicht mit der Musik. Sie nimmt dir deinen Zorn. Dann gefällt es dir hier am Ende noch.«

Ist denn das Leben hier lebenswert?

»Es ist ein Überleben. Für mich ist es nicht lebenswert, weil es keinen Unterschied mehr macht zu einem Tier, das auch von Tag zu Tag lebt. Es überlebt ja auch. Wenn man aber ein menschliches

Leben auch definiert durch Interaktion, durch gesellschaftliche Verbindungen, dann ist es hier gar nichts wert.«

Wenn bald alle rechtlichen Mittel gegen das Urteil ausgeschöpft sein werden, würden Sie dieses Überleben fortsetzen wollen?

»Das ist eine Frage, die zu einem relativ konkreten Ende führen würde. Das weiß ich jetzt nicht so genau.«

Janek Martin glaubt, dass der Freistaat Bayern ihn für immer hier einsperren will, »bis zur Horizontalen«, sagt er. Im letzten Herbst hat ihm die Verwaltung einen »Vollzugsplan« überreicht. Tatsächlich steht darin, dass er vor jeder Hafterleichterung von zwei externen Gutachtern geprüft werden muss. Ein zentrales Kriterium ist dabei, ob der Gefangene Reue zeigt. Aber wie soll einer bereuen, der die Tat bestreitet?

Cut, Schluss, aus, denke ich. Ich kann hier nicht die Geschichte eines zu Unrecht Inhaftierten erzählen, auch wenn es eine aufwühlende Geschichte ist. Aber zum einen weiß ich nicht, ob sie wahr ist, und zum anderen ist es nicht die Geschichte, wegen der ich hier bin.

Wer das Urteil und die Zeugenaussagen liest, wer den Film schaut, der über den Mordfall gedreht wurde, und wer mit Beteiligten spricht, der merkt, dass das potenzielle Erbe Janek Martins Leben lange vor dem Todestag seiner Tante, seiner Inhaftierung, dem Prozess und der Haft bestimmt hat. Schon Jahre zuvor schienen Tante und Neffe in diesem Drama ihre Rollen gefunden zu haben: er, als der Junge, der gefallen will, auch weil sie die wohlhabende Erbtante ist, weil sie ein Unternehmen besitzt, das er einmal weiterführen will; und sie als dominante Hüterin des Schatzes, die mit ihrem Erbe kokettiert und feilscht und droht.

»Meine Tante«, sagt Janek Martin, »war seit meiner frühen Kindheit immer da. Sie war eine Ersatzmutter. Wobei, nein, das würde ja voraussetzen, dass meine Mutter einen Ersatz benötigt hätte, was nicht zutreffend ist. Eher: Zusatzmutter. Ich mochte

184

sie. Mein Bruder und ich haben viel Zeit bei ihr und bei meinem Onkel verbracht. An ihn habe ich mich anlehnen können, er hat mich beeindruckt durch seine Haltung. Er ist gestanden, und wenn der Wind gekommen ist, ist er weiter gestanden, und wenn der Wind kälter wurde, ist er immer noch gestanden. Das fand ich gut.«

Der Onkel ist ihm Vorbild, und so fängt Janek Martin schon als Schüler an, in der Parkgarage zu jobben. Erst putzt er, dann kassiert er, dann macht er die Ablage, die Briefwechsel, die Buchhaltung. Später, als Student, arbeitet er manche Monate Vollzeit in der Parkgarage. Das Unternehmen, sagt er, sei wie ein Familienmitglied gewesen, wie ein Baby, um das man sich kümmert, das man gedeihen sehen will.

Hätten Sie das Unternehmen gern übernommen?

»Natürlich, klar. Es wäre mir dabei primär um die Nachfolge meines Onkels gegangen. Er hat ziemlich viel erlitten in seinem Leben, war in russischer Kriegsgefangenschaft, kam als Spätheimkehrer nach Hause und hat dann in relativ kurzer Zeit ein tolles Unternehmen hochgezogen. Aber in der heutigen Zeit so ein Unternehmen zu konservieren und nicht zu verdummen, das ist eine ganz andere Herausforderung.«

Und der wollten Sie sich stellen?

»Ja. Und ich hatte auch unternehmerische Ideen, die hätten verwirklicht werden können.«

Welcher Art?

»Es wäre lächerlich, in meiner Lage darüber zu reden.«

Aber Unternehmer wären Sie gern geworden?

»Ja, und ich betrachte mich bis zum heutigen Tag als Unternehmer.«

Das Gericht notiert in seinem Urteil: »Der Angeklagte richtete sich in beruflicher und persönlicher Hinsicht schon seit seiner Schulzeit auf die Übernahme der Leitung der Parkgarage zu einem späteren Zeitpunkt ein.« Für die Richter ist das der erste Baustein ihres Motivs.

Denn 1995 starb der Onkel. Die Tante übernahm das Unternehmen. Bislang war sie eine Dame der Gesellschaft, nun führte sie plötzlich eine Tankstelle und ein Parkhaus. Zeugen schildern, dass sie ihre Unsicherheit durch eine herrische, autoritäre Art überspielte. Häufig gab es Streit mit Angestellten und mit den beiden Neffen. Mehr noch, die Tante versuchte nach und nach, die Regie in deren Leben zu übernehmen. Sie schien, das lässt sich aus Zeugenaussagen und aus den Schilderungen des Anwalts und der Martin-Brüder rekonstruieren, ein klares Bild davon gehabt zu haben, wie die beiden Jungs zu sein hatten, wie sie sein müssten, wenn sie denn eines Tages das Unternehmen einmal erben und fortführen wollten.

Die Tante liebte die bessere Gesellschaft. Sie war stolz, Mitglied von prominenten Stammtischrunden zu sein, Gast bei Galas der besseren Kreise. Und war sie mal, erzählt Neffe Bela, ganz klein auf einem Foto in der *Bunten* zu sehen, so zeigte sie die Zeitschrift beglückt herum. »Bling-Bling, das war ihre Welt«, sagt Janek Martin, »Bling-Bling und Chichi und Bussi-Bussi.«

Und als ihr Ehemann tot ist, wünschte die Tante, dass die Neffen sie in diese Welt begleiten. Auch Bela nahm sie zunächst mit, zum Stammtisch, nach St. Moritz. Aber er blieb ein Fremder. Janek, der Ältere und wohl auch Smartere, wurde zum Dauerbegleiter. »Es war klar, dass sie alleine schlecht hingehen kann – als alleinstehende Dame. Sie hat also erwartet, dass ich mitgehe, und für mich war es auch selbstverständlich. Es kam nicht selten vor, dass sie dann runtergerufen hat, ins Büro: ›Du weißt schon, dass wir heute Abend eingeladen sind? Ich lege dir deinen Anzug raus, dass du rechtzeitig zum Duschen raufkommst.‹«

Aber Sie mochten diese Gesellschaften nicht …

»Aber ich mochte meine Tante. Und dann ging ich halt mit.«

Er kleidete sich angemessen, er hielt die Etikette ein, machte, wie sein jüngerer Bruder kritisch kommentiert, brav den Diener und verteilte Handküsse. Gern hätte die Tante gesehen, dass sich ihr Neffe noch enger an die Großkopferten Münchens bindet.

Aber dann stellte Janek Martin seine Freundin vor, die dunkelhaarige Schulkameradin, mit der er sich später verloben wird. Sie war so gar keine höhere Tochter. Und bei einem Treffen in der Schwimmschule von Janek Martins Vater verbarg die Tante ihre Enttäuschung darüber nicht. Die Tante fragte die neue Freundin ihres Lieblingsneffen, was sie denn nach der Schule so werden wollte. Lehrerin, sagte das Mädchen. Die Tante stutzte. Was dann passierte, erzählt Janek Martins Verlobte in einem Dokumentarfilm:

»Und dann hat sie so einen verächtlichen Laut gemacht, so: Bääh, Lehrerin, das Letzte. Und dann war ich total entsetzt.« Die Verlobte fragte Janek Martin: »Was ist denn jetzt los?« Und er sagte: »Ja, Lehrer ist für sie kein angesehener Beruf.« »Und dann«, erinnert sich die Freundin weiter, »fragte die Tante noch: Aber schon Gymnasiallehrerin?« Und sie antwortete: »Nein, Sonderschullehrerin will ich werden.« Und die Tante entgegnete: »Das ist das Allerletzte.«

So etwas kommt vor. Man stellt die große Liebe der Verwandtschaft vor, und Onkel oder Tante, Oma oder Opa benehmen sich daneben. Viele Tanten müssten nach einer Szene wie der beschriebenen wohl damit leben, dass der Neffe nicht mehr kommt. Vielleicht hatte Janek Martin ein dickes Fell. Vermutlich aber können sich Erbtanten einfach mehr erlauben als andere.

Janek Martin entschied sich für eine Zwei-Welten-Strategie. Seit dem Tag in der Schwimmhalle lebte er ein Leben mit der Frau, die er liebte. Und eines mit der Tante, die er fast täglich sah, für die er arbeitete, deren Gesellschaftsgalan er war und der er einmal nachfolgen wollte. »Es war ein Nichtverhältnis zwischen meiner Verlobten und meiner Tante«, sagt Martin. »Ich habe es auch nicht forciert und wusste nicht, wie es weitergehen sollte. Es waren sicherlich zwei Welten, in denen ich gelebt habe.«

Aber Sie hätten die beiden irgendwann zusammenführen müssen, oder?

»Ja«, sagt er. »Das wäre eine große Aufgabe gewesen.«

Als Janek Martin und seine Freundin im Jahr 2004 zusammenziehen wollten, nutzte die Tante ihre Kontakte und verhinderte, dass die beiden die Wohnung anmieten konnten.

Das steht doch einer Tante nicht zu, oder? Das ist doch eine Schweinerei?

Janek Martin denkt nach. Das gesamte Gespräch über wird er nie schlecht über seine Tante reden. Diesmal braucht er lange, bis es ihm gelingt, die aus seiner Sicht passenden Worte zu finden: »So wie sie mir das erklärt hat«, sagt er dann, »war diese Wohnung aus ihrer Sicht eine Absteige – was im Gegensatz zu ihrer Wohnung ja auch der Wahrheit entspricht. Und sie hat gesagt, warum ich sie nicht frage. Sie kenne doch Gott und die Welt, und es würde dann etwas Adäquates gesucht. So war ihre offizielle Diktion. Was noch dahinterstecken könnte, möchte ich nicht sagen.«

Als sich Janek Martin und seine Freundin nach langen Jahren verlobten, war die Tante ungehalten. Sie werde der Ehe nicht zustimmen, sagte sie. Erst als Martin versprach, dass er nicht ohne einen Ehevertrag – verfasst vom Anwalt der Tante – heiraten würde, gab sie Ruhe.

Fanden Sie das übergriffig?

»Der Frau gegenüber, die ich heiraten wollte, war es ein Mangel an Vertrauen«, sagt Martin. »Mir persönlich wäre es wurscht gewesen, weil ich ja nicht heirate, um mich scheiden zu lassen.«

Ich stutze. Und denke: Was würde ich tun, wenn mein Vater oder mein Bruder oder gar eine meiner Tanten mit solcher Wucht in mein Leben einbrechen würden? Wenn sie erzwingen wollten, darüber mitzuentscheiden, mit wem ich die Wohnung teile, mit wem mein Geld? Ich würde rasen vor Wut, toben; mir jede Einmischung dieser Art verbitten. Aber weder mein Vater noch mein Bruder noch meine Tanten haben ein Unternehmen zu vermachen.

Später aber werde ich lesen, dass das Verhalten der Tante gar nicht so unüblich ist. *Willkommen in der Familie! Ehe- und Lebenspartner in Unternehmerfamilien* heißt der schmale Ratgeber, den das Institut für Familienstrategie, ein Stuttgarter Beratungsunternehmen, herausgegeben hat. »Vielfach fühlen sich die Ehe- und Lebenspartner von Gesellschaftern in der Familie nicht willkommen, gar nicht selten gibt es sogar eine Tradition der Ausgrenzung«, heißt es da. »Das berechtigte Interesse, das Familienvermögen nicht zu gefährden, ist Grund genug, Vorsicht zu üben.«

Und dann werden da zwei Ehemänner zitiert. Der eine, Professor, verheiratet mit einer Unternehmenserbin, sagt: »Es gibt einen Ehevertrag, den haben wir am Tag der Hochzeit unterschrieben. Meiner Ansicht nach steht drin, dass ich kein Anrecht auf die Anteile meiner Frau an der Firma habe – egal, was passiert. Außer den Regelungen in den Eheverträgen gibt es eine Regelung, dass Geschiedene nicht mehr zur Familie gehören und nicht am Familientag teilnehmen. Verwitwete, die wieder heiraten, gehören auch nicht mehr dazu.« Der zweite Ehemann, ein Konzernmanager, sagt, auch in der Familie seiner Frau sei es so, dass nur die leiblichen Kinder dazugehörten, er, als Schwiegersohn, aber nicht. Im Ehevertrag, sagt er, »habe ich auf sämtliche Ansprüche im Zusammenhang mit der Firma zugunsten der Kinder verzichtet. Mich hat das damals schon gewundert, aber dann habe ich gedacht, das juckt mich nicht groß. Ich brauche deren Geld ja nicht.«

Und Maxi Unger, die Therapeutin, erzählt mir in ihrer Berliner Praxis, dass der Grundsatz der Tante auch in vielen Familien, die zu ihr kämen, ehernes Gesetz sei: »›Ohne Ehevertrag nicht!‹, sagen die Eltern dann. Mein Rat an die Kinder ist: Sagen Sie es

Ihrem Partner früh. Weil es so eine heikle Frage ist, gibt es so eine gewisse Tendenz, sie bis zum Vorabend der Eheschließung aufzuschieben. Und da habe ich schon erlebt, dass Paare mich an dem Abend angerufen haben und sogar schon Eheschließungen verschoben werden mussten.«

Welch grausige Vorstellung! Da sitzt man da am Abend vor der Trauung, die Liebe scheint gefunden, der Anzug liegt bereit, das Kleid passt, die Gäste sind angereist. Und dann sagt sie: »Schatz, du müsstest vorher das hier unterzeichnen, sonst stimmt meine Familie der Ehe nicht zu.« Und er sieht das Dokument, ausgearbeitet von einer namhaften Kanzlei, fühlt sich in die Ecke gedrängt, getäuscht und weint und tobt vielleicht. Und das war es dann.

Glauben Sie, dass jemand, der in einer Familie viel besitzt – sei es ein Unternehmen, sei es viel Geld –, dass der Macht in der Familie hat?, frage ich Janek Martin.

»Ja, sicher«, sagt er. »Uneingeschränkt ist das so.«

Das heißt, Ihre Tante war eine stärkere Figur als Ihre Eltern?

»In gewissem Sinne ja. Meine Tante hatte auch die Souveränität in ihrem Beruf nicht, und sie hat dann versucht, das mit übertriebener Härte auszugleichen.«

Bela, der Bruder, bestätigt das bei dem Gespräch in seinem Büro: Geld und Macht hätten die Tante verändert, sagt er, hätten sie noch dominanter gemacht, als sie ohnehin schon war. Ihr Ziel, sagt Bela, sei immer klar gewesen: Sie habe ihren Status weiter verbessern wollen, »ums Verrecken«, sagt Bela – ein Wort, das in diesem Fall ein wenig fehl am Platz wirkt.

Janek Martin aber hält nach dem Gesagten inne. Er schwächt die Kritik an der Tante sofort wieder ab: »Na ja, sie hat halt gesponnen. Aber irgendwann spinnen auch Eltern oder Geschwister. Das ist halt so.«

Aber mit so einer Parkgarage im Hintergrund hat man ein stärkeres Argument in solchen Konflikten, oder?

»Ja«, sagt er, »richtig, man hat ein Argument.«

Als Janek Martin und sein Bruder Bela die Schule mit dem Abitur verlassen, nutzt die Tante dieses Argument. Bela, der Jüngere, erinnert sich so:

Es war Mai. Gerade hatte er das Abitur geschafft. Nicht gut, aber geschafft. Bis zum Oktober, bis zu Beginn des Semesters, war es noch lange hin. Vor ihm lag ein langer, sorgenloser Sommer, dachte er – bis seine Tante aktiv wurde. Immer wieder fragte sie: »Was macht der Junge jetzt? Was macht er jetzt?« Bis sie selbst irgendwann die Lösung präsentierte: ein internationales BWL-Studium sollte es sein, so wie bei vielen der Kinder ihrer Freunde. »Und so habe ich BWL studiert«, sagt Bela. »Es war nicht grundlegend das Falsche, aber ich wurde dahin gedrängt. Sie hat mich da reingedrückt: So, jetzt machst du BWL.«

Und Janek? Offenbar ging die Tante bei ihm, dem Älteren, dem Liebling, dem möglichen Nachfolger, noch einen Schritt weiter – und schrieb ihm vor, was er zu werden habe. Janeks Vater sagte vor Gericht aus: Sein Sohn habe das Jurastudium aufnehmen müssen. Das sei ein Befehl der sehr autoritären Tante gewesen. In einem frühen Testamentsentwurf schrieb sie auf: Nur wenn Janek Jura studiert, darf er auch erben. Später strich sie dieses Junktim wieder. Aber es war ihr sehr deutlicher Wunsch, sagt Janek: »Sie hat gesagt: Jura studieren, fertig!«

War dies der erste Akt der Tragödie? Der Druck der Tante? Der Wille, den Jungen dahin zu kriegen, wo sie ihn haben wollte? Auf jeden Fall war es der Auftakt einer großen Scharade, einer Lebenslüge.

Aus der Urteilsbegründung: »Auf ihren Wunsch – wobei seine spätere Funktion als ihr Nachfolger im Vordergrund stand – studierte der Angeklagte ab dem Wintersemester 1996/1997 Jura. Das Studium sagte ihm nicht zu. Zum Wintersemester 1997 nahm er einen Fachrichtungswechsel vor und studierte Theaterwissenschaften. Das Theaterstudium war im Ergebnis mit mäßigem Erfolg verlaufen. Auf Betreiben seiner Tante nahm er ab dem Wintersemester 1999 sein Jurastudium wieder auf. (Sie) war der Auffassung, dass der spätere Chef der Parkgarage und ihr Nachfolger ein abgeschlossenes Jurastudium und eine Rechtsanwaltszulassung benötigte. Der Angeklagte betrieb das Jurastudium jedoch lustlos. Er hatte zwar alle Scheine gemacht und im Jahr 2002 auch einen Repetitor besucht. Zum Examen trat er jedoch niemals an. Im September 2004 wurde der Angeklagte wegen Überschreitens des 12. Fachsemesters vom Landesjustizprüfungsamt von Amts wegen zur 1. Juristischen Staatsprüfung angemeldet. Da er an dieser Prüfung nicht teilnahm, galt diese im Januar 2005 als erstmals nicht bestanden.

Der Angeklagte sah sich zum einen seiner Tante gegenüber im Wort, das Jurastudium abzuschließen. Zum anderen befürchtete er im Falle der Offenbarung seines Misserfolges beim Studium von Seiten des Opfers Druck und auch Konsequenzen sowohl im Hinblick auf die ihm entgegengebrachte Wertschätzung als auch im Hinblick auf seine spätere Rolle als Nachfolger. Der Angeklagte begann daher, seine Tante, aber auch sein gesamtes weiteres persönliches Umfeld (Verlobte, Eltern, Bruder, Freunde, Bekannte) zu belügen und den erfolgreichen Jurastudenten und Rechtsreferendar zu geben. Er gab konsequent vor, sein Erstes Juristisches Staatsexamen bestanden zu haben und nunmehr Rechtsreferendar zu sein.«

Das Gericht kleidet das Drama in karge Worte: Janek Martin simulierte über Jahre ein Leben, das es längst nicht mehr gab. Er tat so, als würde er dem Bild seiner Tante entsprechen. Aber er war längst gescheitert, nur wagte er nicht, dies jemandem zu gestehen.

Vor Gericht sagte Janeks Vater: Bis zur Festnahme seines Sohns habe er geglaubt, dass der kurz vor dem Examen stünde. Bela, der

Bruder, wusste nichts. Auch die Verlobte dachte, Janek arbeite für die Prüfungen. In einer guten Woche, so erzählte sie auf einer Party, die sie am Mordtag besuchte, würde Janek die erste Klausur schreiben. Sämtliche Freunde waren ahnungslos. In den Tagen, als Janek gerade allen vorspielte, im ersten Staatsexamen zu stecken, wollte ein Kumpel ihn im Prüfungssaal abholen. Janek rief ihn kurz vor dem vereinbarten Treffen an: Er sei früher fertig geworden. Man könne sich direkt an der S-Bahn sehen. Janek plauderte mit dem Freund über die Klausur, die er nie geschrieben hatte. Später erzählte er auch, wie die Arbeit bewertet worden sei: 6 Punkte, nicht überragend, aber bestanden, hätte das bedeutet. Nur: Es gab diese Klausur nicht. Janek hatte sie nie geschrieben. Er, der im Theaterstudium nur mäßigen Erfolg hatte, war zum großen Schauspieler seines eigenen Lebens geworden.

Wie kann so etwas passieren? Wie lebt man ein Leben, in dem alles Lüge ist? Eine Tante, okay, die kann man täuschen. Aber wie spielt man den Eltern, den Freunden und der Frau, die man liebt, permanent etwas vor? Wie nur? Dies ist die Frage, die ich in einer Handvoll Varianten auf meinem Interviewzettel ins Gefängnis trage.

Und Janek Martin wird sich im Besucherraum an etlichen Erklärungen versuchen. Eloquent und offen hat er bislang auf alle Fragen geantwortet, nun wird er einsilbig. Ein Strudel war es, sagt er, ein Sog; ein Nichterzählen, das zur Lüge wurde – zur kleinen; zur großen; zur alles bestimmenden. Getragen von Feigheit. Bequemlichkeit. Angst. Und dem Wunsch zu erben, irgendwann einmal endlich der Chef dieser gottverdammten Parkgarage zu werden. »Dass ich Jurist werde, ist mir von Kindesbeinen an von meiner Tante deutlich gemacht worden«, sagt er. »Der eine, also mein Bruder, kann rechnen, der wird Wirtschaftsmann. Ich kann nicht rechnen, ich kann reden, ich soll mein Jurazeug machen. So ist das wohl losgegangen und hat sich dann gesteigert.«

Aber Sie konnten diesen Wunsch nicht erfüllen? »Also, die Entscheidung, dass Jura nicht meine Sache ist, ist relativ früh gefallen. Aber ich habe dann trotzdem meiner Tante zuliebe das Jurastudium noch mal aufgenommen, um dann festzustellen, dass es tatsächlich nichts für mich ist. Das war im Jahr 2004, ungefähr. Und das, was ich mir vorwerfe, bis zum heutigen Tag, ist, dass ich nicht den Schneid gehabt habe, da zu sagen: So, und jetzt ist es endgültig aus; dass ich da nicht sofort gesagt habe: Hey, Leute, passt auf, ich mache das nicht mehr weiter. Und so kam halt eins zum anderen. Ich wollte meine Tante und meine Eltern nicht enttäuschen. Ich wollte sie zufriedenstellen.«

So kam eins zum anderen – das klingt nach Versehen. Aber Sie haben ja bewusst gelogen?

»Ja, das ist richtig, da ergibt eins das Nächste. Weil ich nicht gesagt habe, dass ich aufgehört habe, war ich für die anderen ja noch dabei. Natürlich war es eine große Lüge.«

Sie haben Ihren Freunden vorgespielt, dass Sie Klausuren schreiben?

»Ja, das ist richtig.«

Haben Ihre Freunde das verziehen?

»Das müssen Sie die fragen.«

Und wie belügt man die Frau, mit der man zusammenlebt?

»Indem es ausgeblendet wird. Meine Verlobte ist eine kluge Frau. Ich gehe davon aus, dass sie es geahnt hat. Was hätte ich getan, wenn mich meine Verlobte direkt aufs Gesicht hin gefragt hätte: Du, wie schaut es denn aus? Dann hätte ich gelogen, das hätte ich gemacht. Ich bin nicht stolz darauf, ich habe moralisch versagt. Aber wenn ich mich umschaue, es gibt so viel Lug und Trug.«

Ende Juni 2006 hätte Janek Martin sich zur Examensprüfung melden müssen. Es war der Stichtag für die letzte Chance. Bei Nichtmeldung hätte die Universität ihn ausgeschlossen.

Am 15. Mai 2006 wurde die Tante ermordet.

Das Gericht sagt, der Mord war Martins einziger Weg, die Lüge weiter zu vertuschen. Er hätte nach dem Tod die Parkgarage übernehmen und erfolgreich weiterführen wollen, wäre der Held der Familie gewesen. Keiner hätte mehr nach dem Jurastudium gefragt.

Stimmt nicht, sagt Martin. Es hätte einen Ausweg aus der Lüge gegeben, er habe das Ende schon fest im Blick gehabt. Mit Ablauf des Jahres 2006, behauptet er, habe seine Tante das Unternehmen in eine GmbH umwandeln wollen, aus steuerlichen Gründen. Sie habe sich in die Schweiz zurückziehen und ihn zum Nachfolger machen wollen. Sogar von Adoption sei die Rede gewesen. Dann hätte er seiner Verlobten und den Eltern die Wahrheit sagen wollen. »Leute, es tut mir leid‹, hätte ich dann gesagt. Und ich dachte, dass es zwar einen Streit gegeben hätte und Unmut, aber nichts Dauerhaftes, weil ich dann ja auch etwas Konkretes hätte präsentieren können.« Und die Tante, sagt Janek Martin, sei im Übrigen die Einzige gewesen, der er die Lüge kurz vor ihrem Tod schon gestanden hätte. Sie sei wütend gewesen und enttäuscht, aber mehr nicht.

Es gibt Zeugen, die Janek Martins Version in Teilen bestätigen. Es gibt Zeugen, die ihr widersprechen. Die Kronzeugin, die Hauptfigur, seine Tante, kann leider nichts mehr sagen zu dem Drama um die Parkgarage, zu ihrem Liebling, den sie zum Juristen formen wollte und der nun lebenslang in der Justizvollzugsanstalt einsitzen wird – zu der alles entscheidenden Frage: War er es, der sie erschlug? Aus Frust über das Leben, in das sie ihn zwang? Aus Wut über das Erbe, mit dem sie ihn lockte, mit dem sie ihm drohte?

Es ist kurz nach elf Uhr. In ein paar Minuten wird meine Besuchszeit zu Ende sein. Mein kleiner Sohn wartet im Hotel. Ich werde mit ihm und meinem Freund über den Marktplatz von Straubing spazieren, eine Suppe zum Mittag essen, einen Kaffee in der Sonne trinken. Und dann: in den Zug steigen, weiterfahren, weiterleben – gespannt darauf, was noch alles geschehen wird.

Mit uns. In Zukunft. Janek Martins Gegenwart aber endet im Mai 2006. Wenn er von »jetzt« spricht, meint er dieses Frühjahr vor acht Jahren, wenn er von »hier« redet, das Münchner Gärtnerplatzviertel, nicht seine Zelle in Straubing.

Haben Sie an irgendeinem Punkt mal überlegt, alles hinzuwerfen und ein Leben zu führen, das weder mit Ihrem Onkel noch mit Ihrer Tante noch mit der Parkgarage zu tun gehabt hätte?

»Die Frage hat sich mir gar nicht gestellt«, sagt Janek Martin. »Das Unternehmen meines Onkels war mein Korsett oder mein Rahmen.«

Wären Sie freier gewesen, wenn es das Erbe nicht gegeben hätte?

»Ja, sicher. Natürlich wäre ich freier gewesen, der Regisseur meines eigenen Lebens. Aber wäre mein Leben deswegen besser gewesen? Das weiß ich nicht.«

Würden Sie selbst, wenn Sie Kinder hätten, denen so einen strengen Rahmen vorgeben?

»Ich würde versuchen, so viele Fenster zu öffnen, wie es nur geht. Wenn ich um Rat gefragt würde, würde ich meinen Rat äußern. Aber jemanden irgendwo hinschieben, wo er nicht hingehen will, das ist nicht in Ordnung.«

Also würden Sie es nicht so machen wie Ihre Tante?

»Nein. Das würde ich nicht so machen.«

»Zum Ende kommen, bitte«, sagt der Schließbeamte, der den Besuchsraum durch die Tür auf meiner Seite betritt, die Tür in Richtung Freiheit.

»Können wir uns noch kurz verabschieden?«, fragt Janek Martin. Dann steht er auf und gibt mir die Hand. »Danke«, sagt er. »Danke«, sage ich. Und er: »Servus«.

Dann steht er auf und tritt durch die Tür auf seiner Seite. Hinter ihm dreht eine Vollzugsbeamtin geräuschvoll den Schlüssel. Das Schloss ist zu.

Auch Bela Martin wirkt gefangen – in dem düsteren Büro in der Tankebene der Parkgarage, inmitten des Chaos. Vier Stockwerke unter dem Flur, in dem seine Tante erschlagen wurde. Er, der Erbe, der Unternehmensinhaber, der vermeintliche Glückspilz, der mal für 8,50 Euro die Stunde Bier im Stadion verkauft hat und heute ein gemachter Mann ist. »Ich weiß, dass mein Bruder nicht glücklich mit dem Unternehmen ist«, hatte Janek Martin gesagt. »Aber ich versuche ihm einzureden, dass er glücklich ist – weil es schätzungsweise 6,5 Milliarden Menschen auf diesem Planeten gibt, die mit ihm tauschen würden.«

Wie halten Sie das aus?, frage ich Bela Martin. Wieso arbeiten Sie hier weiter? Warum verkaufen Sie diese Garage nicht, die Ihrer Familie so viel Unglück gebracht hat?

»Das kann ich nicht«, sagt Bela Martin. »Es ist vorbestimmt, dass ich hier sitze. Es ist ein Familienunternehmen. Das war es, und das ist es.«

Als ich durch die Pforte der Justizvollzugsanstalt nach draußen trete, meinen Ausweis wieder in der Umhängetasche, mein Handy wieder in der Hand, atme ich tief ein. Ich setze mich auf eine Bank. Minutenlang starre ich auf die nackten Kronen der Bäume, beobachte eine Gruppe schlieriger Winterwolken, die über die Äste hinwegwandert – und erfreue mich an dem Gedanken, frei zu sein.

Ein reicher Mann wird das, was ich nach den Treffen mit den Martin-Brüdern denke, später in gewählte Worte kleiden: Ein Erbe, wird er sagen, kann auch ein Danaer-Geschenk sein, also eines, das sich für den Empfänger als so unheilvoll erweist, wie das schöne hölzerne Pferd, das die Danaer einst als vermeintliches Präsent in den Mauern Trojas zurückließen und aus dessen Bauch dann die Krieger krochen, die die Stadt eroberten.

11. ICH BIN MEHR ALS NUR SEIN SOHN

Aus Sicht der Allgemeinheit auf das Vermögen der Erben zu linsen, über Vermögensungleichheit nachzudenken, über Machtkonzentration und die ausgleichende Wirkung von Steuern, ist die eine Perspektive, aus der man mein Mosaik betrachten kann. Je mehr Erben ich treffe, desto klarer schiebt sich aber ein neuer Gedanke davor: Wäre es vielleicht auch im Sinne der Erben, wenn ihnen alles genommen würde? Kann der Reichtum der Eltern eine Last sein, die man kaum erträgt?

Natürlich, Janeks Geschichte ist eine extreme. Aber das, was vor dem Mord an seiner Tante geschah, ist so selten nicht. Wie viele Erben verbiegen sich unter dem Druck der dominanten Vorgeneration? Wie viele brechen unter dem Zwang, so zu werden, wie die Alten sie sich erträumt haben? Wie viele quält die Last, nach den vor Kraft und Erfolg strotzenden Ahnen nur ein mickriger Epilog, eine ewige Enttäuschung zu sein?

»Der Vater erstellt es. Der Sohn erhält es. Am Enkel zerschellt es.« So lautet ein Sprichwort, das all den glücklosen, den talentarmen, den »missratenen« Nachkommen gewidmet ist. Ein Sprichwort, das rund um die Welt gebraucht wird. *Dalle stalle alle stelle alle stalle*, sagen die Italiener: »Aus dem Stall hoch in die Sterne, zurück in den Stall.« *Shirt sleeves to shirt sleeves in three generations*, sagen die Amerikaner, was so viel heißt wie: Nach drei Generationen sitzt man wieder da, mit dem kurzärmeligen Hemd, das man einst loszuwerden trachtete. Bei den Chinesen sind es die Reisfelder, auf denen man wieder landet. Und die Spanier formu-

lieren es so: *Quien no lo tiene, lo hance; y quien lo tiene, lo deshance*,
will heißen: Wer nichts hat, der bringt es zu etwas. Und wer etwas
hat, verdirbt es wieder.

Thomas Mann hat in seinen *Buddenbrooks* den Prototypen
dieses Erben, mit dem der Ruhm der Ahnen vergeht, geschaffen.
Johann, den die schöne, aber morbide, stets angespannte Gerda
ihrem Thomas nach langem Sträuben doch noch gebiert, Hanno
gerufen, ein Kind »auf dem längst so viele Hoffnungen ruhen, von
dem längst so viel gesprochen, der seit langen Jahren erwartet, er-
sehnt worden, den man von Gott erbeten und um den man Dok-
tor Grabow gequält hat … er ist da und sieht ganz unscheinbar
aus«, »ein kleines unter Spitzen und Atlasschleifen verschwinden-
des Etwas«, aber: »Ein Erbe! Ein Stammhalter! Ein Buddenbrook!«

Hanno wächst heran, »unter den Blicken voll verhaltener Zärt-
lichkeit, die sein Vater ihm schenkte, unter der Sorgfalt, mit der
seine Mutter seine Kleidung und Pflege überwachte, angebetet
von seiner Tante Antonie«. Jeder blickte ihn »mit Interessen und
Erwartung« an, denn die Firma verlangte einen Erben, um doch
noch in vierter Generation weiterleben zu können. Aber schnell
wird klar: Hanno ist kein Kaufmann. Er ist ein schwächliches, ein
scheues, ein in sich gekehrtes, ein verträumtes Kind, kein forscher,
strammer, mutiger Kerl, wie ihn der Vater erhoffte. Er phantasiert
gern am Klavier. Er liebt die Oper. Er hasst es, vor Fremden zu
sprechen. Er versagt in der Schule.

Am Tag des hundertsten Firmenjubiläums richtet der Vater seinen Hanno hin – eine Szene, die ich kaum zu lesen ertrage, eine
Szene, die den Tod des Kleinen, der später an Typhus sterben wird,
vorwegnimmt. Hanno soll zum Feste ein Gedicht aufsagen. Er
ahnt schon: »Er würde weinen müssen«, »weinen, wie es immer geschah, wenn man von ihm verlangte, dass er sich produziere, ihn
examinierte, ihn auf seine Fähigkeit und Geistesgegenwart prüf-
te, wie Papa das liebte.« Der Vater steht da, »ernst, die eine Braue

emporgezogen, maß er die Gestalt des kleinen Johann mit prüfendem, ja sogar kaltem Blick«. Der Junge setzt an – der Vater bricht ab: »Oh, mein Lieber, das ist nichts!« Er schimpft: »Man hängt dort nicht am Klavier und faltet die Hände auf dem Bauche … Frei stehen! Frei sprechen!« Der Sohn beginnt wieder. Der Vater stoppt ihn: »Einen Vortrag beginnt man mit einer Verbeugung, mein Sohn! Und dann viel lauter. Noch einmal, bitte!«

So geht es weiter. »Das war grausam«, schreibt Mann. Und Buddenbrook senior weiß das auch. Aber zu sehr ärgert ihn das schwächliche, schwankende, ängstliche Kind, sein einziger Erbe. Am Ende weint Hanno, und der Vater sagt hart und gereizt: »Nun, das ist kein Vergnügen!« Er steht auf. Und spricht: »Worüber weinst du? Weinen könnte man darüber, dass du selbst an einem Tage wie heute nicht genug Energie aufbringen kannst, um mir eine Freude zu machen. Bist du denn ein kleines Mädchen? Was soll aus dir werden, wenn du so fortfährst?«

Als Hannos Vater längst tot und der Junge ein Teenager ist, der tagtäglich von seinem Vormund gefragt wird, was er werden will, gesteht Hanno seinem Freund Kai: »Ich kann nichts antworten. Ich kann nichts werden. Ich fürchte mich vor dem Ganzen.«

Ich hätte nicht gedacht, Grundzüge des Leidens des jungen Hanno im echten Leben wiederzuentdecken. Die ersten Wiedergänger des jüngsten Buddenbrook traf ich in der Raucherecke eines Schlossinternats, für das die Eltern der Schüler rund 30 000 Euro im Jahr überwiesen. Miriam war in der Oberstufe, das Internat war ihre dritte Schule. »Ich bin eben kein Eierkopf«, sagte sie – so nannte sie die Klugen, die sie beneidete. Das Geld ihrer Eltern, sagte sie, setze sie unter Druck. Es verbiete ihr, zu scheitern. »Man will seinen Eltern ja irgendetwas zurückzahlen.« Ein anderer sollte schon vor dem Abitur die Firma seines Vaters übernehmen. Aber er wollte nicht. Er wollte unbedingt seinen Abschluss machen. Irgendetwas in seinem Leben wollte er selbst geschafft haben. Ein Dritter sagte: »Meine Eltern sind so erfolgreich, da kann ich eigentlich nur eine Enttäuschung werden.« Und – auch wenn er es wohl nie zugeben würde – auch Roger Klüh scheinen Hannos Qualen nicht völlig fremd zu sein.

Ich bin unsicher, als ich über den roten Teppich des Düsseldorfer Fünf-Sterne-Hotels »Breidenbacher Hof« an der Königsallee gehe. Vor dem Eingang lungert eine Traube Schaulustiger, die Handycams am Anschlag. Sie warten auf die Rolling Stones, die hier übernachtet haben. Noch ein Eintrag mehr im bereits prall gefüllten Goldenen Buch: Angela Merkel, Udo Lindenberg und George Clooney, Eric Clapton, Beyoncé und Jay-Z, sie alle haben das Luxushotel an der Königsallee bereits mit ihrer Anwesenheit beehrt.

Schon unter normalen Umständen wären mir die Rolling Stones relativ egal gewesen. Heute aber hätte ich Mick Jagger sicher übersehen. Denn ich hänge seit Stunden Gedanken wie diesen nach: Taugt das Kleid? Wie förmlich wird das Essen werden? Darf ich ihn währenddessen schon interviewen?

Es hat lange gedauert, bis ich Roger Klüh, der in der Presse meist das Appendix »Sohn des Multidienstleisters Josef Klüh« trägt oder schlicht »Unternehmens-Filius«, überzeugen konnte, mit mir zu reden. Als er zusagte, habe ich mich gefreut und in seinem Wunschhotel einen Tisch reserviert. Jetzt gerade frage ich mich, ob dieses Gespräch überhaupt gelingen kann.

Ich lächele unbeholfen, als er mir in der Lobby entgegentritt, das dunkle Haar gegelt, die Haut gebräunt, das teure Hemd an den Armen forsch gekrempelt. »Ich weiß, dass mich viele für einen Schauspieler halten«, sagt er. Und lacht. »Es widerspricht dann dem Klischee vom Schönling, wenn ich sympathisch bin«, sagt er.

Ich folge mit zwei Schritten Abstand, als er die Treppe zum Restaurant emporsteigt, die Hotelchefin grüßt und ihre Fragen nach seiner Hundewelpe beantwortet: »Wie ein Kind« sei der Kleine, sagt er, »der Tiertrainer war gestern Abend da«, er hoffe, der Richback sei »eine gute Rasse«.

Ich nehme verspannt auf den roten Samtkissen an dem weiß eingedeckten Eichentisch Platz und wähle aus der Karte eine der angekündigten »mit viel Kreativität, Passion und bester Qualität« kreierten Spezialitäten. Ich weiß nicht viel über Roger Klüh an diesem Mittag. Aber das, was ich zusammengetragen habe, schüchtert mich ein. Denn seine Welt ist keine, in der ich mich souverän bewegen würde, vieles von dem, was ich über ihn lese, ist mir fremd.

Roger Klüh ist der Sohn des Düsseldorfer Multimillionärs Josef Klüh und seiner ersten Ehefrau Ingrid. Klüh senior ist Inhaber des besagten »Multidienstleisters«. Er war gerade 20 Jahre alt, als er den winzigen Betrieb seiner Eltern übernahm. »Es war am Anfang ein Glasreinigungsunternehmen«, sagt Josef Klüh im Spot zum hundertjährigen Firmenjubiläum – in einem weißen Sessel unter einer großen Glaskuppel thronend –, »da war eine Person beschäftigt: ein Glasreiniger. Mittlerweile«, fasst er die eigene Erfolgsstory straff zusammen, »sind wir in sieben Dienstleistungsfeldern mit großem Erfolg tätig.«

Klüh reinigt. Klüh catert. Klüh sichert. Klüh versorgt Flughäfen, Krankenhäuser und Immobilienverwalter mit all den Servicekräften, die verlangt werden. Über 43 000 Mitarbeiter beschäftigt die Firma in der ganzen Welt, macht über 650 Millionen Euro Umsatz im Jahr.

Vor allem ein Auftrag taugt als Metapher dafür, wie groß Josef Klüh die einst winzige Fensterputzer-Butze seiner Eltern gemacht hat. Klüh reinigt seit 2010 das höchste Haus der Welt, den Burj Khalifa in Dubai, einen 828 Meter hohen Turm, dessen Spitze bei guter Sicht aus sagenhaften 100 Kilometern zu sichten sein soll. 200 Klüh-Kräfte sind dort rund um die Uhr im Einsatz, um 900 Appartements, 160 Hotelzimmer, 144 Armani-Residenzen,

9 Restaurants, 57 Aufzüge und 9 Fahrtreppen sauber zu halten. Nicht schlecht.

Josef Klühs Privatvermögen wird auf 300 Millionen geschätzt, das bringt ihm Platz 389 auf der Liste der reichsten Deutschen ein und bedeutet, dass seine Kinder so reich geboren wurden wie wenige in diesem Land. Auf einem Foto im Boulevardblatt *Express*, das Josef Klüh am Tage seiner vierten Hochzeit zeigt, sehe ich einen gedrungenen siebzigjährigen Mann mit breiten Schultern in einem lilafarbenen Anzug, mit weißem Hemd, weißer Krawatte und einer roten Rose im Knopfloch – an seinem Arm die gut halb so alte, braun gelockte Braut, die er kurz nach der Trennung von Ehefrau Nummer drei, dem Model Graziella Jane, in Cannes kennenlernte, wo Klühs Yacht ankert.

Als Roger Klüh, in dieser Hinsicht ganz der Papa, seine Freundin Coco Turkie erwählte, war sie einundzwanzig und er zweiundvierzig. Im Jahr darauf druckte der *Express* auch ein Foto dieses Paares. Es zeigt ihn im klassischen schwarzen Anzug, sie im hautengen Glitzerkleid. Der Anlass: Eine Jury hatte Coco Turkie zur »Miss Libanon Deutschland« gewählt – also zur schönsten Deutschen mit libanesischen Wurzeln. Laut *Express* kommentierte Roger Klüh den Sieg mit den Worten: »Ich hätte auch nichts anderes erwartet. Die sitzt ja nicht zufällig bei mir auf dem Schoß.«

Als Teenager war Roger Klüh einen Sommer mit Stéphanie von Monaco liiert. Er war ein sehr guter Eishockeyspieler, bestritt als Verteidiger etliche Erstligaspiele für die »Düsseldorfer Eislaufgemeinschaft«, den Verein, dessen Präsident sein Vater über fünfzehn Jahre war. Zu seinen Freunden zählen Ralf und Cora Schumacher. Wie sie liebt er schnelle Autos. In einem Mercedes-Blog finde ich ein Doppelporträt von Roger und seinem Auto mit dem eingängigen Nummernschild: D – RK – 1. Ich lese: »Das CLK DTM AMG Coupé ist ja schon an sich ein auffälliges Auto, das Cabrio eine weitere Steigerung. Aber die mattschwarze Version von Roger Klüh ist wohl so etwas wie der Höhepunkt dieser ultтраraren Mercedes-Modelle!« Und: »Die originalen Schalensitze ließ Roger minimal aufpolstern, da er viel Langstrecke fährt. Seine bevorzugte Strecke ist die Autobahn Düsseldorf – Saint Tropez, wo er in regelmäßigen Abständen seine zwei rennsportbegeisterten Söhne besucht.«

Später wird er sagen, er wisse, dass Reichtum in Deutschland Neid oder Missgunst auslöse, aber: »Ich fahre nicht den Bürgern zuliebe mit der Straßenbahn.«

Ein Kollege hatte mir erzählt, dass er eines Morgens Roger Klüh in der Werkstatt eines ukrainischen Autoveredlers getroffen habe. Klüh habe goldene Turnschuhe getragen und maßgeschneiderte Sitze geordert.

Ich bestelle das Tartar vom Thunfisch. Er die kalbsgefüllten Teigtaschen.

Er hat eine Zeitlang in diesem Luxushotel als Langzeitmieter gewohnt, frühstückte jeden Morgen im Restaurant, galt als »Inventar«.

Ich freue mich, als vor mir die Reihen des Bestecks gelichtet werden und ich sicher sein kann, nicht das Falsche zu greifen. Wir reden eineinhalb Stunden über die Frage, ob er bereit ist, mir ein zitierbares Interview zu geben. Dann schalte ich das Aufnahmegerät ein und merke: Er ist ebenso nervös wie ich.

Zu Beginn, einer Anmerkung in eigener Sache gleich, gibt er zu Protokoll: »Erst mal möchte ich sagen, dass ich damit groß geworden bin, dass mein Vater in seinem Leben etwas annähernd Einzigartiges geschaffen hat und ich auch selber den Anspruch habe, auch etwas Nachhaltiges, Besonderes erreichen zu wollen und nicht nur mein Erbe zu verwalten. Das ist mein Grundgedanke.« Er sagt, das sei wichtig, um alles Weitere verstehen zu können. Die Sache mit der Firma, über die er nicht so gerne spricht. Und vor allem die Sache mit dem Speedboat-Weltrekord, den er anvisiert, sein Traum, über den er gerne redet.

»Okay«, sage ich, »ist notiert.«

Und dann beginnt er zu erzählen. Oft aber sind seine Antworten kurz, oft bricht er Gedanken ab, rettet sich in Floskeln. Und man merkt, dass er, während er spricht, das Gesagte permanent kontrolliert und sich fragt: Welches Bild erzeugst du? Welche Einblicke willst du gewähren?

Roger Klüh ringt damit, seine Rolle zu finden, seinen Platz, etwas, das seine momentane Berufsbeschreibung »Sohn des Multidienstleisters« oder »Unternehmer-Filius« überragt, bestenfalls irgendwann ersetzt. Mein Tonband und ich sind Zeugen dieses Ringens.

Am Anfang, sagt er, schien alles klar zu sein: »Also sowohl mein Vater als auch ich wollten vom Ursprung immer, dass ich mal das Familienimperium übernehmen sollte. Das war immer meine Intention. Ich war immer ganz stolz, wenn ich mal in das Büro meines Vaters durfte, um guten Tag zu sagen. Und für meine Eltern war es normal, dass die Kinder an den Dingen, für die man gelebt hat, festhalten und diese fortführen. Ich glaube, das ist auch der einzige Sinn, um Kinder in die Welt zu setzen.«

Also, das Ziel war, in die Fußstapfen zu treten?, frage ich.

»Ja, genau, in die Fußstapfen des Patriarchen.«

Und die sind groß?, frage ich.

»Natürlich sind die groß«, sagt er.

Die Schule, sagt Klüh, habe er »mehr schlecht als recht« geschafft. Als Notmaßnahme schickten ihn seine Eltern ein Jahr lang aufs Nobelinternat »Am Rosenberg« in die Schweiz, das auch seine zwei Söhne besuchen. Es gelang: Klüh bestand das Abitur. Er studierte Wirtschaftswissenschaften. Er stieg in die Firma ein, es lief alles nach Plan. Mehr als ein Jahrzehnt arbeitete Klüh als Junior im Unternehmen. Er kümmerte sich um Marketing, um neue Märkte, um Kundenkontakte. Es war, sagt er, eine gute Zeit. Aber mehr und mehr hatte er den Eindruck, in der zweiten Reihe zu versauern. Vor sieben Jahren dann ließ es Roger Klüh auf eine Entscheidung ankommen. Er signalisierte dem Vater: Entweder du lässt mich ran oder ich gehe!

Aber sein Vater war noch nicht bereit, den Chefsessel zu räumen. »Verstehe ich auch«, sagt Klüh. Aber er wollte nicht länger warten. Und so verließ er tatsächlich vorläufig das Management des Familienunternehmens, in Frieden, wie er sagt. Er blieb im Beirat der Firmenstiftung. Laut Handelsregister ist er zweiter Geschäftsführer einer Klüh-Tochter, über die Beteiligungen abgewickelt werden. Er sagt: »Ich bin meinem Vater dankbar. Und ich wäre jeden Tag bereit, alles, was im Rahmen meiner Möglichkeiten steht, zurückzugeben, sollte es doch in Anspruch genommen werden.«

Nach dieser Entscheidung war Roger Klüh Anfang vierzig und Privatier. Und ihm war klar, dass er eine neue Aufgabe brauchte.

Wie füllt man da den Tag?

Er stehe früh auf, sagt er, auch wenn er keine Termine habe. »Ich führe ein klar strukturiertes, diszipliniertes Leben. Und ich habe nie, auch wenn ich das gekonnt hätte, die Mentalität besessen, mich irgendwo im warmen Süden hinzusetzen und mittags schon mit Weißwein anzufangen. Wenn ich solche Leute beobachte, ist das für mich grauenvoll.«

Was also tun?

Seinen neuen Lebensinhalt, sagt Klüh, habe er durch Zufall entdeckt. Anfang 2012 sei er mit seiner Freundin Coco Turkie nach Miami geflogen. Dort führte ihn ein »Höflichkeitsbesuch« auch zu einer Werft, die er schon lange kennt, weil sie schnelle Boote baut, die Klüh genauso liebt wie sein für den Straßenverkehr gezähmtes Rennauto. Und da, »missbraucht als Blumentopf«, sah er es: sein Boot, seine *Apache Star*. »Mich hat sofort wieder der Virus gepackt«, sagt Klüh. »Ich wusste, dass das mein großes Projekt werden könnte.« Das Boot, sagt Klüh, sei unter Rennbootfans in den USA eine Legende. »Es ist das erste Speedboat mit V-Rumpf, in dem man auch sitzend lange Strecken mit hoher Geschwindigkeit fahren kann. Es hat 1992 ungetestet in allen Kategorien den Weltmeistertitel geholt und 1993 wieder, da war ich live dabei, und es war Liebe auf den ersten Blick.«

Und dann, sagt Roger Klüh, stand er am Pier von Key West, dem sagenumwobenen ehemaligen Piratennest, der Stadt, die nur lose am nordamerikanischen Kontinent hängt und die mit ihren pastellfarbenen Villen, ihren offenen Veranden, ihren freilaufenden Hühnern nach Süden zu streben scheint, hinweg vom dichtbesiedelten Florida zum Nachbarn Kuba, der hier, wo sich der Golf von Mexiko verengt, nur 90 Meilen entfernt ist. Ernest Hemingway lebte in der Stadt und schickte in *Haben und Nichthaben* den Seemann Harry Morgan in seinem Schmugglerkahn auf immer riskantere Fahrten zwischen Kuba und Key West.

Es ist der Ort, an dem Klüh seinen Traum gebar: Hier fasste er den Plan, mit der *Apache Star* in Miami aus dem Hafen zu laufen, das Boot auf 210 Stundenkilometer zu beschleunigen und so in nur einer Stunde an Key West vorbei nach Havanna zu jagen. Das wäre ein Rekord, den es so noch nicht gibt, sagt Klüh, aber in seinen Augen wäre es viel mehr, nämlich ein Beitrag zur »Völkerverständigung zwischen den USA und Kuba«. – Think big! Das Projekt, das ihn aus dem Schatten seines Vaters führen sollte, war gefunden.

»Ich wusste, dass ich mir etwas vornehme, was nicht geht, aber ich bin immer so bescheiden in meinen Ansprüchen«, sagt Klüh. Er kaufte den Rumpf des Bootes und ließ es neu aufbauen »im Rahmen der besten heutigen Technologien und nach meinen speziellen, individuellen, persönlichen Vorstellungen, was den Bootsbauer massiv strapaziert hat«, sagt Klüh. »Ich bin Perfektionist. Und ich bin da nicht kompromissbereit, weil ich auch mir selbst aufwendige Hausaufgaben gebe – und die mit Leidenschaft erledige.« 7000 Arbeitsstunden stecken inzwischen in der *Apache Star*, das sind 175 Vollzeitwochen. Das wären – müsste einer allein das Werk vollbringen – über drei Jahre. Aber Klüh kaufte sich ein ganzes Team zusammen.

Der Rumpf wurde entkernt und mit einem freischwebenden Titanboden wieder aufgebaut. Darin schlummern nun zwei Rennmotoren mit jeweils 1350 PS. Die Scheiben des Bootes entwickelte eine Firma, die eigentlich die Cockpits von Kampfjets verglast. Klüh kaufte Formel-1-Sitze, ließ sie auf sein Körpermaß anpassen und mit silberfarbenen Bentley-Bezügen beledern. Eine französische Firma entwickelte für ihn einen Lack, der exakt dem Neonorange-Ton glich, der ihm mal an einem Oldtimer aufgefallen war. »Das Boot ist nun eine im Detail gefertigte Statue«, sagt Klüh, »perfekt in technologischer, ästhetischer und materieller Hinsicht.« Und: »Es ist ein Kampfjet im Mantel eines Feuerballs.«

Es ist, das will er mir klarmachen, ein Meisterwerk. Denn Roger Klüh versucht in unserem Gespräch permanent eine Botschaft auf Band zu bannen: Ich bin mehr als ein Sohn reicher Eltern. Ich habe aus eigener Kraft etwas erreicht. Dieses Thema variiert er in endloser Folge. Er sagt: »Ich weiß, dass es im Leben nur Sieger und Verlierer gibt. Die Entscheidung, auf welcher Seite man steht, liegt allein bei einem selbst.« Er sagt: »Ich bin ehrgeizig. Ich bin anspruchsvoll. Ich habe im Leben nicht nur Glück gehabt. So, wie ich heute bin, menschlich und optisch von Kopf bis Fuß voll funktionierend, das habe nur ich erreicht!« Er sagt: »Die Frage, ob ich das Geld und die Privilegien verdient habe, die gibt es für mich nicht. Ich meine: Was man daraus macht, ist wichtig, nicht, wie man auf die Welt kommt. Ich habe meine Situation heute selbst geschaffen. Und ich bin stolz auf meinen Weg.« Er sagt: »Ohne Flei…, kein Prei…: Bitte vervollständigen Sie das Quiz! Das habe ich selber mal gelernt. War nicht schwer.«

Als sein ältester Sohn mal einen Durchhänger hatte, setzte sich Papa Roger mit ihm hin und trichterte ihm ein: »Es gibt ein Äquivalenzprinzip: Lohn gleich Leistung«, »ganz plakativ«, sagt Klüh, »habe ich ihm das deutlich machen müssen.« Die beiden zogen sich also zu einem Männergespräch zurück. Wenige Meter entfernt saß ein Obdachloser. Und Roger Klüh lehrte seinen Junior: »Du hast zwei Möglichkeiten: Die eine ist, du machst deine Schule, dein Studium und dein Management, sammelst Erfahrungen auf höchster Ebene. Und die andere Alternative, die sitzt da an der Ecke. Das sind die beiden Möglichkeiten. In der Mitte gibt es für mich nichts. Und ich denke, du denkst nicht über beides nach.«

Roger Klühs Lebensplan sah von Anfang an vor, dass er eine Hauptrolle in der heimischen Firma übernehmen würde. Immer wenn er von Aufträgen erzählt, die er einst für das Unternehmen akquiriert hat, wenn er von Zukunftsmärkten berichtet, die er gern erschlossen hätte, wenn er von der Marke Klüh spricht, die er gern weiterentwickelt hätte, wird er lebendig. Man ahnt in diesen Momenten, dass der väterliche Konzern ihn vermutlich nie loslassen wird. Sein Leistungsnachweis, sein Beleg dafür, dass er sich selbst an seine Lebensweisheiten gehalten hat, ist im Moment – mangels Alternative – allein die neonorange *Apache Star* – das Superboot, mit dem er auf die Weltrekordfahrt gehen will, die Kuba und den USA nicht weniger als ein bisschen Frieden bringen soll.

Im Internet gibt es diesen Vier-Minuten-Trailer, den Klüh von einem preisgekrönten Werbefilmer drehen ließ. Im Hintergrund laufen die treibenden Klänge eines Stückes namens »Escape from the Temple«. Das imposante Boot gleitet an den Villen Floridas vorbei. *The boat that changed powerboat history in the United States*, schallt der Bass des Bootsentwicklers aus dem Off. – Dann liegt Roger Klüh im Arztzimmer. Ein Ultraschallgerät fährt seine Halsschlagader entlang. »Er ist ein treuer Patient und eine außergewöhnliche Person. Er hat das erreicht, wovon viele träumen«, sagt der Internist, der ihn untersucht. – »Er ist ein sehr ehrgeiziger Mensch. Er ist sensibel. Und das ist aber das, was ein Sportler braucht«, sagt der Physiotherapeut, der im Film Klühs Beine in Schlingen hängt. – »Zeugnis zur Teilnahme am Motorbootrennen«, sagt der Arzt und überreicht Klüh das Zertifikat mit dem medizinischen Okay.

Die Musik nimmt Fahrt auf. Klüh startet die Motoren, Wasserfontänen spritzen, die vier Auspuffe dampfen. Das Boot hebt ab, rast über das Meer. Dann der Umschnitt auf die Hubschrauberkamera: Der Zuschauer blickt auf das Blau des Atlantischen Ozeans – geteilt von einem neonorangenen Pfeil. Es ist großes Kino.

Ich schaue Roger Klüh an und überlege lange, wie ich die Frage formulieren soll. Dann sage ich: »Nun könnte man einwenden, Ihr Speedboat ist nur ein Spielzeug, ein Spielzeug für Leute, die sehr viel Geld haben.«

Er sagt: »Bei mir ist der Sachverhalt anders. Ich spiele mit meinem Spielzeug nicht. Insofern trifft das nicht zu.«

Ich frage: »Werfen Ihnen Leute, denen Sie von Ihrem Traum erzählen, vor: Na, Sie haben ja wohl sonst nichts zu tun?«

Er sagt: »Ich kann mir vorstellen, dass Leute sicherlich so denken. Aber das interessiert mich nicht.«

Im Februar hat er das Boot vor Miami Probe gefahren, hat es auf 200 Stundenkilometer getrieben. Nicht schlecht für die erste Testphase, sagt er. Während er seine Trainingsrunden drehte, verunglückte ein anderer Speedbootfahrer tödlich. Seitdem, sagt Klüh, habe Coco Turkie große Angst um ihn.

»Versteht sie Ihren Traum?«, frage ich.

»Sie kennt mich als Mensch, und sie weiß um meine mentalen Stärken und anspruchsvollen Zielsetzungen«, sagt er. »Sie versteht es also.«

Dennoch ist Coco Turkie ganz glücklich darüber, dass die *Apache Star* bis auf Weiteres abgedeckt in der Werft ruht. Zehn Monate lang hat ein Anwaltsteam an der Bitte um die Starterlaubnis für den Hafen Miami gefeilt. Klühs Mannschaft übersandte dem Weißen Haus, also dem Präsidenten der USA persönlich, eine 39-seitige Begründung und die begeisterte Zusage des Hemingway Yacht Clubs in Havanna.

Im Werbefilm begründet kein Geringerer als Coort von Mannstein, der Professor unter den Werbern, den vor allem seine vierzig Wahlkämpfe für die CDU Helmut Kohls berühmt machten und der mit der Firma Klüh eng verbunden ist, die historische Bedeutung der Bootsfahrt. »Der Rekord zwischen Key West und Havanna steht ja auch für eine völkerverbindende Brücke zwischen zwei Welten, die einerseits so nah und andererseits so schmerzlich weit entfernt sind«, sagt er mit staatstragendem Pathos.

Trotzdem erteilte die US-Regierung keine Genehmigung.

»Ich bin kein Plan-B-Typ«, sagt Roger Klüh. »Das Boot wird nach Kuba fahren. Und solange es nicht nach Kuba fährt, sieht es auch keiner. Meine Aufgabe ist jetzt die Steuerung der Netzwerke, die mich bei diesem Vorhaben unterstützen. Ich will mit diesen Netzwerken die amerikanische Regierung, also Washington erreichen, um das Vorhaben zu realisieren.«

An runden Geburtstagen ziehen viele Menschen Bilanz. Roger Klüh hofft, spätestens zu seinem fünfzigsten sein Speedboat in den Hafen Havannas gelenkt zu haben.

»Glauben Sie, Ihr Vater wäre dann stolz auf Sie?«, frage ich.

»Natürlich«, sagt er.

»Und wäre Ihnen das wichtig?«

»Natürlich«, sagt er.

Am Ende gehen wir gemeinsam die Treppe hinunter. In der Lobby dieses Hotels, das er sich auch als Dauerwohnsitz leisten kann, bleibt Roger Klüh noch mal stehen. Er sagt: »Ich verrate

Ihnen eines: Man kann mit sehr, sehr, sehr viel Geld unglücklich sein. Glück baut man nicht auf Geld. Glück hat, wer flexibel ist und frei. Und deshalb bin ich nicht unzufrieden. Ich habe ein erfülltes Leben, aber es könnte immer noch mehr geben.«

12. BORN RICH – BORN BORED

Ich war gerade dabei, den Küchentisch zu decken, als mein Handy klingelte. Es war der Abend vor dem zähen WM-Achtelfinale gegen Algerien. Ich ging ran. Er sagte: »Hier ist Andreas Mohn.« Ich schoss sofort aus dem Raum, eine ruhige Ecke suchend.

»Guten Abend«, sagte ich, überrascht, nervös. Vier Monate war es her, dass mir Andreas Mohn, der Sohn von Bertelsmann-Patriarchin Liz, geschrieben hatte, er wolle über seine Rolle als Erbe reden. Unbedingt. Es folgte eine Zeit, in der ich vergeblich versuchte, tatsächlich einen Termin zu vereinbaren – anrief, mailte, wieder anrief. Er reagierte nie. Am Ende war mir die eigene Penetranz peinlich. Dennoch wollte ich nichts unversucht lassen. Andreas Mohns erste Zusage war ein Silberstreif im dunklen Tal der ständigen Absagen gewesen. Irgendwann winkte Mohn ab. Um sich nun wieder zurückzumelden?

Er sagte: »Wir können reden.« Er fragte: »Sind Sie gerade in der Gegend?« Und sagte: Er sei zurzeit an der Côte d'Azur.

Ich dachte: Ach, nein, diesen Sommer ausnahmsweise nicht. Und sagte: Ich könne zu einem Interview anreisen, wo immer er sich treffen möge.

Er sagte: Okay.

Er schwieg wieder für ein paar Wochen und ließ mich dann über seine Assistentin wissen: Er habe sich entschieden. Ich solle am Sonntag, den 9. August um 17 Uhr in einem Bielefelder Hotel sein. Er bat um meine Adresse, um mir Broschüren seiner Stiftung zuzusenden.

Ich las die Autobiographie seiner Mutter Liz – Lebensmotto: »Probier's mal. Du schaffst es!« Sie erzählt, wie sie den Konzern nach dem Tod von Reinhard Mohn übernommen hat, wie sie nun das Machtzentrum leitet, die Bertelsmann Verwaltungsgesellschaft, die alle Stimmrechte kontrolliert. »Dem Lenkungsausschuss gehören unter meiner Führung meine Kinder Brigitte und Christoph an, die mich großartig unterstützen.« Und später, als sie schreibt, dass die Familie auch den Aufsichtsrat kontrolliere: »Ich bin sehr froh, dass mir auch in diesem Gremium meine Kinder Brigitte und Christoph zur Seite stehen und Verantwortung für die Bertelsmann AG tragen.« Ihren Jüngsten, Andreas, erwähnt sie in den Buchteilen, die um die Firma kreisen, mit keinem Wort. Auch auf den zahlreichen Farbfotos im Buch ist er nicht zu sehen.

Ich wählte eine Zugverbindung mit ausreichend Puffer, um ja nicht zu spät zu kommen. Ich feilte an den Fragen. Dann schickte er eine SMS: Seine Frau fühle sich nicht wohl. Er wolle den Termin verschieben. Er schrieb: »Lassen Sie uns am Mittwoch telefonieren. Dann machen wir ein neues Treffen aus.« Am Montag schickte er eine Mail: Er wolle nun doch gar nicht reden. Ich gab auf.

Ich glaube, es ist an der Zeit, Jamie Johnson, dem schmalen blassen Jungen, dem Kerl, der stets mit leiser, leicht schleppender Stimme spricht, voller Hochachtung auf die Schulter zu klopfen. Drei Mal habe ich Johnsons Dokumentarfilm *Born Rich* inzwischen gesehen. Das Werk ist nicht viel mehr als eine Montage langer Interviews. Und trotzdem ist es meines Wissens einmalig, ein Goldsplitter in meinem Mosaik. Dabei hat Johnson nicht viel mehr gemacht, als vor der Kamera mit zehn seiner Freunde über das Leben zu plaudern.

In seiner Clique geht es zum Zeitpunkt der Interviews den meisten so wie Jamie: Sie sind alle gerade erwachsen, so um die zwanzig, die meisten haben mit mehr oder weniger großem Erfolg das College geschafft. Sie stecken in der Lebensphase, in der andere nach einem Job Ausschau halten, der es ihnen möglich macht, die Miete zu zahlen, das Essen, vielleicht ein Auto. Klingt wenig aufregend. Jamies Kumpel aber sind allesamt Erben von Großvermögen und so reich, dass sie nie werden arbeiten müssen.

Zu Beginn des Films sieht man Jamie, der sich weiße Handschuhe anzieht, einen Zylinder aufsetzt, um dann in die Kamera zu sprechen: *At midnight I'm going to inherit more money than people can earn or spend in a lifetime.* Ein Satz, den man ruhig zweisprachig auf sich wirken lassen kann: »Um Mitternacht werde ich mehr Geld erben, als die meisten Menschen in ihrem Leben verdienen oder ausgeben können.« Jamie feiert an diesem Abend seinen fünfundzwanzigsten Geburtstag. Es ist der Tag, an dem er seinen Erbteil aus dem gigantischen Vermögen seiner Familie erhalten wird, der Dynastie, die hinter dem Pharmariesen Johnson & Johnson steckt. »Seit ich denken kann, freue ich mich auf diesen Abend«, sagt Jamie. »Aber jetzt, wo der Zeitpunkt gekommen ist, weiß ich gar nicht so recht, was ich davon halten soll.« Er lebe, sagt Johnson, nun mal in einem Land, von dem jeder glaube, es sei eine Leistungsgesellschaft. »Aber was«, fragt er sich, nachdem er die Manschettenknöpfe gerichtet hat, »habe ich getan, um das Geld zu verdienen, das ich um Mitternacht besitzen werde? Mein Beitrag war, es einfach zu erben.«

Und da steht er nun, der Jamie, jung, steinreich und ratlos ob der Frage: Was mache ich mit dem Geld? Was macht das Geld mit mir? Wird es mich glücklich machen? Und was stelle ich an, mit diesem Leben? Denn arbeiten muss ich nicht. Nur, wenn ich will.

Ich glaube, ich weiß, was nun passiert. Ich habe es an etlichen Freunden erprobt. Sie denken: Na, Bürschchen, du hast Probleme! Oder, weniger freundlich: Du reiche Göre, jetzt jammere nicht noch rum! Es ist der Reflex, der auch mich im Gespräch mit Beate packte, der Wissenschaftlerin, die mit ihrem Erbe einfach keinen Frieden machen kann. Es ist der: Na-deine-Sorgen-möchteich-haben!-Reflex. Es ist ein dämlicher Reflex, einer, der meines Erachtens mit dazu beiträgt, die, die reich sind, in ihre abgeschotteten Netzwerke zu treiben, in ihre Zirkel, in denen sie unter sich sind, in ihre geschlossenen Clubs. Es wäre klug, ihn zu beherrschen.

Dass in Deutschland so viel Geld vererbt wird wie noch nie, heißt schließlich auch: Selbst wenn man die Erben kaum sieht, wenn man wenig von ihnen hört, sind sie da – Kinder, die ähnlich aufwachsen wie Johnson und seine Freunde, Kinder, die in Familien leben, in denen der Wohlstand über Jahrzehnte angeschwollen ist, in denen mehr als genug da ist, mehr als die Erben selbst werden erarbeiten können. Es wäre also nicht unwichtig zu wissen, welche Folgen so früher Reichtum hat. Wie gehen diese Kinder damit um? Werden sie Snobs? Verschwender? Oder treibt sie der Reichtum der Eltern zu eigener Leistung an? Wie ist es, von ganz oben ins Leben zu starten? Spornt die Pole-Position an? Oder lähmt die Angst, tief fallen zu können? Verliert man in diesen Höhen nicht den Kontakt zu allen anderen?

Jamie Johnsons Vater hat nach der Ausstrahlung des Films über Monate nicht mehr mit seinem Sohn geredet. Zwei Freunde haben versucht, ihn zu verklagen. Viele andere haben den Kontakt zu ihm abgebrochen. Auch in den USA gilt es als vulgär, über Geld zu sprechen, schreibt Jennifer Senior, Autorin des Essays *Rich Kid Syndrome* im *New York Magazine*. Jemanden zu finden, der über ererbtes Geld redet, sei unmöglich, fügt sie hinzu. Selbst Sigmund Freud, der Tabuverächter, schien damit Probleme gehabt zu haben. Er soll, so schreibt der spätere Managementpapst Peter Drucker, der die Familie gut kannte, das Einkommen seiner Eltern stets kleingeschwindelt haben. Jamies Freunde aber reden. Und wie.

Da ist S. I. Newhouse IV., aknegeplagter Erbe des Medienkonzerns Condé Nast. Er erzählt: »Der Moment, in dem mir klarwurde, dass ich wohlhabend bin, das war in einer von Quäkern geführten Schule.« Bei einer Versammlung habe ein Mädchen gerufen: »Die Familie dieses Jungen besitzt ziemlich viel Zeug und Zeitungen, und die sind echt gemein.« Sie behauptete, er sei ein Angeber, hielte sich für den Größten. Und die Mitschüler verprügelten ihn. Da habe er die Millionen zum ersten Mal realisiert, sagt Newhouse. »Ich habe auch gemerkt, dass ich meinen Vater nicht so gerne habe, weil ich total durch den Wind war, als ich nach Hause kam, und er hat es nicht einmal bemerkt.«

Luke Weil, der Sohn eines Mannes, der mit Spielautomaten Millionen machte, ein blondgelockter Hallodri, sagt: »Ich weiß noch, dass man mich vor Feiertagen von der Schule mit einer Limousine abholte und dass mir das viel ausgemacht hat.« Er sei wütend auf den Vater gewesen, der immer wieder den Fahrer vor die Schule schickte. »Ich weiß noch, dass ich sagte: Ich bin nicht reich, ich habe gar kein Geld.«

Und Josiah Hornblower, stets traurig dreinschauender Erbe der beiden amerikanischen Großdynastien Vanderbilt und Whitney, berichtet mit brüchiger Stimme: »Als wir klein waren, sagte mein Vater uns immer, wir seien arm. Wir haben nie viele Geschenke bekommen. Und ich wusste nichts von den Vanderbilts oder Whitneys.« Dann aber passte eines Tages der Onkel auf den kleinen Josiah auf. »Er brachte mich zur Grand Central Station und sagte: ›Das gehört dir.‹ Er führte mich durch ganz New York und sagte Dinge wie: ›Ja, das gehört uns.‹ Es war das Dümmste, was man mit einem Kind machen konnte.«

In Johnsons Film erzählen seine Freunde viele absurde, dumme und amüsante Dinge aus ihrem Leben als reiche Nachkommen: von Partys auf den Hamptons, bei denen der Mindestverzehr pro Tisch bei 800 Dollar liegt; von Dates, die einen »ähnlichen sozialen Background haben müssen«; von der Pflicht zum Ehevertrag, die ihnen schon als Kind eingebläut wurde; von der Sucht nach Gucci-Täschchen. Aber am Ende führt all das Geplapper und Geprotze zu der Frage, die auch Roger Klüh umtrieb: Was mache ich mit meinem Leben, einem Leben, in dem mich niemand dazu zwingt, Geld zu verdienen? Wie motiviere ich mich, etwas zu schaffen, etwas aufzubauen? Und muss ich das überhaupt?

In einer Szene tritt Jamie Johnson, die Kamera in der Hand, zu seinem Vater, einem introvertierten Privatier, der vor seiner Staffelei steht, die Palette mit den Ölfarben in der Hand, und fragt: »Was soll nur werden aus mir?« Und der Vater antwortet: »Du könntest weiter studieren. Du könntest aber auch eine Sammlung anlegen, vielleicht eine Sammlung mit geschichtlich bedeutsamen Dokumenten?« Jamie fragt: »Als Laufbahn? Als Karriere?« »Ja«, sagt sein Vater. »Okay«, sagt Jamie, wenig überzeugt. Und er hatte gelernt, dass das »Nur das machen dürfen, was man will« nicht unbedingt ein Segen ist.

Luke Weil, der sein Internat St. Paul's »eine Bastion des Snobismus aus Tradition« nennt und der Mitschülern, die ihn nervten, schon damals gern ein »Fick dich, ich kann deine Familie kaufen« entgegengerufen haben will, erzählt, dass er in seinem ersten Jahr an der Brown University ganze acht Mal im Hörsaal auftauchte, »also Tests und Prüfungen mit eingerechnet, stand ich weniger als acht Mal auf und ging zu irgendeiner Veranstaltung, die etwas mit der Uni zu tun hatte«. Die Brown University ist alt und angesehen, Teil der Ivy League. Eine Uni wie diese hätte einen faulen Studenten mit weniger reichen Eltern wohl längst entlassen. Das ahnt auch Luke Weil, und er spottet: »Ich bekam dann diesen ausweichenden Brief vom Dekan, wo drinstand: Obwohl Sie formal unter der für das Fortsetzen des Studiums an der Brown University nötigen Punktzahl liegen, denken wir, dass Sie mit kontinuierlichem Lernfortschritt ...« »Bla, bla«, lacht Luke Weil, »und ich dachte mir nur: Herrgott, ihr dürft mich nicht rauswerfen, oder?«

Und Luke hatte gelernt, dass er sich viel mehr erlauben kann als alle anderen.

Auch Josiah Hornblower war Schüler in St. Paul's, auch er experimentierte dort mit Drogen und Alkohol. »Meine Eltern kamen mich damals am Elternwochenende im Herbst besuchen«, sagt er, es sei zufällig sein achtzehnter Geburtstag gewesen. Und sein Vater habe ihm einen Stapel aus Unterlagen vor die Nase gelegt, alles Dinge, die er nun unterschreiben musste. »Die Erkenntnis, dass ich Millionär war, das ist schwer zu akzeptieren«, sagt er, »wenn du noch so jung bist und noch nicht wirklich was gemacht hast.«

Josiah wurde depressiv, wusste nicht, wie es weitergehen soll. Er unterbrach seine Ausbildung für zwei Jahre. »Ich will es mal so ausdrücken«, beschreibt er seine Situation im Film, »ich bin Multimillionär, ich habe mindestens ein Jahreseinkommen im sechsstelligen Bereich, und dann verdiene ich in meinem aktuellen Job etwa 50 000 Dollar im Jahr.«

Und Josiah hatte gelernt, dass seine eigene Leistung im Angesicht des Vanderbilt-Whitney-Vermögens völlig irrelevant ist.

Stephanie Ercklentz, die goldblonde Tochter eines Staranwalts, die im Film viel von ihren Shopping-Attacken und den netten Lunch-Terminen mit ihrer Mama erzählt, hat die Sache mit dem Job ernsthaft versucht. Nach der Highschool begann sie ein Medizinstudium am Wellesley College, einer traditionsreichen Mädchen-Uni. »Ich war überzeugt, dass ich hart arbeiten wollte und dafür schlecht bezahlt würde, weil ich Ärztin werden wollte«, sagt Stephanie. Aber dann »fiel mir auf, dass meine Kreditkartenrechnungen sich stapelten, während ich studierte«. Und da klar war, dass sie für ihr Leben immer viel Geld würde ausgeben wollen, beschloss sie: »Okay, das kann für mich nicht das Richtige sein. Warum versuch ich es nicht mal mit Investment Banking?«

Aber auch der zweite Versuch scheiterte: »Am ersten Tag kam ich um sieben Uhr morgens an, und sie wollten uns nicht vor zehn Uhr abends gehen lassen«, sagt Stephanie und lacht. »Da dachte ich: Willkommen bei Merrill Lynch, willkommen beim Abrackern.« Sie hielt eine Weile durch, aber immer häufiger hockte sie im Büro und zweifelte, ob sie sich wirklich durch die langen Tage zwingen sollte. »Ich sah meine Kollegen, die da einfach ewig saßen, und dachte: Meine Freunde sind jetzt im ›Cipriani‹ downtown! Es ist zehn Uhr abends! Die trinken Bellinis! Und ich sitze hier und grüble über Zahlen, die sich sowieso niemand ansehen wird.«

Stephanie schmiss auch diesen Job. Und hatte gelernt, dass es hart ist, sich zu disziplinieren, wenn man den Druck des Geld-verdienen-Müssens nicht spürt. »Mir fehlte der Drive«, sagt sie. Schließlich aber fand sie eine Stelle, die zu ihr passte: Sie wurde Public-Relations-Frau bei einem Luxuslabel, bevor sie die mühsame Angelegenheit mit dem Arbeiten nach ihrer Hochzeit mit einem jungen Wall-Street-Star dann ganz sein ließ.

Cody Franchetti, Part-Time-Model und Vollzeiterbe, erklärt im Film: Wenn man ihn frage, wovon er lebt, antworte er: »Ich bin reich« oder »Ich werde ausgehalten«. Sich deswegen schuldig zu fühlen sei idiotisch. »Ich fand schon immer, dass uns das Konzept der Schuld von einer schrecklichen Kultur beigebracht wurde«, sagt er, »einer christlich-puritanischen Kultur, in der man für irgendeine Erbsünde büßen muss, und ich finde Schuld einfach absolut unsinnig.«

Ich höre fasziniert zu, einmal, zweimal, dreimal, schaue wieder und wieder den Schluss. Josiah Hornblower, der Junge mit der traurigen Stimme, sagt: »Ich glaube, es gibt viele Kinder, die mit Geld oder Wohlstand aufwachsen. Und diese Art von Lebensstil hält sie davon ab, ihre Leidenschaften zu entdecken – und was ihnen wirklich Spaß macht im Leben.«

S. I. Newhouse IV., der seinen Vater nicht so mag, erzählt: »Ich bin total paranoid, dass plötzlich der nächste Anruf oder das nächste Fax von meinem Großvater lautet: ›Ich bin wirklich enttäuscht von dir, weil du neulich die falschen Schuhe trugst. Ab jetzt bist du auf dich selbst gestellt. Viel Spaß.‹ Klar! Das macht mir eine Riesenangst.«

Und Luke Weil, der behauptet, sich alles und jeden kaufen zu können, denkt lange nach, als er gefragt wird, wie er sich denn ein Leben ohne das Geld seines Vaters vorstelle. Dann stottert er unbeholfen: »Ich weiß es nicht. Es ist ein bisschen wie …, na ja, ich will es nicht damit vergleichen, aber es ist so ähnlich wie der Gedanke, einen Elternteil oder Bruder oder Schwester zu verlieren.«

Am Ende unterstreiche ich eine Frage, die ich beim Schauen des Films auf meinem Block notiert habe, eine Frage, die sich in meinem Mosaik immer und immer wieder findet: Macht das Erben die Erben überhaupt glücklich?

Ellen Gallo und John Gallo, die Autoren aus Los Angeles, die in ihrem Erziehungsratgeber für reiche Eltern rieten, bei einer Keks-Party die ungleiche Vermögensverteilung in den USA zu erläutern, berichten, dass viele Superreiche zu ihnen kämen und alle über ein und dieselbe Frage reden wollten: *How much money does it take to ruin a child?*

Es kommt darauf an, antworten die Gallos dann den besorgten Eltern – und drucken eine durch und durch pragmatische Pro- und Contra-Liste zum Thema »Aufwachsen in extremem Wohlstand«. Positiv, so notieren sie, sei: eine große finanzielle Sicherheit; die Freiheit, Dinge zu entdecken; die Erkenntnis, dass harte Arbeit Vorteile bringt; Freundschaften mit anderen klugen, wohlhabenden Kindern; größere Auswahl an interessanteren Hobbys;

die Gelegenheit, Wohltäter zu werden. Negativ: eine mangelnde Motivation zu arbeiten und selbst Dinge zu erreichen; Faulheit; Überreiztheit; Anspruchsdenken; Snobismus; extremer Materialismus; Maßlosigkeit. »Unsere Erfahrung ist es«, so ihr schlichtes Fazit, »dass Langeweile plus Geld zu Verhaltensweisen führen können, die Kinder unglücklich machen.«

For wealthy families, the stakes are high, schreiben auch die Autoren des zweiten Erziehungsratgebers für superreiche Eltern, den ich in den USA bestellt habe: *Kids, Wealth and Consequences*. Also: Für reiche Familien steht viel auf dem Spiel. Und zwar nicht nur das Geld, das die Erben verschwenden könnten, sondern, so warnen die Autoren, gar die Gesundheit der Kinder: »Reichtum kann Störungen verursachen«, schreiben sie. »Geld kann Menschen lähmen und sie jedes Ehrgeizes und Lebenssinns berauben. Einige Kinder könnten sich schuldig fühlen, weil sie ihren Reichtum nicht verdient haben, andere könnten in einem giftigen Gebräu aus gewaltigen Ansprüchen und betäubender Langeweile versinken.«

»Kämpfen Sie dagegen an!«, schreiben die Autoren und erläutern in neun Kapiteln, wie das gelingen soll: »Zwingen Sie Ihre Kinder zu einem Ferienjob!«, heißt es da oder »Überweisen Sie ihnen zum einundzwanzigsten Geburtstag nicht so viel Geld, dass den Kindern das Einstiegsgehalt in ihrem ersten Job lächerlich vorkommen wird!« oder »Bringen Sie ihnen bei, dass man ein Geschäft verlassen kann, ohne etwas zu kaufen! Zeigen Sie ihnen, dass man auch die 16-Dollar-Jeans von GAP kaufen kann und nicht nur die 500-Dollar-Paare, die bislang im Kleiderschrank hängen! Sorgen Sie dafür, dass Ihre Kinder das Leben in der Luxusblase ab und an verlassen!«

Man glaubt es kaum, aber auch ihr Buch hat sich in den USA ordentlich verkauft. Auch die Nachfrage nach Seminaren und Workshops, die immer mehr Coaches, Vermögensmanager und

Privatbanken anbieten, um den Nachwuchs der Superreichen auf die Erbschaft vorzubereiten, ist gut. Und ich frage mich: Sind die Probleme in den USA größer? Oder sind die Reichen dort einfach eher bereit, über die unerwünschten Folgen einer großen Erbschaft nachzudenken? Unter liberalen Intellektuellen gilt der reiche Erbe schließlich seit jeher als abschreckende Figur. John Stuart Mill, einer der einflussreichsten Philosophen und Ökonomen des 19. Jahrhunderts, prophezeite: Der Erbe, der von frühester Kindheit an wisse, dass er einmal genug bekommen würde, um davon zu leben, drohe »ein Müßiggänger, Verschwender und Taugenichts zu werden«, er werde vermutlich »träge« und »liderlich«.

Andrew Carnegie, der Stahl-Baron des späten 19. Jahrhunderts, der Mann, der hinter John D. Rockefeller und Cornelius Vanderbilt der drittreichste US-Bürger war und ein Vermögen anhäufte, das heute dem sagenhaften Wert von 75 Milliarden Euro entspräche, widmete diesem Gedanken 1889 sein Manifest *Evangelium des Reichtums*. Darin plädierte er dafür, den Großteil des Vermögens zu Lebzeiten zu stiften und zu spenden. Wer sich von seinem Besitz trenne, so argumentierte Carnegie, könne quasi zwei moralische Fliegen mit einer Klappe schlagen: Denn der Reiche diene damit nicht nur der Allgemeinheit, sondern am Ende auch den eigenen Kindern. »Die Eltern, die ihrem Sohn enorme Reichtümer hinterlassen«, schrieb er, »töten seine Talente und seine Energie und verführen ihn dazu, ein weniger nützliches und weniger wertvolles Leben zu führen, als er es sonst tun könnte.« »Wer reich stirbt, stirbt in Schande«, tobte Carnegie.

Er hätte an der deutschen Wohlstandsgeneration, die ihr Vermögen Schätzungen zufolge zu mehr als 80 Prozent innerhalb der Kernfamilie vermacht und aus der sich nur ein Bruchteil der Menschen vorstellen kann, das Erbe ganz oder teilweise einer Spendenorgansiation zu übertragen, keine Freude. Ein paar seiner Landsleute aber scheinen Carnegies Lektion gelernt zu haben –

vielleicht haben sie auch einfach, wie ich, Jamie Johnsons Film in Dauerschleife geschaut. 2010 haben jedenfalls drei der reichsten US-Amerikaner, der Investor Warren Buffet und Melinda und Bill Gates, einen Millionärsclub gegründet, ganz im Geiste Carnegies. Wer Mitglied im Verein »The Giving Pledge« werden will, muss schwören, mindestens die Hälfte des eigenen Reichtums abzugeben. 115 Superreiche haben sich inzwischen angeschlossen. In teilweise pathetischen Briefen begründen sie ihre Entscheidung. Ein Motiv, das in deutschen Ohren gewöhnungsbedürftig klingt, taucht immer wieder auf: Man will den eigenen Nachwuchs vor den Folgen ererbter Reichtümer bewahren.

»Hier ist mein Schwur«, schreibt Warren Buffet. »Mehr als 99 Prozent meines Vermögens werde ich zu Lebzeiten oder zu meinem Tod spenden.« Seine Kinder seien ohnehin schon Gewinner in einem Spiel, das er *ovarian lottery* nennt, »Eierstockroulette«, könnte man die Formulierung übersetzen, die in die deutsche Debatte allerdings als Sperma-Lotto Einzug hielt. Sein Geld, schreibt Buffet, ermögliche seinen Kindern ein komfortables Leben. Könnten sie mehr als ein Prozent seines Reichtums nutzen, würden sie nicht glücklicher werden.

»Wir könnten das Geld unseren Kindern geben«, notieren auch Mary und Mark Stevens, deren Vermögen aus Investitionen in Firmen wie Google, YouTube und Yahoo! stammt, »aber das würde ihre Motivation und ihre Lebensträume hemmen.« Und John Caudwell, der knapp zwei Milliarden mit dem Verkauf von Handys gemacht hat, schreibt: »Ich glaube nicht, dass es gesund und wünschenswert für Kinder ist, solche gewaltigen Summen zu bekommen, und meine Philosophie ist es, meine Kinder zu ermutigen, ihre eigenen Erfolge zu erkämpfen, ihr eigenes Glück aufzubauen, auch wenn das bedeutet, dass sie weit weniger Reichtum generieren werden als ich.« Als Facebook-Gründer Marc Zuckerberg im Dezember vergangenen Jahres Vater wurde, schrieb er einen Brief an seine Tochter Max und versprach, 99 Prozent seiner Facebook-Aktien im Laufe seines Lebens zu spenden, aktuell 45 Milliarden Dollar. Er und seine Frau seien von Liebe zu ihrer Tochter erfüllt, schrieb er, aber eben auch von »moralischer Verantwortung zu allen Kindern der nächsten Generation.« Mit Hasso Plattner ist bislang nur ein Deutscher dem Spendenverein »The Giving Pledge« beigetreten.

Ist die Angst, dass das geschenkte Geld den Nachwuchs verderben könnte, diese Sorge, die so fest in der US-amerikanischen Kultur verankert ist, berechtigt? Schaden die Deutschen ihren Kindern, wenn sie sie zu Erben machen?

Jens Beckert, der Leiter des Max-Planck-Instituts für Gesellschaftsforschung, bedauert in seinem Buch *Erben in der Leistungsgesellschaft*, dass man sich bei der Suche nach Antworten allein auf Anekdoten stützen könne. »Viel zu wenig wissen wir noch über die Auswirkungen von Erbschaften und Erberwartungen auf die Dynamik von Familienbeziehungen und die Lebensführung von Erben und Erblassern«, schreibt er. »Was geschieht etwa mit Erben, die große Vermögen erben? Führen solche Erbschaften zu Dysfunktionalitäten ähnlich denen, die sich bei langfristiger Abhängigkeit von sozialstaatlichen Transfers beobachten lassen?« Macht also früher Reichtum, das Wissen, nicht arbeiten zu müssen, tatsächlich träge, wie John Stuart Mill zu wissen meinte?

Enormer Wohlstand führt immer zu einem Paradox, schreibt Jennifer Senior, Autorin des Essays *Rich Kid Syndrome* im *New York Magazine*: Harte Arbeit mag viel Geld einbringen, aber mit dem vielen erwirtschafteten Geld aufzuwachsen kann Kinder von ebendieser harten Arbeit entwöhnen. Allerdings stützt die Autorin die Diagnose ihres Reiche-Kinder-Syndroms auf eine einzige Untersuchung: Suniya Luthar ist Psychologin am Columbia Teachers College. Sie hat 314 Zehntklässler in einer reichen Vorstadtsiedlung untersucht und gemessen, dass in dieser Gruppe klinische Angstzustände, Depressionen und Drogenmissbrauch häufiger auftraten als im nationalen Durchschnitt. Luthars Studie wird zwar häufig zitiert, ist aber letzten Endes nur eine kleine Erhebung.

Ebenso verhält es sich mit dem Sudden-Wealth-Syndrom, das ein amerikanischer Psychologe entdeckt haben will und von dem, wie er schreibt, in letzter Zeit mehr und mehr Erben betroffen seien, die der plötzliche Reichtum krankhaft stressen würde. Sie seien, so beschreibt er die Symptome, häufig ängstlich, paranoid und deprimiert.

Kann das sein? Gibt es das Rich-Kid-Syndrom oder das Sudden-Wealth-Syndrom tatsächlich? Oder anders gefragt: Kann das Erbe die Erben im Extremfall wirklich krank machen?

Die Soziologie liefert keine Antworten. Die Psychologie ebenso wenig. Wie so oft, wenn es um Leben und Wirken der Reichen geht, muss man auch in dieser Frage das unbefriedigende Fazit ziehen: Gut erforscht sieht anders aus. Und so nennt mancher für die Entscheidung, die eigenen Kinder zu enterben, überraschende Kronzeugen.

13. DU KRIEGST NICHTS! IN LIEBE, DEIN PAPA!

Ich brauche Wochen, um mich durch das in schwarzes Leinen gebundene, fast vierhundert eng bedruckte Seiten starke Buch aus
dem Jahr 1976 zu lesen. Die minutiöse Schilderung des Lebens
und Wirkens der ersten vier Generationen einer der bekanntesten und mächtigsten Dynastien der Vereinigten Staaten ist zäh.
Aber wer verstehen wolle, welch Gift eine hohe Erbschaft sein
könnte, der müsse dieses Werk lesen – darauf bestand Götz Werner, als ich ihn in einem Industriegebiet am Rande von Karlsruhe traf, dem Sitz der Drogeriekette dm.

Werner hatte sein Büro im dm-Hochhaus offiziell am 16. Mai
2008 geräumt und damit das Geschäft an seinen Nachfolger Erich
Harsch übergeben. Dennoch hielt er in den Räumen immer wieder Hof. Vor mir war bereits eine andere Journalistin da gewesen.
»Herr Werner ist sehr beschäftigt«, hatte mir sein Assistent auf der
Fahrt vom Bahnhof erzählt. Kein Wunder, bei der Bilanz: 1973
eröffnete Götz Werner das erste Geschäft in Karlsruhe. Heute hat
dm 2900 Filialen in zwölf Ländern. Fast 50 000 Beschäftigte erarbeiten einen Umsatz von über sieben Milliarden Euro. Götz Werners Privatvermögen wird auf 1,1 Milliarden Euro geschätzt und
besteht überwiegend aus Betriebsanteilen. Das *Manager Magazin*
führt ihn in der Liste der reichsten Deutschen auf Platz 107.

Götz Werner ist Vater von sieben Kindern aus zwei Ehen. Würde man den Unternehmenswert im Erbfall unter ihnen aufteilen,
bekäme jedes knapp 160 Millionen Euro. Aber das ist nicht mehr
als ein bloßes Rechenspiel. Cornelia, Christoph, Bettina, Micha-

ela, Johanna, Sonja und Matthias werden kein Leben als superreiche Erben führen können. Vor vier Jahren brachte ihr Vater seine Anteile an dm in eine gemeinnützige Stiftung ein.

»Warum?«, frage ich ihn in seinem Büro – vor uns zwei Gläser mit seinem Lieblingsgetränk: Rote-Beete-Saft.

»Ich habe vor dreißig Jahren die Geschichte der Rockefellers gelesen«, sagt er. »Mir ist klargeworden, dass eine Erbschaft für eine Familie auch eine Tragik sein kann, wenn sie das Leben der Erben determiniert und sie nicht mehr ihr eigenes Leben leben.«

Und tatsächlich: Die Lebenserzählung einer der potentesten amerikanischen Dynastien kann als klassische Tragödie gelesen werden. Lassen wir doch die Rockefellers für ein paar Seiten die Bühne betreten, es lohnt sich.

Da ist also diese Familie, die sich immer für auserwählt hielt, deren Selbstverständnis aus der Charta der 1913 gegründeten ersten Rockefeller-Stiftung spricht, in der es heißt: Zweck der Stiftung sei »die Förderung des Wohls der Menschheit in der ganzen Welt«. Die Familie, die in ihren Glanzzeiten Anfang der 1950er Jahre ein Privatbüro mit hundert Angestellten unterhielt, die den Rockefellers in den Bereichen »Steuern, Konten, Öffentlichkeitsarbeit und Philanthropie« zuarbeiteten. Die Familie, die mit Pocantico Hills eine eigene Siedlung besitzt, geformt aus imposanten Landgütern in einem gewaltigen Park. Die Familie, über die noch der Urenkel sagt: Die meisten Rockefellers meiner Generation glauben an einen Mythos: Für sie sind wir das Königshaus von Amerika und über jedermann erhaben. Die Familie also, die so viel wirtschaftliche und politische Macht zusammenraffte wie kaum eine andere in der Geschichte der Vereinigten Staaten vor und nach ihr, die Familie, die nach unseren Maßstäben alles hatte, wonach so viele streben und demnach glücklich sein müsste.

Aber von Beginn an erlebte die Dynastie, dass ausgerechnet dieses Lebensglück so vielen aus ihren Reihen nicht beschieden schien, dass so viele aus ihrem Stamm an dem großen Namen zerbrachen, an den phantastischen Geldbergen zerschellten – bis sich die letzte Generation schließlich dem Leben als Rockefeller verweigerte und sich auf eine oft ziellose Suche nach etwas Eigenem machte.

John Davison Rockefeller, der Urahn, kam von unten. Er, Sohn eines Quacksalbers, der über Land zog und vermeintliche Wundermittel anpries, war stets streng zu sich selbst und hart mit anderen. Ein puritanischer Baptist, der schon als Kind seine Einnahmen und Ausgaben akribisch notierte, der sich ohne Skrupel hocharbeitete – und den das Ölkartell seiner Standard Oil zu einem der reichsten Männer der Geschichte machte. 1913 besaß er 900 Millionen Dollar, heute, schätzt der Wirtschaftsdienst Forbes, entspräche das einem Vermögen von rund 300 Milliarden. Not bad, Mr Rockefeller!

Aber schon seine Kinder infizierten sich mit den zwei Rockefeller-Viren, die offenbar vor allem ob des unfassbaren Vermögens gedeihen konnten, die Viren, die wohl auch Götz Werner fürchtet. John D's Tochter Edith war die Erste, der das viele Geld einfach nicht gut bekam. Nach ihrer Hochzeit mit einem anderen vermögenden Erben zog sie nach Chicago und lebte dort im Stile einer Königin: »An einem Abend trug sie eine Perlenkette im Werte von zwei Millionen Dollar, am nächsten ein Smaragdkollier mit 1657 kleinen Brillanten, Wert: eine Million Dollar. Einfache Prunkentfaltung hätte ihr Vater wohl noch toleriert; was ihn peinlich berührte, waren ihre außerehelichen Affären und ihre absonderlichen intellektuellen Neigungen.« Edith, gequält von Depressionen, fand ihren Lebenssinn in der Psychoanalyse (wie viele Rockefellers nach ihr), sie studierte in der Schweiz bei Carl Gustav Jung und kehrte, seltsam verwandelt, in die USA zurück: Sie »behauptete, die neue Kunst versetze sie in den Stand, Tuberkulose und andere Krankheiten zu heilen«. Dann geriet sie in den

Bann der Astrologie, glaubte an Reinkarnation und verkündete schließlich: »Sie sei die wiedererschienene Akn-es-en-pa-Aten, Kindbraut eines Pharao.«

John D. Rockefellers einziger Sohn hieß wie er, wurde aber stets Mr Junior gerufen. Er war ein zarter, nachdenklicher Junge mit großem Interesse an Theologie. Aber – und das ist neben denen, die ganz aus der Spur gerieten, die zweite, in jeder Generation ausgefüllte, tragische Rolle der Rockefeller-Erben – er durfte nicht der sein, der er war, sondern musste sich biegen und schließlich brechen, um den Platz einzunehmen, der der einzig mögliche für einen männlichen Rockefeller war: an der Spitze der Dynastie. Einmal wurde Junior gefragt: »Hatten Sie mal überlegt, Geistlicher zu werden?« Und er antwortete: »Schon als Junge habe ich immer nur den einzigen Gedanken gehabt, meinem Vater zu helfen. Ich wusste von Anfang an, dass ich zu ihm ins Büro gehen würde.« Er setzte sich also folgsam hinter den schweren Eichenschreibtisch, der seit Jugendtagen für ihn bereitstand.

Aber nach dem Tag im Büro eilte er in den ersten Jahren oft heim, ging schnurstracks in den Pferdestall hinter seinem Haus, griff sich die Säge und verbrachte Stunden damit, Baumstämme zu zerkleinern, die er sich hatte schicken lassen. »Er arbeitete wie besessen, bis er schweißüberströmt war.« Junior hatte ein Vermögen von fast 500 Millionen Dollar geerbt – und musste doch abends gegen seine inneren Qualen ansägen. Später schrieb er: »Ich habe nie die Befriedigung gekannt, meinen Lebensunterhalt selbst zu verdienen. Ich hatte keine Gelegenheit, mein Leben zu formen.«

Allein: Klüger machte ihn diese Lektion nicht. Junior hatte fünf Söhne und eine Tochter, der Älteste hieß wie sein Vater und Großvater: John Davison Rockefeller, genannt: JDR3. JDR3 sagte später, als auch er schon hinter seinem Schreibtisch im Familienbüro saß: »Mein Vater hatte die Vorstellung, dass seine Söhne in seine Fußstapfen treten müssten. Meine Brüder und ich sollten das tun, was für ihn nützlich ist.« Vier der Brüder mühten sich.

JDR3 schlüpfte in den Schoß des Familienbüros. Sein Bruder Nelson nutzte Macht und Reichtum für eine Karriere in der Politik. David wurde Präsident der familieneigenen Chase-Bank. Laurance investierte in Luftfahrtunternehmen, zog sich später aus der Wirtschaft zurück und engagierte sich für den Schutz der Natur.

»Die aufgeblähte Rolle, die ihnen im Leben zugewiesen worden war, stellten sie niemals wirklich in Frage«, schreiben die Autoren David Horowitz und Peter Collier. »Sie scheiterten am Ende nur einfach darin, sie auszufüllen.« JDR3 und Laurance gelang es nie, aus der Rolle der Kronprinzen herauszuwachsen. Nelson war ein mittelmäßiger Gouverneur. Als er nach Jahren zum Vizepräsidenten unter Richard Ford berufen wurde, war seine wirtschaftliche Bilanz verheerend. Über David urteilte die *Business Week*: »Rockefeller wird von der Finanzwelt als bedeutender Mann von Weltrang eingeschätzt, als Freund von Königen und Präsidenten, aber nicht als geschickter Banker.«

Und dann war da noch Winthrop, der Zweitjüngste, der in den Augen seines Vaters von Anfang an ein Versager war. Winthrop, den die anderen stets »Winny« riefen, reüssierte weder an der Schule noch an der Uni. Im Familienbüro der Rockefellers stellten ihn der Vater und die Brüder kalt. Winny haute ab, arbeitete ein Jahr auf den Ölfeldern der Standard Oil. Die Kollegen mochten ihn, nannten ihn »Rock«, sein großer Name wurde hier einmal handlich und klein. Es war die beste Zeit seines Lebens, sagte er später. Auf den Feldern hätte er glücklich werden können.

Aber es war kein Leben, das des Namens Rockefeller würdig gewesen wäre. Die Familie holte ihn zurück nach New York. Und er steckte sofort wieder in der »Rolle des ungeratenen und verschwenderischen Sohns von Mr Junior«. Winny trank. Er zog Abend für Abend mit einer Gruppe von »Schmarotzern« durch die New Yorker Bars. Er heiratete Hals über Kopf eine ehemalige »Miss Litauen«, wurde Vater, ließ sich scheiden; soff noch mehr. Und versuchte schließlich – mit Mitte dreißig, als die Leber streikte, als der Alkohol seine Augen längst gelb gefärbt hatte – noch einmal dem Griff der Familie zu entkommen.

Winthrop Rockefeller floh nach Arkansas. Er baute, weit weg von Manhattan, eine Farm auf, die er »Winrock« nannte, züchtete Bullen und sagte: »Das ist meine Sache. Es hat mit keinem der Projekte der Familie Rockefeller etwas zu tun.« Aber er war nun mal ein Rockefeller, der Erbe einer der mächtigsten Dynastien des Landes, einer, der, wie seine Brüder, von Kindesbeinen an gelernt hatte, dass er stets außergewöhnlich sein musste, nur nicht normal. Und so ließ Winny die Winrock-Farm, auf der er eigentlich Ruhe und Abgeschiedenheit gesucht hatte, größer und größer werden – bis sie aussah wie das Heim eines Rockefellers. »Die Winrock Farm«, schreiben die Biographen, »hatte einen eigenen Flugplatz, eine eigene Feuerwehr und einen Kurzwellensender. Sie hatte ihre eigene Flagge, und überall auf dem 900 Morgen großen Besitz leuchteten einem die Initialen WR entgegen – von den Tabletts, auf denen nachmittags die eiskalt beschlagenen Martinigläser standen, bis hin zu den schimmernden Leibern der Preisrinder Santa Gertrudis.«

Nur leider schaute niemand aus New York vorbei und sagte »Wow, Winny!«. 1973 starb Winthrop Rockefeller, zerfressen vom Krebs, aufgedunsen vom Alkohol und den Medikamenten, die er schon lange nahm. Endlich kamen die Brüder nach Arkansas. Nelson hielt die Grabrede. Sie wirkte »glatt und eingeübt« – nicht ohne Grund. Der Text war »schon einige Tage vor der Beerdigung von einem seiner Redetexter verfasst worden«. Nelson hatte ihn auf dem Flug zum ersten Mal gelesen.

Die fünf Brüder und ihre Schwester Abby brachten vierundzwanzig Kinder zur Welt, die vierte Rockefeller-Generation, die man nur »die Vettern« nannte. Die meisten unter ihnen hatten den Urahn, den Gründer, den alten John D, nicht mehr erlebt. Sie waren nichts weiter als Erben, Erben eines Vermögens, Erben eines Namens. Sie waren reiche, berühmte, überversorgte Kinder, »Prinzen und Prinzessinnen«, wie sie selber sagten.

In unseren Phantasien sind die meist glücklich. Im wahren Leben – und das ist wohl die Erkenntnis, die auch Götz Werner noch Jahrzehnte nach der Lektüre des dicken Rockefeller-Buches in sich trug – eher nicht. Denn was ist, wenn man zwar als Prinz geboren wird, aber nicht auf dem Thron sitzen will? Oder wenn man zum König nicht taugt? Fast alle vierundzwanzig Rockefeller-Kinder der vierten Generation führten einen lebenslangen Kampf gegen ihr Erbe. Sie rangen um die »Wiederinbesitznahme des eigenen Ich«, wie die Biographen schreiben, darum, »Individuum in erster und Rockefeller in zweiter Linie zu sein«. Manchen gelang dies, viele scheiterten, etliche zerbrachen.

Da war Sandra, die Älteste von JDR3. Sie war die Erste, die den Namen Rockefeller abgab. Viele folgten. Davids Tochter Peggy benannte sich um, etliche Cousinen eliminierten den Namen noch als Teenager per Eheschließung. Laura, Laurance' Erstgeborene, sagte: »Ich heiratete mit neunzehn, weil ich auf diese Weise den Namen loswerden konnte.« Nelsons Sohn Steven schloss eine Blitzehe mit dem Hausmädchen der Familie: »Vermutlich war es ein Versuch, aus der Gesellschaft, zu der ich gehörte, herauszukommen«, sagte er. Den meisten missglückte diese Art der Flucht: Von zehn Jugendehen wurden sieben rasch geschieden.

Nach dem Namen versuchte Sandra auch das Geld loszuwerden. Aber aus dem Familientrust konnte sie nicht einfach austreten. Und nach und nach gewöhnte sie sich an das Vermögen, es machte sie – wie fast alle Cousins und Cousinen – abhängig. Nelsons Sohn Rodman war der Einzige aus seiner Generation, der als junger Erwachsener seinen Lebensstil mit dem eigenen Gehalt finanzierte. »In mancher Hinsicht waren sie ein Häuflein verzagter Seelen, im Kindesstand gehalten durch ihre Beziehung zu ihren Vätern und ihre Abhängigkeit von Room 5600«, dem Familienbüro, das all ihre Geldangelegenheiten erledigte, schreiben die Biographen.

Sandra war dann auch die Erste, deren engster Vertrauter ihr Therapeut wurde. Sie hatte sich in ein kleines Häuschen in Cambridge zurückgezogen, »lebte wie eine doppelt so alte Frau, hinter vielfach gesicherten Türen« und pflegte eingebildete Krankheiten. »Die meisten Rockefellers der vierten Generation haben langjährige Psychotherapien gemacht, um mit dem Geld und der Familie, dem Makel und dem Privileg ins Reine zu kommen«, schreiben die Biographen. »Prinzen und Prinzessinnen, die sich danach sehnen, arm zu sein.«

Marion, Laurance' Tochter, zog zeitweise in einen Bauwagen: »Das Vermögen sollte gelöscht werden«, sagte sie. Steven siedelte in eine Kleinstadt nach Vermont um. »Eines der besten Dinge in meinem Leben ist, dass ich hier wohnen kann«, sagte er, dass ich »meinen Nachbarn guten Tag sagen kann. Vielleicht keine große Sache, aber als Kind habe ich das nicht gehabt.« Und Michael, dem die Geschwister am ehesten zugetraut hatten, aus allem auszubrechen, starb auf einer Expedition in Neuguinea.

Puh, denke ich, als ich bei der vierten Generation angelangt bin. Kein Wunder, dass dieses Buch einem Mann mit viel Geld und sieben Kindern im Magen liegt. Aber es muss ja nicht so kommen, könnte man einwenden und: Die Werners sind nicht die Rockefellers. Und mit beidem hätte man recht. Doch immerhin haben beide Dynastien einen gemeinsamen Startpunkt, und ich verstehe, dass Götz Werner, seit er das Buch las, wild entschlossen war, alles ihm Mögliche zu tun, damit das die einzige Parallele bleibt.

Im Januar 1870 schuf John D. Rockefeller die Standard Oil

Company. Im selben Jahr eröffnete Götz Werners Urgroßvater in der Heidelberger Hauptstraße, Ecke Märzgasse ein Drogeriegeschäft. In den 1920er Jahren übernahm die dritte Generation, Werners Vater, jung den Laden und steuerte ihn »durch die Wirren der Inflationszeit, die Jahre des Nationalsozialismus und den Zweiten Weltkrieg«, wie Götz Werner in seiner Biographie schreibt. In den Wirtschaftswunderjahren wuchs auch die Drogerie Werner. In den späten Sechzigern beschäftigte der Vater zweihundert Mitarbeiter in zwanzig Geschäften.

Götz Werner kam im letzten Kriegsjahr als jüngstes von fünf Kindern zur Welt, wuchs in einer »imposanten, aber altersbedingt ziemlich baufälligen Villa im französischen Neo-Barock direkt am Neckar« auf. Schon als Sechsjähriger, sagt er, habe er sich einen weißen Kittel gewünscht. Immer war ihm klar: Du folgst mal dem Vater. »Mein zwölf Jahre älterer Bruder war zu intelligent, um eine Drogeriekette zu übernehmen«, sagt Werner, »er wurde Jurist. Und mein vier Jahre älterer Bruder war ein Enfant terrible.« Die beiden Mädchen waren damals offenbar keine Kandidatinnen. Der Götz aber, das wusste der Vater früh, der würde es machen.

»1952 oder 1953 war ich acht oder neun Jahre«, erzählt er mir, »damals habe ich bei meinem Vater ausgeholfen, die Ware per Hand auszuzeichnen. Es gab noch keine Zangen, und wir haben die Preise mit Bleistift auf Etiketten geschrieben und dann auf die Ware geklebt.« Und weil der kleine Götz so gerne mit seiner Eisenbahn spielte und ständig neue Schienen brauchte zu 74 Pfennig das Stück – viel Geld damals –, ließ ihn der Vater die Gleise verdienen. »Wenn ich dann so vier Stunden à zwanzig Pfennig gearbeitet hatte, kaufte ich mir auf dem Nachhauseweg eine Schiene.«

Götz Werner war kein guter Schüler. Er blieb sitzen. Er kassierte oft Strafschläge mit dem Rohrstock. Er langweilte sich, bis der Vater sagte: »Schule ist nichts für dich. Abitur brauchst du nicht. Sieh zu, dass du irgendeinen Abschluss machst.« Das tat der Junge auch. Werner schaffte die Mittlere Reife, absolvierte die Drogistenlehre in Konstanz, »immer«, wie er in seiner Biographie schreibt, »mit dem Ziel, die Drogerie meines Vaters zu übernehmen«.

Das klingt inzwischen recht bekannt, wie eine Doublette dessen, was mir Roger Klüh erzählte. Der Sohn ist ein Leben lang der designierte Thronfolger, schleppt sich durch die Schule, beschafft sich das notwendige Wissen und steht bereit, hockt quasi schon auf der Kante des Chefsessels. Um dann, so war es auch bei Werner, doch wieder abzurutschen. Als Götz Werner nach seiner Ausbildung in die heimische Drogerie zurückkehrte, stand der Betrieb am Abgrund. Der Vater hatte den Überblick über die Geschäfte, die Bilanzen, die Kosten verloren, die Bank murrte, die Lieferanten klagten. Und so trat Götz Werner an einem Januartag im Jahr 1969 den schweren Gang in das Büro seines Vaters an und sagte: »Du, Vati, wenn du so weitermachst, gehst du pleite. So wirst du das hundertjährige Jubiläum nicht mehr erreichen!«

»Das erfreut den 66-jährigen Vater natürlich nicht, wenn der 24-jährige Sohn ihm sagt, dass er in spätestens einem Jahr Pleite macht«, schreibt Werner und fasst trocken zusammen, wie es weiterging: »Dieser Satz brachte meinen Vater derart auf die Palme, dass ich zwei Stunden später auf der Straße stand.« »Peng«, schreibt er weiter, da war »mein ganzer Lebenstraum geplatzt«.

Roger Klüh wird ihn verstehen. Götz Werner aber jagte nach dem Aus keine Speedboat-Rekorde. Er schüttelte sich kurz und baute dann sein eigenes Unternehmen auf, überzeugt davon, eine Idee zu haben, die so gut war, dass sie einfach realisiert werden musste. Er wollte in seiner Drogerie kein breites Sortiment zu Apothekenpreisen offerieren, sondern wenige Produkte – die aber günstig. Es war der Discounter-Gedanke, mit dem zuvor schon die Brüder Albrecht die Supermärkte geschockt hatten, eine Idee, die auch die Familien Schwarz und Rossmann verfolgten, ein Geistesblitz, der sie alle reich machte.

Die Aldi-Brüder haben schon in den 1970er Jahren das gesamte Betriebsvermögen in eine Stiftung eingebracht, die die Erben regelmäßig mit Ausschüttungen versorgt. Lidl-Gründer Schwarz soll es ähnlich handhaben. Dirk Rossmann macht kein Geheimnis daraus, dass seine Söhne Raoul und Daniel die Drogerie-Kette einmal übernehmen sollen. Warum also sollen die Werner-Kinder das Unternehmen nicht erben? Warum nicht die Früchte der Arbeit ihres Vaters ernten, es machen doch alle so, oder? 90 Prozent der Unternehmer träumen davon, die Firma an Blutsverwandte zu übertragen. Es muss also eine Art Urtrieb sein. Warum gilt das alles nicht für ihn?

Götz Werner holt Luft. Er hat nicht eines, nicht zwei, sondern eine Handvoll Argumente, die aber genau besehen Varianten einer Grundüberzeugung sind, einer Überzeugung, die mit einem Prinzip der deutschen Kultur bricht. Die Familie ist die Keimzelle der Gesellschaft, proklamierte schon Hegel. Ihr das Vermögen der Vorfahren zu sichern war das Ziel all der Erblasser, der Geist all der Testamente, von denen ich bislang hörte: Das Erbe steht den Kindern zu. Nach dem Tod der Eltern dient der erarbeitete Wohlstand dem Auskommen ihrer Kinder. So denkt Lars' Vater, so handelten Beates Eltern, es ist das Credo des Wolfgang Grupp. Es ist der Kitt, der die Familiendynastien der Superreichen zusammenhält, es ist die Idee, die selbst das fatale Testament von Leas Opa prägte.

Götz Werner sagt: Ich diene meinen Kindern, indem ich sie von dem Erbe befreie. Ich nütze ihnen, indem ich ihnen die Firma nehme. Sie leiden nicht unter dieser Entscheidung, sie profitieren davon.

Ich frage noch mal: Warum?

Und Götz Werner legt los. Natürlich gab es den ersten Impuls, die Tragik der Rockefeller-Erben, die Geschichte, die er mir als Hausaufgabe mitgab. Aber stünde es allein, wäre das Lamento der Dynastie-Nachfolger wohl verhallt. Der Boden für seinen Entschluss, sagt Werner, der wurde schon bereitet, als er selbst noch ein Kind war, zu der Zeit nämlich, als er sich im Laden des Vaters das Eisenbahnschienen-Geld verdiente. »Neben mir«, sagt er, »saß immer Frau Frank.« Eine herzensgute Frau sei sie gewesen, und weil sie hauptberuflich Auszeichnerin im Laden des Vaters war, hockte sie so manchen Nachmittag Seit an Seit mit dem kleinen Götz im Hinterzimmer des Geschäfts. »Und wie so ein Schluckauf«, erinnert sich Werner, »hat sie alle zwanzig Minuten gesagt: Oh, du hast es gut! Du setzt dich mal ins gemachte Nest.« »Da habe ich eine besondere Aufmerksamkeit, schon fast eine Aversion gegen das ›gemachte Nest‹ entwickelt«, sagt Werner. »Solche Vorurteile möchte ich meinen Kindern ersparen.«

Seit Ende der 1970er Jahre ist Werner Anthroposoph. Er war Mitbegründer der ersten Waldorf-Schule in Karlsruhe, die Auszubildenden bei dm, die er »Lernlinge« nennt, üben auch Tanz, Theater und Gesang. Vor allem aber, sagt Werner, versuche er, den Grundsatz der Lehre zu leben: Der Mensch muss das Ziel jedes Handeln sein. Der Mensch ist nie Mittel, immer Zweck. »Die Aufgabe der Eltern ist es, die Kinder auf das Leben vorzubereiten, nicht ihr Leben zu determinieren. Die Frage, die sich ein junger Mensch spätestens ab der formalen Reife stellen sollte, müsste lauten: Was ist mein spezifisches Anliegen hier auf der Erde? Wenn alles schon bestimmt ist, leben sie als Erbe nicht originär das Leben, das sie sich vorgestellt haben.«

Ich erzähle von Wolfgang Grupp, der sich in seiner Biographie zitieren ließ: »Wenn ein Sohn die Firma nicht übernehmen will, dann hat der Vater versagt!« Der mir in seinem Büro entgegenschmetterte: Ich weiß, dass sie mir nachfolgen, seit es sie gibt.

Götz Werner lächelt – ein wenig süffisant. Dann sagt er, dass er auch mal dort war, im Ort, in dem man überall Trigema liest. In Grupps Haus, der Villa im Park, wo der Butler das Essen aufträgt. Im Werk, wo der Chef beim Rundgang jeden Mitarbeiter kennt, lobt, aber auch tadelt, wie vor 130 Jahren, erzählt Werner. »Sie denken dynastisch, aber das ist rückwärtsgewandt, die Zeit ist vorbei.« Ein junger Mensch, betont Götz Werner, sucht im Leben doch nach einer ureigenen Aufgabe. Die muss er selbst finden, nicht per Erbgang zugewiesen bekommen. »Das ist atavistisch.«

An dieser Stelle nicke ich vermeintlich wissend. Später werde ich im Duden nachlesen: »*atavistisch* = in Gefühlen, Gedanken, Handlungen usw. einem früheren, primitiven Stadium der Menschheit entsprechend«.

Bei uns denke man in Kategorien wie Sippe und Blutstrom, sagt Werner. Er zitiert Carnegie: »In den USA heißt es, es ist keine Schande, reich zu werden, aber es ist eine, reich zu sterben.« Er ergänzt: »In Deutschland ist es umgekehrt. Es ist eine Schande, reich zu werden, aber keine, reich zu sterben. In den USA fragt man: Wie viel verdienst du? Bei uns: Aus welcher Familie kommst du? Das sind die alten feudalen Strukturen.«

Ich blicke auf mein Mosaik. Eine harte Keule, die Götz Werner gegen das Erben, gegen die Erben, gegen die Erblasser führt: Sie seien Anhänger eines veralteten, gar primitiven Musters, im Denken noch immer feudalen Zeiten verhaftet. Aber liegt er so falsch? Es gilt eigentlich als große Errungenschaft der Moderne, dass jeder in diesem Land Regisseur des eigenen Lebens sein darf, dass man frei ist, in der Wahl des Wohnortes, des Partners, des Berufs, dass man sich höchstselbst erfinden darf: als freischaffender Komponist, der trotz des Berufs viel für seine Kinder da ist, wie Lars; als erfolgreiche Wissenschaftlerin, die sich nach Gerechtigkeit sehnt, wie Beate; als talentierte Künstlerin, die die Freiheit liebt, wie Lea; als ernsthafter Lebemann, der nach Großem strebt, wie Roger Klüh.

Im Erbfall aber legt man all diese Attribute ab, ist allein Kind, Spross, Nachkomme, so wie es immer war: dankbar für die Großzügigkeit der Eltern, wie Lars und Beate; gefangen im familiären Gestrüpp aus Liebe und Hass, wie Lea; wartend, dass einem der Vater den Platz im Leben weist, wie Roger Klüh. Vermutlich ist das Schweigen über das Erbe auch so verbreitet, weil niemand, nicht mal im Zwiegespräch mit sich selbst und schon gar nicht vor anderen gern einräumt, doch kein Selfmade-Mensch zu sein.

Götz Werner hat seine Unternehmensanteile in die dm-Werner-Stiftung eingebracht – und damit ausgeschlossen, dass der Großteil seines Vermögens an seine Söhne und Töchter geht. Was sagen Ihre Kinder dazu?

»Nichts«, sagt er, »das ist kein Thema, Kinder sind ja Realisten. Genauso wie es bei uns kein Fernsehen gibt, darüber hat sich nie ein Kind beschwert.«

Das klingt dann doch etwas lapidar, denke ich. »Schätzchen, du weißt doch: Fernsehen ist bei uns verboten, und deinen 160-Millionen-Anteil am Unternehmen hab ich weggegeben.« Und ich frage noch mal: Und Ihre Kinder wüten nicht mal insgeheim? Das glaubt man ja kaum.

»Ja, und wenn nicht, dann müssen sie sich daran gewöhnen, dass sie das Unternehmen nicht erben werden«, sagt Werner. »Meine Mutter pflegte immer zu sagen: Man kann in der Wahl seiner Eltern nicht vorsichtig genug sein!« Dann lacht er: »Da haben meine vielleicht Pech gehabt.« Dann wird er ernst: »Wir haben ein Grundproblem in unserer Gesellschaft, nämlich dass Unternehmen verkäuflich oder vererbbar sind. Ein Unternehmen ist aber ein sozialer Organismus, den man nicht einfach vererben oder verkaufen kann. Es braucht neue Eigentumsformen.« Er holt weit aus: »Im Mittelalter hatten wir eine Eigentumsform – das war das Lehenswesen«, sagt Werner. »Das Lehen hat man bekommen, solange man die Voraussetzungen dafür erfüllt hat. So funktioniert heute eine Aktiengesellschaft, die von jemandem geführt wird, der die Fähigkeiten dazu hat. Und wenn er stirbt oder pensioniert wird, dann kommt jemand anderes, der die Fähigkeiten hat.«

Ich überlege kurz, ob er auch seinen sieben Kindern diesen Erklär-Vortrag gehalten hat, als Werner zur Conclusio kommt: »Genau das, dass die Kompetenzen entscheidend sind, passiert jetzt bei dm«, sagt er. »Mit der Stiftung habe ich das Eigentum neutralisiert. Das Unternehmen gehört jetzt sich selbst und muss jemanden finden, der es gut managt.«

Götz Werner entzieht also seine Firma dem Zugriff der Nachkommen. Er kappt die Äste des Werner'schen Drogistenstammbaums, der ja immerhin schon seit vier Generationen gedeiht. Das ist beachtlich, vor allem, wenn man schon mal einen ganz kurzen Blick auf einen der späteren Mosaiksteine wirft.

Es ist der Morgen des 8. Juli. Ich stehe im warmen Sommerregen am Pförtnerhäuschen des Geländes einer ehemaligen Kaserne in Karlsruhe und tausche meinen Pass gegen einen Gästeausweis. Am Abend wird Deutschland das unwirkliche 7:1 gegen Gastgeber Brasilien im Halbfinale der Fußballweltmeisterschaft erspielen. Davor aber hat das Verfassungsgericht eine fast achtstündige Verhandlung terminiert. Heute wird hier über die Entscheidung des Bundesfinanzhofs beraten. Der hatte am 27. September 2012 entschieden, dass er Teile des Erbschaftssteuergesetzes für verfassungswidrig hält.

Weil der Hauptsitz saniert wird, findet die Verhandlung im Übergangsquartier des Gerichts statt. Ich betrete den strahlend weißen Bau, laufe über hellgrünen Teppich, nehme auf der Presseempore des mit Birken-Sperrholz verkleideten Verhandlungssaals Platz und warte. Unten sitzen die Interessenvertreter: der Bundesverband der Deutschen Industrie, der Zentralverband des Deutschen Handwerks, der Deutsche Bauernverband, der Deutsche Industrie- und Handelskammertag, die Stiftung Familienunternehmen, der Verein »Die Familienunternehmer«. Sie alle sind gekommen, um eine Botschaft zu senden: Allein die momentane Regelung – also quasi die Null-Steuer – gewährleistet, dass Unternehmen auch im Erbfall in der Familie verbleiben. Eine Erbschaftssteuer würde die blühende Landschaft deutscher Familienunternehmen austrocknen. Die Dynastienfolge scheint ihnen unantastbar, wenn nicht gar heilig zu sein.

Und Götz Werner? Der trennt sich, sogar ohne Zwang, nicht von fünf, nicht von zehn, nicht von 15 Prozent, die der Staat bei einer Neuregelung der Erbschaftssteuer eventuell verlangen würde, sondern von allem. Und schreibt in seiner Biographie: »Für die Stiftungsgründung gab es noch ein weiteres Argument, das mich mehr als Vater denn als Unternehmer umtrieb: Aus Sicht meiner Kinder war dm *mein* Leben, nicht *ihres*. Für mich war dm eine selbstgewählte Aufgabe, mit der ich wachsen konnte. Ich wollte meinen Kindern nicht eine Bürde hinterlassen, die verhindert, dass sie ihren eigenen Lebensweg finden und bestreiten können. Sie sollen nicht Zahnpasta verkaufen müssen, nur weil ihr Vater Zahnpasta verkauft hat. Wer immer in die Fußstapfen anderer tritt, der hinterlässt keine Spuren.«

Am Ende unseres Gesprächs zählt er auf: Meine älteste Tochter ist Künstlerin. Die zweite ist Hebamme. Die dritte macht gerade eine Ausbildung bei Alnatura. Die vierte studiert Medizin und wird Ärztin. Die fünfte wird wahrscheinlich auch Künstlerin. Der Jüngste macht gerade sein letztes Schuljahr, hat aber schon einen Platz an der Uni in England.

»Die Vettern und Cousinen konnten sich nicht benehmen wie irgendein Smith und schnell das College absolvieren, um dann einen Beruf zu ergreifen und Geld zu verdienen. Ihre Pläne mussten ihrer würdig sein«, schreiben die Biographen über die Rockefeller-Ahnen. Die Werner-Kinder durften sich offensichtlich benehmen wie irgendein Smith. Mission accomplished, Mister Werner, könnte man sagen. Obwohl, ob irgendeinen Smith tatsächlich mit Mitte dreißig die Geschäftsleitung eines Großunternehmens angesprochen hätte, um ihn direkt mit an die Spitze zu holen? Vielleicht nicht, oder?

Christoph Werner ist seit vier Jahren Mitglied der neunköpfigen Geschäftsführung von dm. Er kam, kurz nachdem sein Vater gegangen war. Götz Werner brummt: »Er musste sich bei der Geschäftsleitung bewerben. Ich war bei dem Gespräch nicht dabei. Ich weiß auch nicht, was er verdient.« Will heißen: Das hat mit mir nichts zu tun.

Christoph Werner möchte darüber nicht reden. Er will auch nicht darüber sprechen, was er von dem Satz hält, den sein Vater aufschrieb: »Wer immer in die Fußstapfen anderer tritt, der hinterlässt keine Spuren.« Und auch, dass er anscheinend kein Problem damit hat, dass das Unternehmen, das er mit leitet, nicht ihm und seinen Geschwistern gehört, sondern einer Stiftung, erfahre ich nur aus zweiter, alles dirigierender Hand, nämlich aus der Autobiographie seines Vaters. Da steht: »Ein Journalist hat einmal vor meinem Sohn in überspitzter Weise geunkt, die Kinder vom Herrn Werner müssten ja jetzt am Hungertuch nagen. Da ging mein Sohn energisch dazwischen: ›Haben Ihre Eltern Ihnen ein Unternehmen vererbt?‹ Der Journalist schüttelte irritiert den Kopf. ›Nagen Sie am Hungertuch?‹ Der Journalist schüttelte erneut den Kopf. ›Warum soll ich dann am Hungertuch nagen?‹«

14. DIE ERBENGESELLSCHAFT

Ach ja, das zehnseitige Transkript des Gesprächs mit Götz Werner lese ich wirklich gern. Und oft. Das, was er sagt, klingt so schlüssig, klug und überzeugend, oder? Wer immer in die Fußstapfen anderer tritt, der hinterlässt keine Spuren. Die Aufgabe der Eltern ist es, die Kinder auf das Leben vorzubereiten, nicht ihr Leben vorzukauen. Ich diene meinen Kindern, indem ich sie von ihrem Erbe befreie. Und es passt so zu dem Bild, das die meisten von sich selber haben, von unserem Land: Deutschland, die freiheitliche Demokratie, ein moderner Staat, zu dem sich lauter selbstbestimmte Individuen zusammengetan haben.

Der Wunsch, in so einem Land zu leben, hatte mich angetrieben, als ich das Werner-Steinchen in meinem Mosaik über Tage verzückt betrachtete, polierte und ausschmückte; als ich ihm mehr und mehr Platz zugestand; als ich überlegte, mit ihm diesen Text zu beenden; als ich mich weigerte, das nötige Erklärzettelchen anzuheften: »Schön, aber selten.« Allein: Was nützt die Lüge in Gedanken? Ich blicke auf eine U-förmige Kurve, die mich aus meinen Träumen reißt, ich schaue auf die Graphen, Diagramme und Zahlenreihen, die eine ganz andere Realität abbilden, nämlich den Trend, dem ich seit fast zwei Jahren nachspüre, den ich aber nach dem Gespräch mit Götz Werner so gern vergessen gesehen hätte: den Trend zur Erbengesellschaft.

Ein modernes Land? Geformt aus selbstbestimmten Individuen? Ein Land, das Anstrengung belohnt? Und Fleiß mit Aufstieg honoriert?

Vergiss es gleich wieder, sagen das U, die Graphen, die Prozentreihen. Den wenigsten Eltern scheint es ein Anliegen zu sein, die Kinder vor der eigenen wirtschaftlichen Potenz zu schützen. Feudalismus. Dynastisches Denken, Erbhofprinzip, das alles ist nicht atavistisch, wie Götz Werner so süffisant anmerkte, es scheint en vogue wie lange nicht mehr, eine der großen Entwicklungen des beginnenden 21. Jahrhunderts, nicht nur in Deutschland.

Timm Bönke ist Junior-Professor, Charlotte Bartels Forschungsassistentin, Christian Westermeister Doktorand. »Bringt Stühle mit! Wir haben hier kein Geld«, hatte Timm gesagt, als wir uns nach der Begrüßung in seinem Büro am Fachbereich Öffentliche Finanzen der Freien Universität Berlin unschlüssig gegenüberstanden. Die drei sind jung, aber sie gehören jetzt schon zu den Datencracks ihres Fachs. Seit langem graben sie in den Zahlenbergen der großen statistischen Erhebungen, um Verwertbares zu Erbschaften, Vermögensverteilung und Lebensarbeitseinkommen zu heben. Damit liefern sie ein paar der deutschen Puzzleteile in dem großen Bild, an dem ihr intellektueller Leitwolf, der Franzose Thomas Piketty, seit Jahrzehnten baut. Mit seinem Buch *Das Kapital im 21. Jahrhundert* hat er vor allem deshalb weltweit so großes Aufsehen erregt, weil es ihm gelang, aus Unmengen von Daten Kurven zu bauen, die erzählen, wie sich die Industriestaaten in den vergangenen 150 Jahren unter den Bedingungen des Kapitalismus entwickelt haben.

Eine dieser Kurven ist das U. Das U, das Leute wie Götz Werner zur sympathischen Randfigur macht. Das U krönt Seite drei des knapp sechzigseitigen Manuskripts, das mir Charlotte gleich zu Beginn in die Hand gedrückt hatte. Es ist ein Auszug aus einer der ältesten und angesehensten wirtschaftswissenschaftlichen Fachzeitschriften der Welt, herausgegeben von der Universität Harvard: THE QUARTERLY JOURNAL OF ECONOMICS, lese ich. Und darunter: *On the long-run evolution of inheritance:*

France 1820–2050 – »Langfristige Entwicklung von Erbschaften: Frankreich in den Jahren 1820–2050«.

Es ist einer der Hauptaufsätze von Thomas Piketty und beginnt mit den Worten: »Es gibt im Grunde genommen zwei Wege, um reich zu werden. Entweder durch eigene Arbeit oder durch Erbschaft.« In vormodernen Gesellschaften, in denen des Ancien Régime, sei jedem klar gewesen, dass der, der reich sein will, erben oder vermögend heiraten muss, schreibt Piketty. Eine »Rentier-Gesellschaft« sei das gewesen. Früher nannte man Menschen, die hauptsächlich von ihren Zinserträgen und Dividenden auf ererbtes oder erheiratetes Vermögen leben, »Rentier« oder salopper »Coupon-Schneider«. Heute sind diese Bezeichnungen verblichen, uns fehlen Worte – als gäbe es diese Menschen nicht mehr.

Lange habe man geglaubt, diese Zustände seien Geschichte. In der Moderne habe man darauf vertraut, harte Arbeit und eine gute Ausbildung seien die Garanten für Wohlstand. »Dieser Artikel«, schreibt Piketty, »stellt eine einfache Frage: Ist dieser optimistische Blick auf die wirtschaftliche Entwicklung empirisch begründbar und theoretisch belegbar? Die einfache Antwort ist: Nein.«

Das ist zweifellos eine steile These. Aber Thomas Piketty und sein Team haben das Glück, dass ihnen für Frankreich hervorragendes Datenmaterial vorliegt, da der Wert von Erbschaften dort seit 1791 amtlich erfasst wurde. Da, wo die deutschen Forscher grob schätzen müssen, kann er aus zuverlässigen Statistiken schöpfen, teilweise sogar aus unterschiedlichen Quellen. »Wir fanden heraus, dass in einem Land wie Frankreich die jährliche Erbschaftssumme in den Jahren zwischen 1820 und 1910 zwischen 20 und 25 Prozent des Volkseinkommens ausmachte. Sie sackte ab auf weniger als 5 Prozent im Jahr 1950 und stieg wieder auf 15 Prozent im Jahr 2010. Wir halten es anhand der Daten für plausibel, dass der jährliche Erbschaftsstrom im Jahr 2050 wieder 20 bis 25 Prozent des Volkseinkommens erreichen könnte.«

Fertig ist das U. Ein U, das Piketty auch für Deutschland vermutet, dessen Aufstrich er sogar steiler prognostiziert, da die Deutschen im Gegensatz zu den Franzosen weniger Kinder bekommen, auf deren Konten sich dann die wachsende Erbsumme ballen wird. Ein U, das Pikettys Schüler Christoph Schinke in der Folge tatsächlich auch aus den – weniger satten – deutschen Erbschaftsdaten formte.

»Nach unseren Berechnungen«, schreibt Thomas Piketty, »werden die Kohorten, die in den 1970er Jahren oder später geboren wurden, eine Gesellschaft erleben, die sich irgendwo zwischen der ›Rentier-Gesellschaft‹ des 19. Jahrhunderts und der ›meritokratischen Gesellschaft‹ des 20. Jahrhunderts befindet – in vielem der Ersteren aber näher sein wird als der Letzteren.« »Erbschaften«, so schließt er, »werden wieder eine bedeutende Rolle im 21. Jahrhundert spielen, vergleichbar mit der, die sie in der Vergangenheit hatten.«

Die Gründe dafür liefert Piketty in seinem Buch *Das Kapital im 21. Jahrhundert*, ein imposantes Werk im Look eines Intellektuellen-Fetisches: Die englischsprachige Ausgabe ist fast 700 Seiten stark, das Cover umfasst von einem rot-goldenen Rand, das Papier schwer und hochwertig. Nobelpreisträger Paul Krugman feierte es als vielleicht wichtigstes Wirtschaftsbuch des Jahrzehnts. Fünfzehn Jahre lang, schreibt Piketty, habe die Recherche gedauert. Danach war er in der Lage, die großen tektonischen Umwälzungen zu beschreiben, die in den letzten Jahrzehnten die ökonomische Statik der meisten wohlhabenden Industrieländer grundlegend verändert haben.

Seit Jahrzehnten, schreibt Piketty, wächst die Wirtschaft in den meisten westlichen Industrieländern nur noch langsam, die Bevölkerung kaum noch. Beide Wachstumsraten seien seit langem geringer als der Ertrag auf Kapital. Und so sei das Privatvermögen in den letzten Jahrzehnten wesentlich stärker gestiegen als die Löhne und Einkommen. In den 1970er Jahren war das Vermögen der Deutschen doppelt so hoch wie das jährliche Volkseinkommen. 2010 ist es schon viermal so hoch. Ein Vermögen, das sich in kinderarmen Gesellschaften nicht auf mehr und mehr Köpfe verstreut, sondern oft trichterförmig zusammenfließt. Mussten sich früher in den allermeisten Fällen drei oder mehr Erben das Vermögen teilen, fallen heute 77 Prozent der Nachlässe an einen oder maximal zwei Begünstigte, schätzt der Fachdienst BBE und notiert: »Damit sind die Beträge pro Erbnehmer heute natürlich viel höher als noch vor zehn oder zwanzig Jahren.«

»Unter solchen Bedingungen«, schreibt Piketty, »ist es fast unvermeidbar, dass vererbter Reichtum den im Laufe eines Lebens erarbeiteten Wohlstand bei weitem übertreffen wird und gleichzeitig die Konzentration des Kapitals ein sehr hohes Niveau erreichen wird.« »Die Vergangenheit«, schreibt er, »neigt dazu, die Gegenwart zu verschlingen.« Und: »In Ländern, wo die Bevölkerung bereits schrumpft oder bald schrumpfen wird – also vor allem in Deutschland, Italien, Spanien und natürlich Japan« –, werde sich dieser Prozess in den kommenden Jahren noch mal erheblich beschleunigen.

Der Turnaround, meint Piketty, kam mit der Generation, die auf die Babyboomer folgte. Zuvor, in den Nachkriegsjahrzehnten, hatten die Menschen nicht nur den Eindruck, dass sich die meisten ihren Wohlstand aus eigener Kraft erarbeiten, dem war auch so, zum ersten Mal in der neueren Geschichte. Vorbei. Piketty schreibt: »Vor allem für die Kohorte, die zwischen 1970 und 1980 geboren wurde – und die die ersten Erbschaften und Schenkungen in den Jahren 2000 bis 2010 empfing, hat das ererbte Vermögen eine Wichtigkeit, die wir seit dem 19. Jahrhundert nicht mehr erlebt haben.«

Vor allem für Frankreich kann Piketty diese Wichtigkeit mit Hilfe der exzellenten und detaillierten Erbschaftsstatistik genau beziffern und belegen. Für Deutschland, sagt Timm Bönke, der Junior-Professor der Freien Universität, sei es mangels genauerer Daten weitaus mühevoller, die Entwicklung über Jahrzehnte nachzuvollziehen. Aber man erkenne in den deutschen Daten dieselben Trends. Seit den 1990er Jahren steigt die Erbschaftssumme auch hier steil an. »Wir haben leider kaum Langzeitdaten«, sagt Timm Bönke, »aber wenn wir uns das Vermögen der heute Vierzig- bis Fünfundfünfzigjährigen ansehen, so stellen wir fest, dass fast die Hälfte aus Erbschaften kommt.« Und: »Volkswirte können nur vor einem Trend zur Rentier-Gesellschaft warnen.«

Eine Rentier-Gesellschaft, eine Coupon-Schneider-Gesellschaft, eine Erbengesellschaft – ist es tatsächlich das, was auf uns zukommt? Thomas Piketty schreibt in seinem Buch wiederholt, dass wir uns wieder den Zuständen nähern, die in Paris herrschten, damals, im 19. Jahrhundert, als die Stadt die Metropole einer Erbengesellschaft war. »Lesen Sie Balzac!«, rät er, »lesen Sie Flaubert! Dann wissen Sie, wie es war!«

Mach ich. Die Autoren erzählen in *Vater Goriot* und *Die Erziehung der Gefühle* baugleiche Geschichten: die zweier junger Männer, die im Paris des 19. Jahrhunderts ihr Glück suchen.

Balzacs Held heißt Eugène de Rastinac und ist ein prächtiger junger Kerl: »In Wuchs und Manieren, in Haltung und Auftreten erkannte man den Sohn aus adligem Hause, wo schon die erste Erziehung auf Traditionen des guten Geschmacks aufgebaut wird.« Er will Jurist werden. »Ich will ehrliche, reine Arbeit tun«, lässt Balzac ihn sagen. »Ich will Tag und Nacht arbeiten und mein Glück nur meiner eigenen Kraft verdanken. Das wird ein langsames Glück werden, aber ich werde mich täglich ohne jeden schlechten Gedanken niederlegen können.« Und dann, voller Inbrunst: »Was gibt es Schöneres, als auf sein Leben zurückzublicken und es rein finden wie eine Lilie?«

Flauberts Pendant heißt Frédéric Moreau. Er ist ein zarter,

verträumter Junge. »Er liebte es, morgens lange zu schlafen, die Schwalben zu beobachten, Theaterstücke zu lesen.« Im Internat trifft er auf seinen grundverschiedenen, aber zu Beginn heißgeliebten Freund: den fleißigen Sohn eines Gerichtsvollziehers. Gemeinsam schmieden sie Pläne für die Zukunft. Sie wollen es in Paris zu etwas bringen. »In zehn Jahren«, planen sie, »müsste Frédéric Abgeordneter sein; in fünfzehn Minister, warum nicht?« Sie träumen: »Sie würden zusammen arbeiten und sich nicht verlassen; –, und als Erholung von der Arbeit hätten sie die Liebe von Prinzessinnen in mit Atlas ausgeschlagenen Boudoirs oder wilde Orgien mit illustren Kurtisanen.« Es braucht nicht vieler Seiten, bis Eugène und Frédéric begreifen, dass sie in ihren Plänen irren, dass ihre Zeit ihnen nur zwei Wege lässt, um ihre Ziele zu erreichen: die Erbschaft oder die Hochzeit mit einer reichen Erbin.

Balzacs Rastinac, der fleißige Student, kehrt verändert von seinem ersten Ball zurück. »Die Gier nach Pracht und Reichtum erfasste ihn, Gewinnsucht befiel sein Herz wie ein Fieber, der Durst nach Gold dörrte ihm die Kehle.« Und in der Pension, in der er sein Studentenzimmer hat, trifft er auf den schlauen Vautrin, der ihm klarmacht: Erarbeiten lässt sich dieser ersehnte Wohlstand nicht. Anwalt wolle Rastignac werden?, spottet er. »Da heißt es zunächst zehn Jahre lang leiden und kriechen, einem Sachverwalter die Hände küssen, um Prozesse zu bekommen und den Gerichtspalast mit der Zunge auskehren.« Das Richteramt sei die Alternative?, lästert er. Das hieße zunächst »in Paris büffeln und die Leckereien, nach denen wir lüstern sind, immer vor Augen haben, ohne sie anrühren zu dürfen«. Um dann, »in irgendeinem kleinen Nest, wo der Staat Ihnen ein Gehalt von tausend Francs hinwirft, wie einem Metzgerhund einen Knochen, der Gehilfe irgendeines Esels zu werden«. Arbeite nicht!, rät Vautrin, schnapp dir eine Erbin! »Das ist der Kreuzweg des Lebens, junger Mann«, lässt Balzac ihn sagen, »nun wählen Sie!« Um dann, angesichts der

Bälle, auf die Rastinac rennt, zu schlussfolgern: »Sie haben schon gewählt.«

Frédéric Moreau studiert in Paris mit wenig Erfolg. Er ist verzagt, als er endlich einen lange ersehnten Brief aus Le Havre erhält. Sein Onkel ist tot. »Er erbte! Als wäre hinter der Wand ein Feuer ausgebrochen, sprang er barfuß im Hemd aus dem Bett: Er fuhr sich mit der Hand über das Gesicht und traute seinen Augen nicht, der Meinung, er träume noch. Er las den Brief noch dreimal; tatsächlich! des Onkels gesamtes Vermögen!« Frédéric küsst die Mutter, die vor Erregung in Ohnmacht fällt, auf die Stirn. »Er bekundete seinen ausdrücklichen Entschluss, in Paris zu leben.« »Um dort was zu tun?«, fragt ihn die Mama. »Nichts!«, sagt er. Und entschwindet. Frédéric Moreau wird Privatier. Eine feste Figur auf den Gesellschaften, pendelt er zwischen den verheirateten Damen, denen er den Hof macht, und seiner Mätresse, mit der er lebt: »Das Schönste am Tage war der Morgen auf ihrer Terrasse«, schreibt Flaubert. »Im Batistmieder und barfuß in Pantoffeln lief sie um ihn herum, reinigte den Käfig ihrer Zeisige, gab den Goldfischen Wasser.«

Eine Tages trifft der nun noble Erbe seinen Jugendfreund auf der Straße. Der, stets fleißig und strebsam, hatte es tatsächlich zum Anwalt gebracht, doch seine Anstrengung wurde nicht belohnt. Der Freund haust in einer winzigen Wohnung, der einzige Schmuck in seinem Büro, einem kleinen, kalten Raum mit grauen Tapeten, ist »in einem Ebenholzrahmen neben dem Spiegel eine goldene Medaille«, der »Preis für seine Doktorarbeit«.

Ist das meine Schuld?, fragt Frédéric Moreau den Freund.

»Ah! sehr gut!«, sagt der. »Gewisse Leute haben Holz im Kamin, Trüffel auf dem Tisch, ein weiches Bett, eine Bibliothek, einen Wagen, alle Annehmlichkeiten! Und ein anderer schlottert vor Kälte unter dem Dach, speist für zwanzig Sous, arbeitet wie ein Sträfling und verkommt im Elend! Ist das ihre Schuld?«

So lief es in der Feudalgesellschaft des 19. Jahrhunderts, deren Hauptstadt Paris war. Nicht der, der fleißig ist, steigt auf, sondern der, der erbt. Statt brav zu lernen, hätte der Freund besser um eine reiche Frau werben sollen. Und diese Erzählungen sollen den Blick in die Zukunft weisen?

Nur in Teilen, schreibt Piketty. »Die Tatsache, dass das Gesamtvolumen der Erbschaften dasselbe Niveau erreicht hat wie in der Vergangenheit, bedeutet nicht, dass Erbschaften dieselbe soziale Bedeutung erlangen.« Denn das Erbe verteilt sich anders als zu Flauberts und Balzacs Zeiten, die Zahl der Riesen-Erbschaften ist geringer.

Die jährliche Rente, die Frédéric Moreau dem Nachlass seines Onkels verdankt, entspräche etwa 1,5 Millionen Euro. Die 500 000 Francs, die Vater Goriot seinen beiden Töchtern vermacht hat, wären – umgerechnet auf unsere Vermögensverhältnisse – vergleichbar mit einer Erbschaft in Höhe von etwa 30 Millionen Euro.

Derartige Riesen-Erbschaften gibt es heute kaum noch. »Da aber die Gesamtsumme der Erbschaften fast wieder das frühere Niveau erreicht hat«, argumentiert Piketty weiter, »folgt daraus, dass es heute mehr substanzielle und ziemlich große Erbschaften gibt: 200 000, 500 000, eine Million oder sogar zwei Millionen Euro.« Erbschaften also, die den Erben nicht erlauben, ihren Beruf aufzugeben und bis zum Tode zu privatisieren, die aber trotzdem den Lauf eines Lebens erheblich mitbestimmen und den Erben Grundlage eines Vermögens sind, das sich die allermeisten nie werden erarbeiten können.

Der Strom des Geldes der Vorgängergeneration tränkt nicht wie im Paris Flauberts und Balzacs nur eine hauchdünne Oberschicht, sondern ergießt sich über mehr, ein Fünftel, vielleicht ein Viertel der Bevölkerung. Dadurch ist die Renaissance der Erbengesellschaft weniger offensichtlich. Es ist ein Prozess, der eher schleichend abläuft, die Folgen sind subtilerer Art. Aber deswegen nicht weniger einschneidend.

Falls sich die Ungleichheit zwischen Erben und Nichterben ungebremst fortsetzt, so fürchtet Thomas Piketty, könnte dies am Ende zu Unfrieden, zu »politischem Aufruhr« führen. Er schreibt: »Unsere demokratischen Gesellschaften« – deren Verfassungen die Gleichheit aller Bürger garantieren, »sind Meritokratien – damit meine ich, dass sie vom Glauben geprägt sind, dass Ungleichheit mehr auf Verdienst und Anstrengung gründet als auf Abstammung und Erbschaften. Dieser Glaube und diese Hoffnung spielen eine entscheidende Rolle in modernen Gesellschaften.«

Seit fast zwei Jahren versuche ich nun, das Porträt der aufkommenden Erbengesellschaft aus vielen Einzelteilen zu legen. Und je mehr Steinchen ich sammle, desto inbrünstiger hoffe ich, dass die Wissenschaftler, deren Daten und Statistiken ihr Herannahen beschwören, doch irren könnten. Denn das, was ich da in meinem dichter werdenden Bild sehe, lässt mich nicht glauben, dass die Erbengesellschaft eine sein wird, die das Glück der Menschen mehrt.

Ich habe in Lars' Siedlung erlebt, dass auch die, die für den Wohlstand, den die Alten ihnen übergeben, dankbar sind, so viel lieber ihr Leben aus eigener Kraft bestritten hätten. Ich habe von Beate erfahren, wie schwer es sein kann, trotz des Erbes weiter unter Nichterben zu leben. Ich habe von Lea gehört, wie aus Menschen, die als Geschwister aufwuchsen, ob des Geldes unversöhnliche Prozessparteien wurden. Ich habe auf Grundlage der vielen Gespräche mit Marlena und Burkhard Kellermann recherchiert, wie das Geld dem Menschen das Schlechteste entlockt, das in ihm steckt. Und Roger Klüh hat mir klargemacht, wie schwer es ist, den eigenen Weg zu finden, wenn die Schatten der Alten so gewaltig sind.

Nun könnte man sagen: Was juckt mich das Schicksal der Erben? Was interessiert mich deren Geld? Deren Glück? Und deren Nöte? Nach fast zwei Jahren, die ich nun mit den Erben verbringe, glaube ich, dass Thomas Piketty recht haben könnte: Der stete Strom der Erbschaften droht das Fundament unseres Zusammenlebens auszuwaschen. Wenn tatsächlich drei Billionen in den kommenden zehn Jahren nahezu unversteuert weitergereicht werden, so wird das nicht nur das Leben des einzelnen Erben verändern, sondern die Statik des Ganzen. Die Erbengesellschaft des 21. Jahrhunderts wird nicht die alte Feudalgesellschaft sein, aber auch nicht mehr die recht nivellierte Mittelschichtsgesellschaft der Nachkriegsjahre.

Es wird etwas Neues entstehen. Ein Zwitter aus Meritokratie und Ancien Régime? Ein Hermaphrodit – halb feudal, halb demokratisch? Wie der wohl aussehen wird? Ich glaube, dass es noch zu früh ist, um das finale Bild zu zeichnen. Aber einige große Linien, mit denen ich mein Mosaik, die Erzählungen der einzelnen Erben rahmen kann, lassen sich bereits ziehen. Entwicklungen, die an vergangene Zeiten erinnern: Noch nie investierten die Reichen in diesem Land so viel Geld in die Kleidung, die Feste und die Hobbys ihrer Kinder. Es gibt einen Run auf teure Schulen, die offensichtlich im Lebenslauf eines ordentlichen Erben erwartet werden. Stiftungen, mit denen sich oft die Gründer und dessen Familien ein Denkmal schaffen, werden zahlreicher. Die Netzwerke der Familien untereinander halten und tragen die Kinder meist sicher durchs Leben.

Jens Beckert, Direktor des Max-Planck-Instituts für Gesellschaftsforschung, beobachtet eine »Entsolidarisierung« der Wohlhabenden und schreibt: »Mit dem Versuch, den eigenen Nachwuchs durch Vermögensvererbung vor den Wechselfällen des Marktes zu schützen, reagiert die obere Mittelschicht auf soziale Bedingungen steigender sozialer Unsicherheit.«

Aber der Reihe nach. Fangen wir klein an.

Ganz klein. In meinen Händen liegt ein weißer Kurzarmbody aus Baumwolle für ein Neugeborenes. Die Knopfleiste ist versteckt, auf der rechten Brust öffnet sich ein kleines Täschchen. Abgesehen von diesen beiden Details sieht das gute Stück aus, wie weiße Babyunterwäsche eben aussieht. Ich fasse flink in den Kragen und blicke auf das Etikett: 145 Euro. Der Body ist von *Baby Dior*. Kurz darauf werde ich ein zuckersüßes Strickset aus beiger Kaschmirwolle auf den Glastisch legen. Größe 80, 275 Euro. Ich werde einen Schneeanzug für Zweijährige von der Stange nehmen: gut 800 Euro. Und eine rosafarbene Winterjacke mit Fellkragen und Swarovski-Steinchen für ein Kindergartenkind: für noch einmal hundert Euro mehr. Draußen im Schaufenster lockt ein seidenes Kleidchen, das einer Fünfjährigen passen könnte – für 3000 Euro.

Vor zehn Minuten habe ich die Kinderboutique an der Düsseldorfer Königsallee betreten. Zuvor habe ich eineinhalb Stunden mit der Inhaberin Barbara Frères – einer stolzen weißblonden Dame mit tiefroten Lippen und goldenen Elefantenohrringen – und mit ihrem Sohn, der das Geschäft eines Tages von ihr erben soll, in deren Büroräumen parliert. Sie hatte gesagt: »Mir wird oft die Frage gestellt: Frau Frères, wer kauft ein Kleid für 3000 Euro? Dann sage ich: Ich verkaufe keine Preise. Ich kleide die Kinder an. Ich vermittle Emotionen. Und ich diene meinen Kunden.«

Ich kann aber nicht anders. Ich kann die Stoffe nicht genießen, nicht die Stickereien, nicht die süßen Designs. Ich schaue auf die Preise – und denke: so viel Geld. Für Babykleidung? Ist doch Wahnsinn.

Das erste Mal, dass ich so ungläubig auf die Etiketten von Kinderbekleidung gestarrt habe, war vor einem knappen Jahr, kurz vor Weihnachten. Ich hatte in der Spielzeugabteilung des Berliner Traditionskaufhauses KaDeWe nach einer Spieluhr gesucht und war in den Kindermodebereich abgebogen. Ich griff nach einem Schneeanzug, gefüttert, mit Lederschnallen in Größe 62. Ich schaute aufs Preisschild und sah: 279 Euro. Daneben hing ein Hausanzug für 199 Euro. Ich machte, ganz baff, ein Foto. Und dachte: Mit viel Glück passt so ein Ding einem Baby für zwei, vielleicht drei Monate. In dem Onlineshop der Firma entdeckte ich dann noch einen Kaschmir-Strickanzug für Neugeborene mit Mütze für 375 Euro und die Wickeltasche für die Mama für 995 Euro.

Ich las, dass sich der Markt für Luxuskleidung in Baby- und Kleinkindgrößen seit einigen Jahren rasant entwickelt, laut einer Branchenstudie dreimal so schnell wie der für edle Erwachsenenmode. Konnte man lange die Haute-Couture-Anbieter, die auch für Kinder nähten, an einer Hand abzählen, ist die Liste der Labels mit Babykollektionen länger und länger geworden: Burberry Kids, Armani Junior, Chloé enfant, Baby Gucci und Young Versace sind in den letzten Jahren dazugekommen. »In Deutschland wächst die Bereitschaft, kleine Kinder teuer und hochwertig einzukleiden«, schreibt die *Frankfurter Allgemeine Zeitung*.

Anfang 2014 belegte auch das Statistische Bundesamt diese These mit der Studie »Konsumausgaben von Familien für Kinder«. Die referierten Zahlen sind schon recht alt, aus dem Jahr 2008 und – was die Lage der reichen Erben angeht – wie immer nur bedingt aussagekräftig, da die Stichprobe bei einem Haushaltseinkommen von 18 000 Euro im Monat abreißt. Es ist das übliche Problem: Zahlen zu den wirklich Vermögenden gibt es einfach nicht. Trotzdem lohnt ein Blick in die Studie: Demnach investieren die Deutschen in ihre Kinder im Mittel 584 Euro im Monat. Das sind 6,4 Prozent mehr als fünf Jahre zuvor, wobei der Durchschnitt wie so oft recht wenig aussagt.

Interessanter ist die Detailauswertung, die Angaben zu den ärmsten und reichsten zehn Prozent unter den befragten Familien. Paare mit einem Kind aus der Gruppe der unteren zehn Prozent mussten mit 1396 Euro netto auskommen. Paare mit einem Kind aus der Gruppe der oberen zehn Prozent hatten fast sechsmal so viel, nämlich 7898 Euro. »Die Unterschiede zwischen oben und unten sind größer geworden«, schreiben die Statistiker. Und: Für ihr Kind gaben die Familien der untersten Gruppe 328 Euro im Monat aus, die Familien, die zu den oberen zehn Prozent gehören, aber 900 Euro, fast dreimal so viel.

In zwei Wochen wird Barbara Frères' Boutique in neue, schöne, größere Räumlichkeiten an der Königsallee umziehen. Das Geschäft wächst auch hier ganz offenkundig. Philipp Frères sagt: »Wir spüren eine Nachfrage nach ganz extremen, exklusiven Sachen, ganz am oberen Ende, die erst in den letzten Jahren entstanden ist.« Seine Mutter bekräftigt: »Es wird schon gerne Geld ausgegeben. Es gibt in den Familien heute vielleicht ein Kind, maximal zwei. Dann wird natürlich das Beste für das Kind ausgesucht.« Und als ich ihr von den Summen erzähle, die nun Jahr für Jahr vererbt werden, lacht sie und sagt: »Ich denke schon, dass wir von den 250 Milliarden pro Jahr profitieren werden.« Dann zieht Barbara Frères einen weißen Seidenanzug in Kleidergröße 80 aus dem Schrank und sagt: »Schauen Sie, das ist doch das Passende für einen kleinen Erben.«

Nicht nur durch die Kleidung wird den jungen Erben das Gefühl vermittelt, etwas ganz Besonderes zu sein. Die Firma *My cosy cottage* fertigt zum Beispiel Gartenspielhäuser für Kinder mit Niveau. Das Landhaus im klassisch-englischen Stil, gedeckt mit Bitumschindeln, am Eingang eine Türglocke aus Gusseisen, Preis: ab 7380 Euro, ist eine Kinder-Gartenvilla, das Swedish Cottage im nordischen Stil ein Traum für Astrid-Lindgren-Jünger und die Hütte »Kleiner Stanglwirt« die perfekte Kopie eines Tiroler Fünf-Sterne-Hotels.

Immer mehr Agenturen leben davon, Kinderfeste zu organisieren, die in manchen Kreisen, so lese ich, zum Statussymbol geworden sind. Die Inhaberin der Agentur Tollkids, die Familien in München und Salzburg »bedient«, hat schon eine Top-Model-Party mit Hairdresser, Make-up-Artist, cooler Location, rotem Teppich und Catwalk organisiert. Oder ein Gauklerfest mit Stelzenläufern, Drehorgelspielern, Jongleuren, Pferden und Bungee-Trampolin. Manchmal erschreckt sie selbst, wenn sie sieht, welcher Aufwand für die kleinen Erben getrieben wird. Aber der Bedarf ist da. Und so wachsen und gedeihen die Unternehmen, die die kleinen Erben hegen und pflegen, die ihnen tagtäglich das Gefühl geben, anders zu sein als der Rest. Eben Prinzen und Prinzessinnen – mit guten Aussichten auf den Thron.

ELITEN

Weiter geht's. Ich sitze im Büro der »Internationalen Schulberatung« von Barbara Glasmacher. Sie ist die Platzhirschin ihrer Branche, residiert in einer geräumigen Altbauwohnung in München-Schwabing, eine Fußmatte mit britischer Flagge vor der Eingangstür, Fischgrätparkett unter den Füßen. Ein Internat, das habe ich gelernt, gilt vielen als idealer Ort der Erbenerziehung. Wolfgang Grupp war in St. Blasien bei den Jesuiten. Seine Kinder schickte er nach Aiglon in die Schweiz. Roger Klüh war auf dem Rosenberg bei Zürich. Auch seine Söhne sind jetzt dort. Philipp Neckermann ging ins Internat Schloss Ising am Chiemsee. Axel Sven Springer, der Enkel des Verlagsgründers, war in Zuoz in der Schweiz. Und Barbara Glasmacher, die Chefin hier, eine blonde Dame in grüner Lodenjacke, um den Hals ein seidenes Tuch, schickte ihre vier Töchter nach Sevenoaks in England.

»Aus der Portokasse habe ich das nicht zahlen können«, stellt sie sofort klar. »Ich habe ein Bild verkaufen müssen, das ich von meinen Eltern geerbt habe. Es hängt jetzt im Museum in Leeds.

Das sage ich meinen Kindern immer: Wenn ihr mal wissen wollt, wer eure Ausbildung finanziert hat, dann fahrt mal dorthin und schaut euch das Bild an.«

Frau Glasmacher, merken Sie, dass es unter den Eltern den wachsenden Wunsch gibt, die Kinder in Internate zu schicken?, frage ich.

»Ja«, sagt sie, »eindeutig.«

Warum?, frage ich.

»Meine Kunden sehen, dass sich die Zeiten geändert haben«, sagt sie. »Sie begreifen mehr und mehr, dass man nichts Sinnvolleres tun kann, als sein Geld in die Ausbildung der Kinder zu stecken. Auf der Bank kriegt man ja nichts mehr an Zinsen, und man kann ja auch nicht endlos Häuser kaufen.« Sie lacht kurz. »Da investiert man lieber in die Zukunft der Kinder.« Sie hält inne: »So sorgen die Familien mit einem vernünftigen Einkommen für ihre Kinder. Sie versuchen das, was sie sich erarbeitet haben, auf eine sinnvolle Art weiterzugeben.«

Während unseres Gesprächs klingelt mehrmals das Telefon. Barbara Glasmachers Angestellte huschen draußen über den Flur. Zwölf sind es inzwischen, das Geschäft läuft. »Fünfhundert bis sechshundert neue Kunden haben wir im Jahr«, sagt sie. »Es ist eine Flucht von gutsituierten Eltern aus dem deutschen Schulsystem heraus. Meine Kunden suchen für ihre Kinder eine sehr gut strukturierte Schule mit nicht zu viel Unruhe. Mit guter Führung und kleinen Klassen.« Sie seufzt. »Ich kann mir das nicht vorstellen, wie wir die Gymnasien wieder hinkriegen sollen.« Sie schaut mich an. »Sie glauben nicht, was da für ein Lärmpegel herrscht. Die großen Klassen – und dann die ganzen ADHS-Kinder, die mit Ritalin vollgestopft sind.«

Dann klingelt das Telefon. Eine Mutter ist dran, sie ist neu. Die Familie von Hohenzollern hatte sie an Glasmachers Agentur verwiesen. Die Frau redet angestrengt auf Barbara Glasmacher ein, so laut, dass ich ihre Stimme immer wieder durch den Hörer vernehme. Sie hat eine klare Vorstellung von der Schule, die zu ihrer Tochter passt. Eine prominente Schule soll es sein, eine, an der sich nur Upperclass-Leute aufhalten. »Die Dame hatte eine andere Agentur bemüht«, sagt Barbara Glasmacher später, »und war nicht ganz zufrieden damit, was sie bekommen hat.« Das favorisierte Internat hat dem Mädchen nur einen Platz auf der Warteliste angeboten. Das Internat, das zugesagt hat, liegt aber in Yorkshire, weit ab vom Schuss.

Barbara Glasmacher wird sehen, was sie machen kann. Sie ist eben Dienstleisterin der Eltern, selbst wenn deren Wünsche nach einem Status-Katalysator für die Kinder absurde Züge annehmen. »Es gibt Kunden«, sagt sie, »die verlangen ganz brutal: Wir wollen die Schule, wo der Sultan von Brunei seine Kinder hat. Die versprechen sich davon edle Netzwerke für später. Aber das bleibt oft eine Illusion.«

Später werde ich durch den Katalog ihrer »Internationalen Schulberatung« blättern, ein beeindruckendes Heft mit schweren Seiten, bedruckt mit großformatigen Bildern von gotischen Kirchen und Schlössern, Anlagen, geformt aus alten Herrenhäusern, die sich anmutig in die sattgrüne britische Landschaft schmiegen, Jugendliche in klassischen Uniformen, die Wappen auf der Brust tragen. So wird Tradition verkauft.

Ich lese: Bedford School, 1552 gegründet. King Edward's School, 1553. Gresham's School, 1555. Brentwood School, 1557. Ich lese weiter: »Erstklassiger Ruf«, »akademische Exzellenz«, »hervorragende Bildungserfahrung«. Ich sehe ein Mädchen im rot-weißen Hockeydress, eines beim Abschlag auf dem College-eigenen Golfplatz, eine Schülercrew auf dem 17 Meter langen Internatsschiff.

Ich blicke auf die Porträtfotos von Glasmachers bisherigen Kunden: Nikolaus Adenauer, Marc Prinz von Croy, Alida von Boch-Galhau. Der eine mit zurückgegeltem Haar, der zweite sorgsam gescheitelt, die dritte mit seidenem Tuch. Ich bastele Reihen aus den immer gleichen Berufswünschen: gehobenes Management, Ärztin, Unternehmer, Zahnärztin, Unternehmensberater, Tiermedizinerin. Und die Exotenfolge: Dirigentin, Diplomat, Künstlerin. Lauter wohlgeratene Nachkommen.

Als ich mich gerade noch am King William's College erfreue, einem Internat mit »18-Loch-Golf-Meisterschaftsplatz« auf der Isle of Man, die ich bislang nur als Steueroase in der Irischen See kannte, fällt die lesezeichenförmige Preisliste aus dem Katalog: »SCHULGEBÜHREN für ein Trimester in der Oberstufe. Schuljahr 2012/2013« steht da, darunter die Preise für 42 Internate: Bedford School 9017 Pfund. King Edward's School 9050 Pfund. Scarborough College, das Schnäppchen auf der Liste, mit 6935 Pfund oder Hurtwood House, der Preiskönig, mit 13 485 Pfund. Pro Jahr kostet die britische Erziehung der Nachkommen also zwischen 26 000 und fast 50 000 Euro.

Der Anteil der Schüler, die auf eine private Schule gehen, hat sich in Deutschland seit Mitte der 1990er Jahre mehr als verdoppelt, inzwischen ist es jeder elfte. Aber auch in diesem Fall trügt eine solche Durchschnittsstatistik. Denn der Run auf die private Bildung verlief nicht in allen Familien, in allen Vierteln, in allen Schichten gleich. Vor allem Eltern, die selbst Abitur haben, vor allem Eltern, die gut verdienen, kaufen einen Platz an einer besonderen Schule für ihre Kinder.

Mr Simon Jaggard ist ein gutgelaunter rotwangiger Brite, den ich in seinem getäfelten Büro treffe. Vor mir sein gewaltiger Schreibtisch, in meinem Rücken das gerahmte Bild seiner beiden kleinen, rotwangigen Söhne. Jaggard sagt, die Deutschen holten einfach auf. In seiner Heimat warte man seit jeher nicht bis zum eigenen Tod, um den Kindern dann erst ein Vermögen zu hinterlassen. Man investiere das Geld lieber zu Lebzeiten in eine hervorragende Privatschule. Zumindest in England die klügere Form des Vererbens, findet er: »In British culture we have inheritance taxes of 40 per cent«, sagt er – eine 40-prozentige Erbschaftssteuer also, die pauschal abgezogen wird. Egal, ob die Kinder oder der Nachbar das Geld erhalten. »Wir könnten unser Geld der Regierung hinterlassen«, sagt Jaggard. Er lacht. Und denkt offensichtlich: Wie dumm wäre das denn? »Eine gute Schulbildung ist etwas, was Sie Ihren Kindern hinterlassen können, ohne dass eine Steuer erhoben wird.«

Die Zahlen stützen Jaggards These: Tatsächlich wird in Großbritannien prozentual wesentlich weniger vererbt als in Deutschland, Frankreich, Italien oder Spanien. Langsam gelänge es, auch die Deutschen von dieser Form des Nachlasses zu überzeugen. »English education is one of the nation's best exports«, sagt Simon Jaggard – kaum ein Exportprodukt also sei so erfolgreich wie die gehobene britische Bildung. »Eltern investieren weltweit in diese Art der Bildung, um ihren Kindern Lebenschancen zu verschaffen.« Und nun entwickle sich der Markt endlich auch in Deutschland. Das freut Simon Jaggard, denn er ist Direktor der St. George's School.

Das Schulhaus, das auch sein großzügiges Büro beherbergt, ein gelber U-förmiger Bau, wirkt, als hätte man eines der Internate aus Glasmachers Katalog auf eine Wiese im Nirgendwo zwischen Köln und Bonn gebeamt. In der Lobby stehen schwere Ledersofas, darauf Samtkissen mit dem selbstkreierten Schulsignet – drei Kronen über einem aufgeschlagenen Buch mit den Worten DOMINE DIRIGE NOS, »Herr, lenke uns!«, die Wappeninschrift der City of London, die man sich in St. George's einfach mal geborgt hat.

Es ist eine Kopie, wie Barbara Glasmacher ein wenig naserümpfend gesagt hatte. Es ist, so könnte man es neutraler formulieren, in der Tat ein etwas seltsames Konstrukt: eine britische Privatschule auf deutschem Boden. Aber das Geschäft läuft gut. Auf dem Rückweg von Glasmachers Büro hatte ich die St. George's-Plakate in der U-Bahn gesehen, mit denen die Eröffnung der Münchner Dependance beworben wurde, hier in Köln hat man gerade den Kindergarten für die ab Zweijährigen erweitert. Am Nachmittag werden sich die SUVs der abholenden Eltern in einer langen Reihe über die schmale Straße schieben.

Als ich Simon Jaggards Büro verlasse, füllt sich draußen gerade der Pausenhof. Kleinkinder, Schulkinder, Teenager – achthundert sind es hier mittlerweile, alle gekleidet in den Schulfarben Matt-grau, Hellblau und Marine, dazu am Bündchen der Strickjacken oder am V-Ausschnitt der Pullover ein tiefroter Strich. Nur an einem Mädchen entdecke ich einen beigen Burberry-Trenchcoat, den ich schon aus dem KaDeWe kenne.

Obwohl St. George's ja eine englischsprachige Schule ist, sind 60 Prozent der Schüler Deutsche. Ihre Eltern sind bereit, ihr Ver-mögen zu Lebzeiten in den Nachwuchs zu investieren, wie Simon Jaggard sagte, statt es erst nach dem Tod zu hinterlassen. Sie zah-len 26 000 Euro im Jahr für die besondere Schulbildung ihrer Kinder.

Genau wie die Kunden der Internatsberatung Glasmacher scheinen sie zu ahnen, dass in der Erbengesellschaft andere Re-geln gelten als bisher. Eine Abmachung, die das Land seit den Nachkriegsjahren zusammenhielt, war die, dass der, der arbeitet, der, der fleißig ist, zu Wohlstand kommen können muss, dass er sich ein Zuhause leisten kann, dass er sich sicher fühlen darf. Wenn aber, wie im Moment, vor allem die ein Vermögen aufbau-en, die erben, wenn aber, wie in vielen Ballungsräumen, Eigen-tumswohnungen oder Häuser nur noch für die bezahlbar sind, deren Eltern und Großeltern Geld zuschießen, gilt diese Verein-barung nicht mehr.

Eine andere dieser stillen Übereinkünfte war lange, dass Bil-dung in diesem Land nichts kosten darf – weil sie ein so elementares Gut ist, dass sie nicht vom Geld der Eltern abhängen darf, weil man die Überzeugung teilte, dass jeder, der sich anstrengt, ein Recht auf einen Aufstieg durch Bildung haben muss. Wenn aber hervorragende Bildung Teil des Erbes von Kindern aus gutem Hause ist, wenn sie ein immer kostspieligerer Baustein des Nachlasses ist, ist auch auf dieses Versprechen kein Verlass mehr.

GÖNNER

Wenig später, an einem Montagnachmittag, als ich aus dem Büro nach Hause komme, liegt auf meinem Bett ein Paket von Andreas Mohn. Ich zerreiße die Paketpappe – und ziehe sieben gebundene Broschüren heraus. Die zwei Jahresberichte der Andreas-Mohn-Stiftung, ein rosafarbenes und ein neongrünes Heft in edlem Einband aus Feinleinen, lege ich erst mal beiseite. Zu sehr faszinieren mich die fünf anderen, jeweils achtzigseitigen Werke, eingefasst mit Spiralbindungen, auf dem Cover moderne Kunst. »Presseschau Andreas Mohn« steht auf dem Titel jedes Bandes. Darunter die Daten: Donnerstag, 3. Juli, Dienstag, 8. Juli, Dienstag, 15. Juli, Mittwoch 23. Juli, Dienstag, 29. Juli. Der Erscheinungstag wechselt, aber der Takt ist verlässlich: Woche für Woche. Ich habe den Monat vor unserem vereinbarten Interviewtermin zugesandt bekommen.

Es ist eine Art Privatzeitung von »Privatier Andreas Mohn«, wie es auf dem Kopf eines Briefes in einem der Hefter heißt. Die Bände folgen einem verlässlichen Aufbau: Vorne findet man Fotos – mal ganzseitige Porträts von Andreas Mohn und seiner Frau, mal Urlaubsbilder aus Nizza, von wo er mich angerufen hatte, Schnappschüsse mit Gattin, Freunden und Hündchen Amy. Dann die Sprüche der Woche: »In der Not darf man lügen und auch betrügen!« Oder: »Reichtum macht erfinderisch« oder: »Wer lacht, gewinnt!« Es folgen Artikel, die im zumindest losen Zusammenhang zum Bertelsmann-Konzern stehen: Neues aus dem Leben von Thomas Middelhoff – dem tief gefallenen früheren Vorstandsvorsitzenden –, ein Interview mit seinem Nachfolger Gunther Thielen, ein *FAZ*-Text über die Suche nach einem Kronprinzen, der mal auf den derzeitigen Vorstandsvorsitzenden Thomas Rabe folgen könnte.

Ich blättere Heft für Heft durch: die Zusammenstellung der Wirtschaftsstorys der Woche, dann die Neuigkeiten aus Gütersloh und hinten stets die Rubrik Vermischtes. »Reichste Frau Spaniens nach Schlaganfall gestorben«. »Eddy Murphy: 40 000 Euro Unterhalt für Tochter« oder: »Prinzessin Teresa zu Oettingen-Oettingen und Oettingen-Spielberg heiratet Oetker-Sohn«.

Ich ahne, dass es im Leben des Privatiers Andreas Mohn viel Zeit und Raum gibt, die er auf seine Art füllt. Vielleicht ist es aber auch der Wunsch nach Anerkennung, der ihn wöchentlich seine Sicht auf die Welt publizieren lässt. Ich stelle die fünf Hefter noch immer irritiert ins Regal und hole die beiden hochwertigen Bände hervor, die offensichtlich von Profis gemacht wurden: Von beiden strahlt mir eine erhabene orangerote Sonne entgegen, daneben die Worte »Andreas Mohn Stiftung«, unten auf der Seite sind die Jahrgänge verzeichnet: 2012 und 2013. Darüber, so hatte mir Mohn bei seinem Anruf aus Südfrankreich gesagt, hätte er gern mit mir sprechen wollen: wie er aus der Rolle des Erben in die Rolle des Stifters gefunden hat.

Er gründete die Andreas-Mohn-Stiftung im Juni 2011 in Bielefeld. »Die Stiftung ist Ausdruck seines Engagements und der sozialen Verantwortung, die Andreas Mohn in unserer Gesellschaft übernimmt«, lese ich auf der Homepage. »Andreas Mohn steht als Stifter in der Tradition seiner Familie.« In dem siebenminütigen Film, den eine renommierte Produktionsfirma für ihn fertigte, sagt er: »Es gibt die Carl Bertelsmann Stiftung, es gibt die

Reinhard Mohn Stiftung, es gibt die Andreas-Mohn-Stiftung. Das sind so drei Generationen runter.« Es scheint, als wolle sich der vergessene Sohn zumindest seinen Platz in der Ahnenreihe der Familie zurückerkämpfen.

Und so präsentiert er in den beiden Stiftungsbroschüren ausführlich seine kleinen und großen guten Taten mit gewählten Worten und exzellenten Bildern: Die Stiftung kaufte der »Interessensgemeinschaft für Therapeutisches Reiten« den vierjährigen Wallach Janosch. Sie war Mitausrichterin der Kopfrechen-Weltmeisterschaft. Sie beteiligte sich am Kauf eines neuen Auslieferwagens für die Bielefelder Tafel. Sie lieh vier Bielefelder Schulen für ein Jahr jeweils sechs gerahmte Kunstdrucke. Sie zahlte einen Acrylmalkurs für die Belegschaft des »wertkreises Gütersloh«. Sie lud die Band Madsen zu einem Konzert in eine Bielefelder Schule – die widmete ihren Song »Du schreibst Geschichte« Andreas Mohn. »Das war ein berührender Moment«, lese ich.

»Ich glaube schon, dass die Gesellschaft von Persönlichkeiten lebt«, sagt Andreas Mohn in dem Imagefilm. Und seine Frau fügt hinzu: »Es wird eine glücklichere, eine liebenswertere, eine menschlichere Gesellschaft, das ist unser Ziel, und das ist letztlich auch unsere Stiftungsarbeit.« Große Worte.

Seit 2001 hat sich die Zahl der rechtsfähigen Stiftungen in Deutschland verdoppelt. Im Jahr 2013 waren es 20 150. »Deutschland ist auf dem Weg zum Stifterland«, sagte Wilhelm Krull, Generalsekretär der Volkswagenstiftung. Und Bundespräsident Joachim Gauck freute sich in seiner Rede zur Eröffnung des Deutschen Stiftungstags im Mai 2014: »Das Stiftungswesen ist aus der Wirklichkeit unseres Landes einfach nicht mehr wegzudenken: Sie stiften Sinn. Sie stiften Zusammenhalt. Ja, sie stiften Zukunft!« Viele vermuten, dass der Stiftungsboom auch eine Folge der Erbenwelle ist.

Bei einer Umfrage unter Stiftern sagten 37 Prozent, sie gründeten die Stiftung auch, um den Nachlass zu ordnen. Ein Stiftungsexperte, mit dem ich telefoniere, sagt, er höre von Notaren, dass sich bei ihnen die Testamente häuften, in denen Stiftungsgründungen oder Großspenden verfügt seien. Vor allem Kinderlose fänden diese Lösung reizvoll, »bevor das Geld im Staatssäckel verschwindet«, wie er sagt. Und auch bei denen, mit denen ich mich beschäftigte, gehört das Stiften offensichtlich dazu: Roger Klühs Vater Josef hat zum fünfundsiebzigsten Firmenjubiläum die »KLÜH-Stiftung zur Förderung der Innovation in Wissenschaft und Forschung« gegründet. Die Wolfgang-und-Elisabeth-Grupp-Stiftung hilft in Burladingen und den Nachbardörfern. Und auch Beate, die Wissenschaftlerin, die das Erbe jahrzehntelang auf ihrem Konto einfror, fragte sich eines Tages, ob nicht eine Stiftung ihre Probleme mit dem Geld der Eltern lösen könnte.

Es begann mit einem Bericht in der Zeitung, in dem die Bewegungsstiftung aus dem niedersächsischen Verden erwähnt wurde. Beate war elektrisiert. Sie dachte: »Das spricht mir aus der Seele, das ist mein Ding. Da geht es genau um mein Problem.« Sie bestellte sich die Stiftungsunterlagen und überwies die erste Summe. Sie erhielt eine Urkunde, auf der zu lesen war, dass sie nun Stifterin sei. Und sie war ihrem inneren Frieden zumindest vorübergehend näher gekommen.

Die Bewegungsstiftung gibt es seit 2002. In ihr haben sich Menschen wie Beate zusammengetan: »Mitglieder der Generation der Erben«, wie es auf der Homepage der Stiftung heißt, die wollen, dass es in diesem Land gerechter zugeht und die so ihre Probleme mit dem Prinzip des Erbens haben. Deshalb, so schreibt die Stiftung in ihrer Selbstdarstellung weiter, »wollten sie Teile ihres Vermögens einsetzen, um soziale Bewegungen zu fördern und gesellschaftlichen Wandel aktiv zu gestalten«.

»Es gibt erstaunlich viele linke, reiche Erben«, sagt einer der Gründer. Fünf Millionen Euro hat die Bewegungsstiftung seit

2002 angesammelt, zwei Millionen verteilt: an einen Verein, der Lobbyisten kontrolliert, an eine Frau, die hauptberuflich gegen Atomkraft und Gentechnik protestiert, an eine Initiative gegen die Ausbeutung von Näherinnen in Bangladesch. »Ich wusste ja immer nicht, wohin ich mein Geld geben sollte«, sagt Beate. »Mit der Stiftung habe ich jetzt so eine Paketlösung gekauft, und jetzt habe ich so eine Bandbreite von zehn, fünfzehn Projekten.«

Und wenn dir eines nicht gefällt?

»Das ist okay«, sagt Beate, »ich bin ja so glücklich, dass ich etwas gefunden habe, wo ich mein Geld hingeben kann.«

Wie schön, denke ich, sounds like happy end. Und ich frage: Ist damit alles gut, Beate?

Sie schüttelt energisch den Kopf. »Nein«, sagt sie, »eigentlich finde ich es unsäglich, wenn Leute sagen, die Reichen seien große Gönner, und der Obolus, den sie leisten, sollte freiwillig sein«, also nicht über Steuern erzwungen. Und: »Auch in der Forschungslandschaft nehmen Stiftungen ja inzwischen eine wesentliche Rolle ein. Und so etwas finde ich nicht gut. Das Geld sollte von den Ministerien kommen.« Und schließlich: »Vom Grundsatz her würde ich lieber alle Stiftungen abschaffen und die nötigen Aufgaben durch Steuern finanzieren.«

Erst murre ich: Findet Beate eigentlich in jeder Suppe ein Haar? Dann denke ich nach – und lese im Millionärsreport von *Spiegel*-Autor Christian Rickens, der schreibt: »Der Stifter indes gilt in der Öffentlichkeit als wahre Verkörperung des verantwortungsvollen Vermögenden.« Aber tatsächlich dienten viele Stiftungen als »gesellschaftliches Machtinstrument, als Werbekanal der eigenen Firma, als Netzwerk-Plattform der Oberschicht oder schlicht als steuerbegünstigter Weg für Millionäre, um ihren Hobbys oder ihrem Narzissmus zu frönen«.

In der Stiftungsanalyse des Journalisten Robert Jacobi *Die Goodwill-Gesellschaft* heißt es: »Je größer die finanziellen Mittel in der Hand einzelner Bürger sind, desto größer ist die Gefahr plutokratischer Tendenzen.« Und: »In den meisten Fällen sind die betreffenden Summen steuerbefreit und damit subventioniert von jener Gesellschaft, an die sie mit gönnerhafter Geste fließen sollen.«

Rob Reich, Professor am Center on Philanthropy and Civil Society der Stanford University, meint: »Die Bürger subventionieren letztlich, was Stiftungen tun, können aber keinerlei demokratische Kontrolle ausüben.«

Sogar in der *StifterStudie*, die im Auftrag der Bertelsmann-Stiftung erstellt wurde, heißt es: »Stiftungen sind elitär und undemokratisch. Ungeachtet aller guten Taten, die Stiftungen vollbringen, drängt sich – soziologisch betrachtet – diese Einschätzung auf. Stifter gehören überwiegend den besser verdienenden und wohlhabenden Schichten der Bevölkerung an; sie entziehen ihr Geld dem Zugriff demokratischer Willensbildungsprozesse, indem sie es in eine Stiftung einbringen.«

Ich denke: Hat Beate vielleicht doch recht? Ist die Bereitschaft vieler Vermögender, vieler Erben, zu stiften – die uns zunächst reflexartig »hurra« schreien lässt –, gar nicht so altruistisch, wie es aussieht? Lässt sich auch anhand der Stiftungen beschreiben, wie sich die Statik der Erbengesellschaft verändert – weg von einer Gemeinschaft, die das Zusammenleben demokratisch organisiert, hin zu einer, die die vormodernen Züge des Feudalismus trägt?

In mehreren Reformen hat der Staat das Stiften steuerlich begünstigt. Seit 2007 kann Jahr für Jahr eine Million Euro Stiftungsgeld vom zu versteuernden Einkommen abgezogen werden. Damit fördert der Staat das Stiften mehr als das Spenden. Hier ist bei 20 Prozent des Einkommens Schluss. Der Staat also subventioniert in höherem Maße, wenn Vermögende stiften, als wenn sie ihr Vermögen an Amnesty, die Ärzte ohne Grenzen oder die SOS-Kinderdörfer geben. Und er scheint es auch zu goutieren, dass sie das Geld lieber selber gemeinnützig einsetzen, statt – wie alle anderen – per Steuer in den Staatshaushalt einzubringen.

Die Gemeinschaft gewähre den Reichen durch »den Verzicht auf Besteuerung einen Vertrauensvorschuss«, schreibt Stiftungsexperte Jacobi. Um dann zu urteilen: »Leider aber kommt der Sektor dieser mehr als nur moralischen Pflicht in weiten Teilen nicht nach. Es gibt, anders als in Staat und Wirtschaft, schlichtweg keine Transparenz. Und Karsten Timmer, der Autor der Bertelsmann-*StifterStudie*, der sich inzwischen mit einer Stiftungsberatung selbständig gemacht hat, legt nach: »Ich halte es für ein Problem, dass Stiftungen die letzten Einrichtungen in diesem Land sind, die praktisch ohne öffentliche Kontrolle schalten und walten können, wie sie wollen.«

Beate ist die Einzige, die mir gegenüber erwähnt, wie viel Geld sie in die Stiftung gesteckt hat: 5000 Euro waren es in einer ersten Tranche. Zwei-, dreimal schoss sie noch nach und liegt nun bei 20 000. »Jetzt ist es auch gerade ein bisschen eingeschlafen«, sagt sie.

Die KLÜH-Stiftung schreibt auf ihrer Homepage, dass seit der Gründung vor gut 25 Jahren 650 000 Euro verteilt worden seien. Über die Andreas-Mohn-Stiftung erfahre ich aus einem Presseartikel, dass das Grundkapital bei zwei Millionen liegen soll und eine jährliche Zustiftung von 200 000 Euro geplant sei. Wie hoch der Anteil der Personal- und Werbekosten ist, wie viele Projekte angenommen und abgelehnt werden und nach welchen Kriterien, welcher Anteil tatsächlich bei den Projekten ankommt – dazu findet man nichts.

In den USA und Großbritannien ist das anders. Da kann jeder die wichtigsten Stiftungsunterlagen einsehen, in den USA wird sogar die Steuererklärung der Stiftungen online gestellt.

Für die Erstellung der *StifterStudie* hatte das Team von Karsten Timmer die Wohltäter gefragt: »Wen haben Sie in die Gremien der Stiftung berufen?« 84 Prozent sagten: mich selbst. 38 Prozent: Freunde und Bekannte. 30 Prozent: Ehegatten oder Lebensgefährten. Erst dann folgten Experten, Personen des öffentlichen Lebens, Bankbeamte oder Rechtsanwälte. Ein Vermögender bezeichnete den Aufbau seiner Stiftung als »monarchisch«.

»Ein besonders wichtiger Gesichtspunkt beim Entschluss, das eigene Engagement in Form einer Stiftung zu betreiben, ist die Kontrolle über die Mittel«, schreibt Timmer in der Studie. »Stifter wollen sich für die Gesellschaft einsetzen – aber sie wollen selbst entscheiden, wo ihr Engagement gebraucht wird und wie sie helfen wollen.«

»Ich möchte nicht, dass der Staat mit meinem Geld etwas macht, was ich gar nicht will, was ich gar nicht beeinflussen kann«, sagt einer der Interviewten. »Dann soll es lieber in die Stiftung gehen, dann geht es in die Richtung, die mir behagt.«

Dürfte ich mein Steuergeld so verteilen, wie es mir behagt, würde ich es in Busse und Bahnen, in das Personal von Kindertagesstätten und Frei- und Hallenbäder investieren. Und wenn noch was übrig ist, würde ich für eine Sonderabgabe für den Sportverein Werder Bremen plädieren, damit die sportliche Leitung sich doch diesen überdurchschnittlich begabten Kapitän der costa-ricanischen Nationalmannschaft leisten kann, der bislang zu teuer war. Auf keinen Fall ausgeben sollte man es meiner Meinung nach für das Ehegattensplitting, schlecht geplante Flughäfen und Beamtenpensionen. Aber ich sehe ein, dass auch das bezahlt werden muss. Oder zumindest akzeptiere ich, dass die Parteien, die die Mehrheit der Stimmen auf sich vereinen, darüber entscheiden. Nicht ich.

Denn in zehn Jahren hätte ich vielleicht vergessen, wie dringend das Geld in Kindergärten benötigt wird. Ich wäre dann wohl für eine Investition in Schulen. Oder in zwanzig Jahren, wenn ich doch aufs Auto umgestiegen wäre, vielleicht doch für Autobahnen? In dreißig Jahren, wenn ich die ersten Rentner-Freunde hätte, würde ich eventuell für höhere Pensionen brüllen. Kurz: Ich wäre ähnlich zuverlässig wie 99 Prozent der Bevölkerung. Nämlich gar nicht. Mit mir könnte man keine langfristige Planung erreichen.

Ich weiß nicht, ob das Haushaltsprinzip der Erbengesellschaft – der Vermögende verteilt's, wie es ihm gefällt – tatsächlich tauglich ist. Jeder Mensch hat Vorlieben, Hobbys und Spleens. Es ist nur logisch, dass die beim Verteilen der Gelder miteinfließen.

»So gesehen bedeutet der Vormarsch der Stiftungen ein Stück Entdemokratisierung«, schreibt Rickens. »Die Bürger lassen sich eines ihrer vornehmsten Rechte abkaufen, nämlich gemeinschaftlich (organisiert über Parteien und Parlamente) darüber zu befinden, wofür der Staat sein Geld ausgibt.« Und: »Anstatt schnöde Steuern zu zahlen, können die Reichen als Hausherr in der eigenen Stiftung wie absolutistische Fürsten selbst bestimmen, wem sie Gutes tun und wem sie es verweigern.«

Wenn behauptet wird, dass per Stiftung den Erben das Vermögen entzogen und stattdessen doch vergemeinschaftet wird – nur eben effizienter und cleverer als per Steuer –, sollte man also, genau wie Beate, zweifeln. Und deshalb nähere ich mich auch dem strahlenden Werner-Steinchen noch einmal mit abgekühltem Verstand. »Mit der Stiftung habe ich das Eigentum neutralisiert«, hatte er gesagt. »Das Unternehmen gehört jetzt sich selbst.« Will man aber mehr über dieses neue Selbst herausfinden, dem die Drogeriekette nun gehört, tappt man im Dunkeln. Ein Internetauftritt der »dm-Werner-Stiftung« ist nicht zu finden, keine Kontaktadresse, kein Organigramm, nichts.

Ich lasse mir einen Auszug aus dem Verzeichnis der Deutschen Stiftungen zusenden, eine Datensammlung des Verbandes. Auch dort füllt die »dm-Werner-Stiftung« nur wenige Zeilen. Sitz: Mannheim, lese ich und finde immerhin eine Postfachadresse und eine

Telefonnummer. Wer die anruft, landet allerdings in der Warteschleife der dm-Drogeriemärkte.

Unter »Satzungszwecke« finden sich die vagen Worte: »Zweck der Stiftung ist die Förderung wissenschaftlicher Initiativen auf dem Gebiet der Geisteswissenschaft Rudolf Steiners (Anthroposophie) sowie Projekte in den Bereichen Bildung und Erziehung (vor allem Waldorf-Pädagogik), Völkerverständigung, Entwicklungshilfe, Jugendhilfe, Gesundheitswesen und Wohlfahrt. Auch bedürftige Personen sollen unterstützt werden.«

Im Interview hatte ich Götz Werner gefragt, wer die Stiftung kontrolliert.

»Ein berufener Stiftungsrat, der sich wie in einer Aktiengesellschaft regenerieren muss«, hatte er geantwortet. »Darunter können auch Familienmitglieder sein, weil sich der Rat selbst erneuert. Wenn eine Amtszeit abläuft, müssen sich die anderen Stiftungsräte fragen, ob sie ihren Kollegen wieder bestellen wollen. Oder, wenn jemand aus dem Kreis sagt: ›Ich will nicht weitermachen‹, müssen sich die anderen auch fragen: Wen finden wir, der sich genauso gut oder besser eignet?«

Und wer beruft die erste Garnitur des Stiftungsrats?, hatte ich gefragt.

»Die beruft der Stifter«, hatte Werner geantwortet, also im Falle seiner Stiftung: er. Und auf meinen fragenden Blick hin hatte er hinzugefügt: »Die Gefahr von Vetternwirtschaft besteht. Aber es ist weniger willkürlich als beim Erbstrom, bei dem jemand, der vielleicht erst 19 Jahre alt ist, ein Unternehmen erben muss.«

Später frage ich noch einmal nach, ob die »dm-Werner-Stiftung« Jahresberichte veröffentlicht und wie sich der Stiftungsvorstand zusammensetzt.

Werners Assistent schreibt mir: »Der Stiftungsvorstand wird nicht kommuniziert.« Allein den Namen des Vorsitzenden der Stiftung teilt er mir mit: »Prof. Götz W. Werner.«

Vielleicht bin ich naiv, aber eine »Neutralisierung des Eigentums« hatte ich mir irgendwie anders, weniger geheimniskrämerisch vorgestellt. Ich glaube Werners warmen Worten und seinen Ankündigungen. Aber transparent ist all das nicht.

Dann bläst auch Götz Werners älteste Tochter, die inzwischen energetische Heilerin ist und sich Chai Min nennt, das abgemachte Treffen wieder ab. Eigentlich müsste ich daran langsam gewöhnt sein, aber ich merke, wie mein Fell dünner wird. Ich habe wenig Lust mehr, in Telefonaten, in Mails darum zu betteln, dass eine wie ich – die kein Vermögen erben wird noch mit einem großen Namen versehen ist – doch bitte ein paar Fragen stellen darf; will nicht mehr devot säuseln: Natürlich werde ich den Gesprächsentwurf vorher zusenden, natürlich dürfen Sie alle Zitate im Anschluss noch einmal durchlesen, um dann doch zu hören: »Lieber nicht.« »Ich denke, mein Nein war deutlich genug!« »Ich möchte doch von unserer Verabredung wieder zurücktreten.«

Langsam fürchte ich, dass wir anderen in dieser Erbengesellschaft vor allem Bittsteller wären. Keine Staatsbürger, nicht Gleiche unter Gleichen, sondern nicht mehr als Hermelinflöhe, nichts als Lüsterkletterer – so nennt der Adlige Bürgerliche, die versuchen, Einlass in ihre Welt zu gelangen. Sie klammern sich an den Hermelinpelz, sie krallen sich an den Kronleuchter. Das missfällt dem Adel, und das missfällt offenbar auch den meisten Erben.

NETZWERKE

Philipp Neckermann flucht. Er steht an der Spüle der kleinen Küche, die an die Reithalle seiner Mutter Marlene grenzt. Die Sahne ist umgekippt. Das mit dem Kuchen wird erst mal nichts. Philipp wird ihn erst kurz vor der großen Feier am Abend backen können, der Feier zum siebzigsten Geburtstag seiner Mutter, die in einem Weingut begangen werden wird, in der Nähe des Drei-Häuser-Weilers Enzlar, wo sich Stallungen, Reithalle und eines der beiden Wohnhäuser von Phillips Eltern befinden. »Die Neckermanns, die hätten auch ein Schloss haben können«, hatte mir der Biograph der Familie erzählt, »aber sie haben das hier gekauft.«

Seit einer halben Stunde reden wir. Sieben Monate lang habe ich auf diesen Tag gewartet. Es ist ein Hermelinfloh-Auftritt par excellence. Das Buch *Die Neckermanns. Licht und Schatten einer deutschen Unternehmerfamilie* war eines auf dem armhohen Stapel derer, die ich in den langen Wochen las, in denen ich meine Briefe an die Geheimbünde, an die dynastisch denkenden Clans verfasste. Ich erfuhr, wie nah Josef Neckermann den Nationalsozialisten stand, er liebte die Reiterstaffeln der SA. An sein erstes Warenhaus in Würzburg gelangte er, weil die Nazis den Vorbesitzer aus dem Geschäft gedrängt hatten.

»Liebe Würzburger, die Zeiten, als hier ein jüdischer Ramschladen war, sind vorbei«, soll Neckermann zur Eröffnung jubiliert haben. Später übernahm er dann als Nutznießer der Arisierung Geschäft und Wohnhaus des Händlers Karl Joel, Großvater des Sängers Billy Joel. Schließlich entwickelte Neckermann, der zum »Reichsbeauftragten für Bekleidung« aufgestiegen war, eine Winteruniform für die Wehrmacht und führte diese Adolf Hitler an dessen 53. Geburtstag im Jahr 1942 im Führerhauptquartier vor. Aus Sicht der Amerikaner war Neckermann ein überzeugter Nationalsozialist. Aber sein Prozess verlief – auch wegen eines exzellenten Anwalts – günstig. Er wurde lediglich als »Mitläufer« eingestuft. Und am 6. September 1948 war Neckermann wieder da. Der erste Neckermann-Katalog, ein »zwölfseitiges Heftchen«, wie ich lese, »flatterte in rund 100 000 Briefkästen der schon bei Neckermann registrierten Bundesbürger. Unter dem hochtrabenden Titel *Neckermann-Illustrierte* wurden rund 133 Titel angeboten.«

Ich las die Geschichte des rasanten Aufstiegs, eines der »Wirtschaftswundermärchen«, die Nachkriegsdeutschland wieder stolz machten. Der erste Renner war ein Kleid zu 5,90 Mark. Innerhalb eines Monats wurden 57 000 Stück verkauft. Dann folgte ein Rundfunkgerät zum Dumpingpreis von 187 Mark. Auch der Volksküchlschrank war ein Renner. Ende der 1960er Jahre hatte die Firma den Zenit erreicht: Neckermann beschäftigte fast 20 000 Mitarbeiter, machte weit über 1,5 Milliarden Mark Umsatz, der Katalog war knapp 900 Seiten stark, führte 42 000 Artikel und wurde an fünf Millionen Haushalte verschickt.

Von da an ging es bergab. Josef Neckermann hatte sich verkalkuliert. Der Umsatz war zwar glänzend, aber die Preise zu niedrig, die Gewinne sackten ab. Im Sommer 1976 musste er seine Firma an Karstadt verkaufen. »Die Familie musste sich von ihrem Firmenbesitz trennen. Von rund 34 Millionen Mark Privatvermögen gingen 29 Millionen verloren.«

Mit dieser Pleite, so sollte man meinen, sei der erfolgreiche Clan wieder auf Normalnull zurechtgestutzt worden. Denkste. Josef Neckermann begann ein zweites Leben als erfolgreicher Sportreiter und Präsident der Stiftung »Deutsche Sporthilfe«. Seine Kinder, so lese ich in der Biographie, »die drei Neckermann-Erben der ersten Generation (Eva-Maria, Peter und Johannes) bereiteten sich indes zum Sprung nach Amerika vor – nicht zuletzt aus steuerlichen Gründen. Das Wenige, was vom Familienvermögen noch übrig geblieben war, sollte nicht der Vater Staat kassieren.«

Johannes Neckermann wurde Kunsthändler. Er zog nach der Jahrtausendwende in ein Landhaus am Schuyler Lake im Bundesstaat New York. Als Biograph Veszelits ihn dort besuchte, erlebte er »einen Barockfürsten«, wie er schreibt. Am Landhaus »prangt das Familienwappen mit einem napoleonischen ›N‹, von einem römischen Lorbeerkranz umrandet. In der Garage parkt sein Ferrari.« Mit den Worten »So sieht die Familie Neckermann sich selbst«

wies Johannes Neckermann auf ein Bild hin, das er bei einem chinesischen Künstler in Auftrag gegeben hat. Es zeigte »im Altarbild Josef und Annemarie Neckermann, als Felsenkopf Richard Wagner, und Johannes reitet als Siegfried hoch zu Ross: Die Enkelkinder Julia, Markus und Lukas sind in die Allegorien der Nibelungen geschlüpft.«

Wie kommt man auf so etwas?, schrieb ich beim Lesen an den Rand und markierte einen Satz, den Johannes sagte, besonders sorgfältig: »Wir Neckermanns«, sprach er in seinem Landhaus, »funktionieren wie eine Festung. Wir sind ein Adel ohne Adelstitel.«

An einem Novembertag traf ich Thomas Veszelits, den Mann, der sich als Biograph und Freund der Familie vorstellte, in einem Starbucks in der Münchner Innenstadt. Am Nebentisch palaverte eine Gruppe Teenager, junge Russen, mit Handy in der Hand und Hündchen auf dem Schoß. Zu dem Bild sagte er: »So empfinden die sich. In Johannes' Arbeitszimmer hängt dieses Bild auf der Stirnseite. Das leben die.«

Ich fragte: »Die Firma ist lange verkauft. Wie kommt dieses Selbstverständnis zustande: Adel ohne Titel?«

Er sagte: »Für die Neckermanns, die heute leben, hat der Name eine enorme Bedeutung. Das können Sie sich nicht vorstellen. Der Name Neckermann hilft immer weiter, selbst bei Banken. Und die Familie hat ein enormes Netzwerk – ob das jetzt Aserbaidschan ist oder Kolumbien oder China. Der Name Neckermann wirkt weltweit. Er ist so deutsch wie Goethe. Aber wie bei allen großen Familien ist es auch bei den Neckermanns: Viele der Erben zerbrechen. Sie finden ihren Platz nicht. Es ist viel Geld da, sie müssen nichts machen. Saint-Tropez ist für immer gebucht. Aber was fange ich mit dem verdammten Leben an? Das ist belastend. Wenn Sie zu viel besitzen, haben Sie am Ende schlaflose Nächte.«

Dieses Prinzip war mir inzwischen schon so oft beschrieben worden, dass ich begann, daran zu glauben. Aber an diesem Abend, im sich leerenden Starbucks, interessierte mich etwas anderes: Taugt ein Nachname wie Neckermann in einem Land wie Deutschland tatsächlich, um alle Nachkommen zu adeln? Verschafft ein solcher Name wirklich so viel Auftrieb, dass ihn die Erben noch Jahrzehnte später nutzen können, um nach oben zu kommen?

In seinem Buch über die Neckermanns hatte Thomas Veszelits vor allem einen der Neckermann-Nachkommen der vierten Generation hervorgehoben: Philipp Leonhard Neckermann, den Sohn von Marlene Neckermann. Die Familie habe den Stammbaum in der Küche hängen, erzählte mir Veszelits. Darauf ließe sich erkennen, dass Marlene ein Spross des »Kohlezweigs« der Familie ist, die Tochter von Walter Neckermann, der der Erbe der Neckermann'schen Kohlehandlung in Würzburg war. Marlene ist die Nichte des großen Patriarchen Josef. Ihr Sohn Philipp also ein Apfel, der schon recht weit vom Stamm entfernt wächst, der aber Veszelits in seinem Buch zu geradewegs hymnischem Lob animierte:

»Schon mit achtzehn fuhr der Führerscheinneuling Philipp, Jahrgang 1982, allein mit seiner Freundin Helena nach Serbien. In seinem alten Volvo brachte er gebrauchte Computer in serbische Schulen.« – »Beim vielgerühmten, monegassischen *Bal de la Rose* saß er in der Nähe von Karl Lagerfeld und Prinz Ernst August mit Caroline von Monaco.« – »Bei den nicht gerade gefahrlosen Geschäftsreisen in den Kosovo begleitete Philipp öfter seinen Vater, übernachtete in den Feldlagern der KFOR-Truppen und war bei wichtigen Verhandlungen zwischen Bankern, Konzernmanagern der Ölindustrie und Staatsministern dabei.«

Ich sagte Veszelits, dass ich Philipp sehr gerne sprechen würde.

Er antwortete: Eine exzellente Wahl. Er werde sehen, was er machen könne, die Familie sei sehr scheu.

Ich wartete also. Ich bekam eine Telefonnummer. Ich sprach mit Philipps Vater. Ich wartete weiter. Ich fragte bei Veszelits nach, noch mal beim Vater. Ich wartete.

Dann, sechs Monate nach unserem ersten Treffen in München, erreichte mich die ersehnte Nachricht. Thomas Veszelits schrieb: »Ich habe etwas für Sie geschafft, was ich selbst nicht für möglich hielt. Am Samstag, den 24. Mai feiert Marlene Neckermann ihren siebzigsten Geburtstag. Ich habe für Sie eine Einladung.« Endlich durfte das Hermelinflöhchen springen.

Philipp Neckermann ist zweiunddreißig, leicht ergraut, er hat braune Augen, ein Muttermal auf der Wange und ein strahlendes Lächeln. Kein Zweifel, er ist ein Hübscher. Jeder hier scheint ihn zu mögen. Gerade tapste ihm sein zweijähriger Sohn, ein feiner Kerl mit Hut, in die Arme. Später wird das baumhohe Pferd »Richthofen« ihn auf die Wange küssen. Die Riesendogge »Tristan« wird um seine Beine streichen. Und das Missgeschick mit der umgekippten Sahne lässt ihn ausgesprochen charmant wirken. Ich denke an die schwarze Herlitz-Mappe, die mir Thomas Veszelits geschickt hatte, darin 25 Seiten mit gesammelten Szenen aus Philipps Leben, Szenen, die seine Einzigartigkeit belegen sollen.

Der alles erklärende Schlüsselmoment, schreibt Veszelits, stünde gleich zu Beginn: Als Philipp ein Kleinkind ist, trinkt er in einem unbeaufsichtigten Moment einen Becher mit einer Terpentinmischung leer, den seine Mutter Marlene neben ihrer Staffelei stehen hatte, wo sie ihre Tage mit dem kleinen Philipp zu verbringen pflegt. Philipp brüllt. Er kommt ins Krankenhaus. Aber er überlebt. »Dass Philipp diesen ›Giftanschlag‹ schadlos übersteht, hält Marlene für ein Zeichen von Unverwüstlichkeit – liegt in der Neckermann-Familie«, schreibt mir Veszelits.

Immer wieder erzählen die Eltern ihrem Sohn diese Geschichte mit der Botschaft: »Du bist etwas Besonderes.« In diesem Geist erziehen sie ihn. Als Philipp neun ist, hält sein Vater ihn für ein Schachgenie. Als er zwanzig ist, will der Vater, dass der Junge ins Europaparlament einzieht. Mit dreiundzwanzig tritt er als Erbe des Familienunternehmens, das mittlerweile mit Bio-Diesel handelt, vor die Presse, sagt: »Ich bin stolz darauf, ein Neckermann zu sein.« Veszelits schreibt: »Der neue Aufstieg der Firma erinnert an die heroischen Zeiten Josef Neckermanns. Sohn wie Vater kommentierten mit vieldeutiger Miene: Die anderen haben das Geld genommen. Wir den Namen. Die Strahlkraft der Marke Neckermann allein ist unbezahlbar.«

Charity-Nachwuchs-Lady Chiara Ohoven lädt Philipp Neckermann an ihren Stammtisch bei der UNESCO-Gala. Er feiert im weißen Leinenanzug in einer mallorcinischen Luxusvilla eine Party unter dem Motto: »Der große Gatsby«. Gastgeber ist ein Verwandter, Florian Homm, der Großneffe des alten Neckermann. Damals galt Homm noch als Hedgefonds-Star. Kurz darauf tauchte er unter – er soll 200 Millionen Euro veruntreut haben.

Philipp tourt im Auftrag der Familienfirma durch die Welt: USA, Israel, China, Aserbaidschan, Brasilien und immer wieder Monaco. Er rast bei einer Promo-Fahrt für die Firma mit Smudo über den Nürburgring. »Philipp ist alles, aber nicht mittelmäßig«, hatte mir Veszelits schon an dem Abend in München gesagt. »Die Eltern sind wahnsinnig überdurchschnittlich, so dass sie nur ein überdurchschnittliches Kind produzieren konnten.«

An diesem Mittag aber erkenne ich den Superman aus Veszelits' Mappe lange nicht wieder. Der reale Philipp Neckermann ist freundlich, offen, wechselt gleich zum »Du«. Er scheint überraschend gut verkraftet zu haben, dass sein Umfeld seit seiner Geburt permanent Großes in ihm, dem vermeintlichen Ideal-Erben, erkennen will. Philipp hat Veszelits' Buch nicht gelesen. Er sagt: »Ich habe das immer wieder weggeschoben. Ein bisschen schirmt man sich ja ab von diesem Bild und dieser Erwartungshaltung der anderen. Ich meine, es gibt da diesen großen Entwurf, und dann gibt es die Realität, die normale Person, die man ist, und das ist dann nicht immer deckungsgleich.«

Wann hast du gemerkt, dass deine Familie außergewöhnlich ist?, frage ich.

»Ich bin schon mit dieser Idee aufgewachsen«, sagt er. »Ich wusste immer, dass meine Eltern einen besonders großen Lebensentwurf für mich hatten.«

Welchen?, frage ich.

Er lacht und fügt den diversen Vater-Träumen, die ich schon aus der Mappe kenne, einen weiteren hinzu: »Präsident der Welt.« Er lacht wieder. »Wirklich.« Sein Vater, erzählt er dann, habe ihn schon mit vierzehn mit auf Geschäftsreisen genommen. »Wie ein Indianerkrieger, der seinem Sohn alles zeigt.« Er habe gelernt, wie man sich benimmt, habe geübt, Fragen zu stellen. Der Wunsch seines Vaters, sagt Philipp, sei immer gewesen, dass sein Sohn einmal in der Politik reüssiert. Seine Mutter hätte ihn gern im Reitsport gesehen, sie hat ihn selbst gecoacht. »Fersen tief, Philipp«, habe sie stets gerufen. Er habe ein bisschen Springreiten gemacht, ein wenig Dressur, sagt er. Aber am Ende ist er ein guter Hobbyreiter geblieben. »Meine Revolution war wahrscheinlich, ein bisschen ein normales Leben zu führen«, sagt er. Denn genau danach habe er sich als Kind oft gesehnt.

Als Philipp klein war, zog die Familie ständig um – München, Ammersee, Südfrankreich. Er war auf acht Schulen, darunter zwei Internate. Es waren »schon viele Erben dort«, sagt er, »ein paar Adlige, die Kinder von Unternehmern, Doktoren und Rechtsanwälten, wie sich das dann so zusammensetzt«. Als seine Eltern das Gestüt in Enzlar kauften, bat Philipp: Schickt mich doch bitte auf eine normale Schule! Von da an durfte er auf das städtische Gymnasium in Kitzingen. Philipp sagt: »Internate tun vielen nicht gut. Manche hatten so einen Schlag, wären fast dran zerbrochen. Ich glaube, die normale Schule hat mir gutgetan. Man bleibt ein bisschen am Boden.«

Viele hatten mir erzählt, dass mit einem Namen wie seinem der Besuch einer öffentlichen Schule ein einziger Spießrutenlauf sei. Eine Stiftung, die Familienunternehmen berät, hat vor zwei Jahren eigens das Bilderbuch *Fred und die Firma* veröffentlicht, in dem schon die Kleinsten nachlesen können, wie hart das Leben für Erben manchmal ist.

Fred, der seinen Namen Friedrich-Josef so gar nicht mag, ist Stammhalter eines Traditionsunternehmens. Sein Papa ist nie zu Hause. In der Schule schreit der freche Michi: »Neben dich setzt sich doch sowieso keiner. Du stinkst nach Geld!« Als er im Matheunterricht nicht sofort ausrechnen kann, wie man einen Haufen Äpfel gleichmäßig auf drei Körbchen verteilt, spottet die Lehrerin: »Ist mir schon klar, dass man bei euch nicht mit Äpfeln rechnet, aber Goldbarren hat eben nicht jeder im Keller!« Und von der Geburtstagsfeier der Gewerkschaftertochter, zu der seine Eltern ihn geschickt haben, wird er mit der großen schwarzen Firmenlimousine abgeholt. Das Leben des Bilderbuch-Erben Fred ist also zunächst eine einzige Katastrophe, bevor die Stiftung den Plot zum Happy End dreht und der Junge Frieden mit der Firma, den Mitschülern und seinen Eltern schließt.

Und?, frage ich Philipp, wie war es bei dir?

Er sagt: »Klar wird man ein bisschen gepiesackt. ›Neckermann macht's möglich‹, das begleitet einen. Oder dieser alte Spruch: ›Wer wöchentlich nur einmal kann.‹« Er bricht ab.

Der Spruch ist so verblichen, dass ich ihn nachlesen muss: »Wer wöchentlich nur einmal kann und möchte gerne täglich, der wende sich an Neckermann, denn Neckermann macht's möglich.« Aha. Nicht so witzig. Philipp sagt: »Daran gewöhnt man sich. Man kennt es auch nicht anders.«

Und wenn wir jetzt miteinander reden, frage ich, bist du dann nur Philipp oder auch Teil einer Dynastie?

»Ich bin Philipp«, sagt er.

Na siehste, denke ich. Aber sofort ergänzt er: »Die Dynastie ist aber auch immer da.«

Die Dynastie also.

Die Homepage des Unternehmens J. C. Neckermann ist noch online. 1895 von Josef Carl Neckermann gegründet, sei die Firma in über hundert Jahren »vom königlich bayerischen Kohlehändler zum europaweiten Energy Trading Desk« gereift, lese ich. Und: »Seit über hundert Jahren führt die Würzburger Unternehmerfamilie Neckermann ihr Handelshaus mit Mut, Tatkraft und Weltsicht durch den Wandel der Zeiten.« Oben auf der Seite werden, beige hinterlegt, Aussagen der Unternehmerfamilie eingeblendet. Marlene Neckermann: »Was du ererbt von deinen Vätern, erwirb es, um es zu besitzen.‹ Nach diesem Goethe-Satz habe ich versucht, die Firmenpolitik zu gestalten.« Und Philipp: »Dass wir uns schon über hundert Jahre in einem wechselvollen Markt erfolgreich behaupten, beweist: Innovation hat bei uns Tradition.«

»Die Firma war immer dabei«, sagt Philipp. »Ich bin mit ihr aufgewachsen. Ich bin groß geworden mit der Idee, der natürliche Unternehmensnachfolger zu sein. Das wird ja in vielen Familienunternehmen noch so gelebt. Es ist wichtig, nach außen und für die Belegschaft, dass der Nachfolger irgendwann präsentiert wird.« Es sei schon ein bisschen, fügt er hinzu, »wie in einer monarchischen Gesellschaftsform«. »Rückblickend«, sagt er und klingt, obwohl er gerade erst Anfang dreißig ist, in diesem Moment viel älter, »könnte ich mir auch vorstellen, andere Berufe zu ergreifen.« Und er zählt seine eigenen Träume auf: »Diplomat, Mediziner, Physiker« – Träume, die hinter dem großen Neckermann-Ding zurückstanden. »Der Name«, sagt er, »bedeutet vererbte

Verantwortung. Man hat nicht das unbeschwerte Leben, man wird von Kindesbeinen darauf vorbereitet, diese Verantwortung zu übernehmen.«

Weil man nicht der sein will, der den Namen verdirbt?, frage ich.

»Richtig«, sagt Philipp. »Ich denke, das ist das Schlimmste, das passieren kann. »Wer will derjenige sein, der ein Familienerbe verspielt? Man möchte nicht das Ende einer langen Kette sein, das ist doch klar.«

Auf der Homepage der Firma J. C. Neckermann stammt der letzte »Meilenstein der Unternehmensgeschichte«, wie es heißt, aus dem Jahr 2010. Die letzte Pressemitteilung ist auf den 17. November 2010 datiert. Die letzte Ausgabe der Firmenzeitschrift *JCN Aktuell* erschien am 7. Dezember 2010. Im November 2012 trug der zuständige Beamte Sauer im Handelsregister ein: »Über das Vermögen der Gesellschaft ist durch Beschluss des Amtsgerichts Würzburg vom 31.10.2012 die vorläufige Insolvenzverwaltung angeordnet.« Im Januar 2013 fügte er hinzu: »Durch rechtskräftigen Beschluss des Amtsgerichts Würzburg ist die Eröffnung des Insolvenzverfahrens über das Vermögen der Gesellschaft mangels Masse abgelehnt. Die Gesellschaft ist aufgelöst.«

Das war's – das Aus der Firma Josef C. Neckermann, nach 118 Jahren. Der Familie bleibt das Tochterunternehmen Neckermann Energie GmbH, deren Stammkapital laut Handelsregister im Mai 2010 auf 1 250 000 Euro erhöht wurde.

Philipp, der nach dem Abitur Betriebswirtschaftslehre in Heidelberg studiert hatte, war kurz vor der Insolvenz in die Geschäftsführung der Firma eingestiegen. Aber da war eigentlich schon alles zu spät. Ohne sein Zutun passierte das, wovor er sich so sorgte: Die Kette, die seit vier Generationen hielt, riss.

Ich frage: Wie hast du die Pleite erlebt? War das ein Schock?

»Klar«, sagt er – und spricht erst mal nicht weiter. »Das ist nie ganz leicht«, sagt er dann und bittet mich, das Mikrofon auszumachen.

Wir stehen lange vor der Reithalle. Er raucht. Er erzählt von der quälenden Zeit, in der er auf das unvermeidbare Aus wartete, von dem Druck, der seinen Körper zu zermalmen schien. Am Tag, nach dem alles vorbei war, begann Philipp ein neues Leben.

Es war ein Kickstart, wohl auch angetrieben durch die Kraft des berühmten Namens: Philipp Neckermann wurde Assistent des Vorstands bei General Electric. Eines seiner ersten Projekte führte ihn gemeinsam mit einem ägyptischen Kollegen quer durch Deutschland. Er sollte eine Studie zum Stand der Energiewende fertigen. »Der hat mich dann angesprochen«, sagt Philipp. »Ihm hatten deutsche Kollegen erzählt, ich hätte so einen bekannten Namen. Das passiert immer hinter meinem Rücken. Wie oft das geschieht, kriege ich deshalb gar nicht mit.«

Thomas Veszelits hatte mir in München von Peter Neckermann erzählt, dem ältesten Sohn des großen Patriarchen Josef. »Auch für den ist es nach der Pleite nahtlos weitergegangen«, hatte Veszelits gesagt. »Der kam nach Amerika und wurde innerhalb von Tagen Vorstandsmitglied einer amerikanischen Versicherung.«

Philipp meint: »Sicherlich hat man einen Bonus, weil mein Name schon so bekannt war. Aber in einer so großen Maschinerie, da kommt man dann rein, aber man bleibt nicht.«

Der Name mag also geholfen haben. Aber darüber hinaus beansprucht Philipp für sich, inzwischen das zu tun, was er sich so lange gewünscht hat: Er führe nicht das Leben eines Erben, sagt er, sondern das eines normalen, ambitionierten jungen Werktätigen. Gemeinsam mit seiner Freundin Isabelle, die er bald heiraten wird, ist er in das Dorf gezogen, in dem ihre Eltern leben. So hat sie Hilfe bei der Erziehung des Sohns, der nicht lange allein bleiben soll. Philipp und Isabelle haben sich im Studium kennengelernt. Sie wusste lange vor ihm, dass er an der Universität war.

Viel später hatte sie ihm erzählt, dass häufig hinter seinem Rücken jemand flüsterte: »Schau mal, das ist ein Neckermann.« Auch ihre Eltern sind Unternehmer. »Es ist schon komisch«, sagt Philipp. »Man bleibt dann doch immer untereinander.«

Und willst du jetzt Karriere machen?, frage ich.

»Ja«, sagt er, »das ist doch das, was bleibt. Man will zeigen, dass man es kann. Auch weil es in meinem Leben unternehmerisch nicht so gut gelaufen ist.«

Aber wie normal kann einer wie Philipp Neckermann tatsächlich sein?

Sein Vater Dieter Heisig fährt uns von den Stallungen in das Winzerstädtchen Iphofen, in dem am Abend gefeiert werden wird. Unterwegs erzählt er vom Kunstschatz der Farah Diba, der Ehefrau des letzten Schahs. Mehr als drei Jahrzehnte hatten die religiösen Herrscher die Sammlung in einem Teheraner Lager vor der Öffentlichkeit verborgen, Werke von van Gogh und Picasso, Nolde und Munch, Kandinsky und Klee, Miró und Monet, Chagall und Dalí, Degas und Pollock. Nun aber hatten die Machthaber in Teheran den Schatz der Kaiserin gehoben. Man wollte zeigen, dass man sich dem Westen öffnet. Und man hat nach Verbindungsleuten gesucht, die die milliardenschwere Sammlung in Europa und Amerika bekannter machen und Ausstellungen organisieren. Gefunden hat das Museum aus der Hauptstadt des Iran seine neuen Repräsentanten in der fränkischen Provinz. Marlene Neckermann und Dieter Heisig werden diese Aufgaben übernehmen. Netzwerke halten offensichtlich ewig, überdauern Regimewechsel, überbrücken Kontinente.

Wir fahren durch das Stadttor – Iphofen, das sich an die Hänge der Weinberge duckt, wirkt wie gemalt. Die Häuser sind verputzt und frisch gestrichen, das Kopfsteinpflaster liegt akkurat. Der schwere Duft von Rosen hängt in den Straßen. »Die Knaufs kümmern sich um Iphofen«, sagt Philipp.

Die Knaufs sind Deutschlands Gipskönige. Sie gehören zu den reichsten Familien des Landes. Und dank ihrer Gelder ist Iphofen eine der wohlhabendsten Gemeinden Bayerns. »Weder das Jugendzentrum noch das Winzerhaus, das Hallenbad, der propere mittelalterliche Stadtkern sowie die herausgeputzte Stadtbefestigung wären ohne sie denkbar«, schreibt die *Wirtschaftswoche*.

Einer der Knauf-Patriarchen wählte das örtliche Schloss aus dem 17. Jahrhundert zum Wohnsitz. Dort hielt er schon oft im Stile eines Adligen Hof, empfing die Schützen, die Burschenschaftler, die CSU. Dort trank auch schon Philipp ein Bier mit ihm. Die örtlichen Fußballer spielen jährlich den Knauf-Cup aus, die Schützenbrüder treten neben der Karl-Knauf-Halle an, und am Markt funkelt das Knauf-Museum – das Leben von Gnaden einer Adelsfamilie ohne Titel kann auch angenehm sein.

DIE MACHT DES ALTEN GELDES

Marlene Neckermann feiert in Hof und Scheune eines Weinguts. Scheu begrüße ich sie. Sie ist noch immer eine schöne Frau, hat lange Beine, feingliedrige Hände, ein strahlendes Lächeln. Sie wird mir am Tisch als Erstes die Geschichte von Philipps Terpentindurst erzählen und später eine bezaubernde schüchterne Rede halten; und während ihres Festes vor allem dann aufblühen, wenn das Gespräch um ihre Pferde kreisen wird. Sie wird sagen: »Ich war immer eine gute Reiterin. Ich habe sogar auf den ausgemusterten Pferden meines Onkels gewonnen.« Sie ist eine exzellente Gastgeberin. Dennoch werde ich ihre Feier am späten Abend irritiert verlassen. Ich werde mich angesteckt haben mit einer Krankheit, die, wie ich später lese, schon andere befallen hat: Es ist die Sorge vor der Macht des alten Geldes.

Thomas Piketty hat für fast alle westlichen Industrieländer das belegt, was mir auch aus Deutschland schon bekannt war: In den letzten Jahrzehnten ist das Vermögen in beeindruckendem Tempo gealtert. Piketty spricht von einem »spektakulären Reicherwerden« der älteren Kohorten. Auch in einer Fachstudie der Kreditwirtschaft ist von den hohen Vermögenszuwächsen vieler deutscher Senioren die Rede, die »mehr Vermögen auf die hohe Kante gelegt haben, als dies für den Durchschnitt aller Haushalte oder für die Haushalte mit einem jüngeren Vorstand gilt«. Sie seien »wohlhabend wie nie zuvor«. Und in den letzten Jahren waren die deutschen Pensionäre unangefochtene Spitzenreiter in Sachen Geldanhäufen: Ihr Vermögen wuchs seit 2008 um sagenhafte 21 Prozent. Werber nennen sie »Woopies« – *well-off older people*. Den Zahlen nach könnten sie wohlig seufzen vor materieller Abfederung. Sie könnten eigentlich dankbar in die Vergangenheit blicken und voller Zuversicht in die Zukunft.

Meine Tischnachbarn an diesem Abend gehören zweifellos zu den Woopies. Die meisten sind erfolgreich, wirtschaftlich potent, in die Jahre gekommen. Sie werden ihre Kinder gut polstern können. Aber die Stimmung in meiner Tischecke ist ganz anders als erwartet. Manche meiner Tischnachbarn wirken verbittert. Manche verärgert. Manche verängstigt. Sie trauern den alten Ostgebieten nach: »Was soll ich in Indonesien, solange der Pole ist in Schlesien«, sagt einer. Eine Frau kandidiert für die Alternative für Deutschland, weil sie glaubt, dass der Euro ein Riesenfehler war. Es gehe alles den Bach runter, sagt sie. Als ich erzähle, dass ich in Berlin mit meinen zwei Kindern lebe, sagen sie »oh« und: »Die können Sie dort aber nicht zur Schule schicken.« – »Ich werde meinen Enkel nirgendwo an eine öffentliche Schule schicken«, postuliert eine.

Als ich nach dem Fest zum Gasthof gehe, durch die sauberen Straßen, vorbei an den makellos verputzten Fassaden, hinein in die warme Stube, da schreckt mich plötzlich die Ahnung, an diesem Abend einen kurzen Blick in die Seele der deutschen Erbengesellschaft erhascht zu haben. In dieser Nacht liege ich noch lange wach. Neben mir die abgedeckte zweite Hälfte meines Gasthofdoppelbettes, bespannt mit einem Frotteelaken, darunter das zweite Oberbett, das im Schein der Straßenlaternen aussieht wie ein aufgebahrter Leichnam.

Deutschland ist ein wohlhabendes Land, ein sicheres Land, ein friedliches Land; ein Land, das sich schwungvoll in noch bessere Zeiten stürzen könnte, das mutig die großen Aufgaben, die vor uns liegen, anpacken könnte, das Visionen entwickeln, Utopien wagen könnte – für ein glücklicheres und gerechteres Zusammenleben, für ein kraftvolles und friedvolles Europa, für einen maßvollen und menschenfreundlichen Kapitalismus.

Aber: »Es ist seltsam«, schreibt die Autorin Anita Blasberg in ihrem Essay *Die schon wieder* in der *Zeit*, »obwohl die Welt sich in rasendem Tempo ändert, steht das Land still. Die Menschen blicken lieber nach hinten als nach vorn.« Immer öfter, sagt sie, sähe sie in den Talkshowrunden ausschließlich Menschen in der zweiten Lebenshälfte, Menschen, die nicht für, sondern gegen etwas seien: gegen den Euro, gegen die Energiewende, gegen Zuwanderung, gegen Schulreformen, gegen die Frauenquote. »Meist«, schreibt Blasberg, »geht es ihnen darum, etwas festzuhalten, nicht darum, etwas Neues zu gestalten.« Das sei nur menschlich, findet sie. »Je älter man ist, desto mehr hat man im Leben erreicht, und je mehr man erreicht hat, umso schwerer fällt es loszulassen.« Es sei aber die Abwehr einer neuen Wirklichkeit. Es ist vermutlich der Grundton einer Gesellschaft, die von wohlhabenden Senioren dominiert wird.

Ich denke an einen Splitter, den ich noch vor Beginn meiner Besuche bei den Erben in mein Mosaik setzte, einen Satz, den ich in einem Essay des Soziologen Heinz Bude las: »Nichts ist ungünstiger und unangenehmer für den Bewegungscharakter einer

Gesellschaft als die Herrschaft gebildeter Rentiers.« Ich habe danach viele solcher Sätze gesammelt. Zum Beispiel die des Psychologen Stephan Grünewald, der mit Probanden Tiefeninterviews über die Lage des Landes führte. Er sagt: »Wir leben in einer Zeitenwende. Die Ängste vor dem Verlust unserer bisherigen Lebensweise überwiegen derzeit die Neugier, die Zukunftslust und die Entwicklung neuer Visionen. Das Schöpferische scheint mir momentan lahmgelegt.«

Oder das harte Urteil von Gerhard Matzig, Redakteur der *Süddeutschen Zeitung* und Autor des Buches *Einfach nur dagegen*, der sich, genau wie ich an dem Abend im Fränkischen, wundert, dass der Wohlstand vieler Deutscher sie nicht voller Tatendrang und Lust auf das Neue in die Zukunft blicken lässt, sondern stattdessen Verlustängste und Sorge um den Besitz Handeln und Denken prägen. »Und manchmal«, schreibt Matzig, »ist in Deutschland, in diesem satten, alten und verdrossenen Land ein solcher Hass auf die Zukunft zu spüren, dass man meint, ihn mit Händen greifen zu können. Ein Hass ist das, der lähmt und müde macht.«

Und die Aussage von Timm Bönke, dem schlauen Ökonom aus dem Piketty-Lager: »Volkswirte befürchten, dass so eine Erbengesellschaft eher gelähmt, eher undynamisch, eher unproduktiv sein könnte.«

In dieser Nacht im Gasthof befürchte ich, dass sie alle recht bekommen könnten. Und ich frage mich: Ist das tatsächlich die Gesellschaft, in der wir leben wollen – eine starre Gemeinschaft, die sich an Vergangenes klammert, statt Neues zu wagen? Eine Gesellschaft, in der vor allem die Jungen ein gutes Leben führen können, die von der Hand der Vorgeneration genährt werden? Eine, in der einige Wohlhabende viel Energie investieren, um ihre Pfründen zu verteidigen und den Besitzstand um jeden Preis in der eigenen Sippe halten wollen?

Lange kreisen diese Fragen in einer ermüdenden Dauerschleife durch meinen Kopf. *Erbe. Lähmung. Vergangenheit. Keine Zukunft. Erbe. Lähmung.* Stopp! Moment, denke ich, ganz ruhig, das mag stimmen. Aber wer sagt, dass diese Entwicklungen alternativlos sind? Wer legt fest, dass wir uns Pikettys U-förmiger Zukunftskurve willenlos fügen müssen? In Deutschland gelten keine Feudalgesetze, die Sprache des Grundgesetzes ist eindeutig: »Die Bundesrepublik Deutschland ist ein demokratischer und sozialer Bundesstaat. Alle Staatsgewalt geht vom Volke aus.« Man könnte also doch etwas ändern, oder? Dagegensteuern?

»Am liebsten«, hatte Beate gesagt, »würde ich hohe Erbschaftssteuern zahlen.« – »Ich wundere mich selbst darüber, wie leise die Diskussionen sind, was die Erbschaftssteuer angeht«, hatte Lars gesagt. »Ich finde, das Geld muss versteuert werden«, hatte sein Nachbar David bekräftigt. Und auch Philipp Neckermann hatte zugestimmt: »Ich glaube, ich wäre dankbar, wenn man sagen würde, man nimmt die Steuern auf das Erbe und setzt diese eins zu eins für Bildung ein.«

Es wird Zeit, endlich die Volksvertreter zu treffen, dachte ich. Schon vor Wochen hatte ich mich mit den Finanzexperten der vier Bundestagsfraktionen verabredet, um ihnen von meiner Angst vor Pikettys U und der Lösung, die viele Erben selber vorschlugen, zu erzählen. Rettung naht, dachte ich, als ich zum ersten Gespräch aufbrach.

15. ICH WERDE IMMER SO MÜDE, WENN ICH INS JAKOB-KAISER-HAUS GEHE

Das Jakob-Kaiser-Haus, das sich hinter dem Reichstag am Ufer der Spree Meter um Meter entlangzieht, das Richtung Brandenburger Tor sogar eine Straße überspannt, ist das vielkammerige Herz des Parlamentarismus, ein Ensemble aus acht Gebäuden, die 1745 Büros Platz bieten. In diesen Räumen sitzen die meisten der 631 Abgeordneten des Deutschen Bundestags, ihre Büroleiter, ihre Mitarbeiter, ihre Praktikanten. Hier werden Anträge erstellt, Anfragen formuliert, Bürgerbriefe gesichtet. Hier werden Positionen geformt, Debatten befeuert, Themen auf die Agenda gehoben. Hier residieren nicht die Minister, die sich so oft in Floskeln flüchten, hier sitzen nicht die Generalsekretäre, deren Sätze so häufig talkshowerprobte Phrasen sind, im Jakob-Kaiser-Haus arbeiten die Abgeordneten, Experten auf ihrem Gebiet, Bindeglieder zwischen Regierung und Volk – eben die, die das Herz der Demokratie zum Schlagen bringen. Oder auch nicht.

Es ist kurz nach neun Uhr an einem Montagmorgen. Ich habe das Begrüßungsritual der Pforte des Jakob-Kaiser-Hauses hinter mir: Der Ausweis ist hinterlegt, die Tasche ist durchleuchtet, der zugewiesene Platz im Wartebereich ist eingenommen. Mein erstes Gespräch mit einem der steuerpolitischen Sprecher der Fraktionen sollte längst angefangen haben. Noch hat die Pforte aber niemanden erreicht, ich habe also Zeit.

Ich lese noch einmal über die Fragen, die ich notiert und den Büros brav zugesandt habe:

Ist die Erbschaftswelle aus Ihrer Sicht ein Glück, weil die Alten so viel weitergeben können? Oder eine Quelle von Ungerechtigkeit, weil das Vermögen so ungleich weitergereicht wird? Ist die Erbschaftssteuer ausreichend? Was antworten Sie den Erben, die gerne höhere Steuern zahlen würden? Haben Sie eigentlich auch Sorgen, dass Deutschland feudaler werden könnte? Und so weiter und so fort. Nach zwei Jahren, die ich mit Erben, Erblassern, Erbstatistiken und Erbfolgen verbracht habe, nach der Lektüre der vagen Statements in den Wahlprogrammen giere ich nach Antworten der Parlamentarier. Aber ich muss mich weiter gedulden.

Ich blicke auf mein ebenfalls wartendes Gegenüber, einen Jungen, achtzehn, neunzehn, vielleicht. Er hat sich schick gemacht, trägt ein Jackett, eine Krawatte, neue Turnschuhe. Er knackt unablässig mit den Fingerknöcheln. Vermutlich fängt für ihn hier in einem der Büros heute etwas Neues, Aufregendes an. Plötzlich hören wir beide ein schnelles Klopfen aus Richtung der Straße. Wir drehen unsere Köpfe: Draußen vor der Glasscheibe steht ein Ehepaar, sie winken, sie klopfen wieder. Der Junge lächelt sparsam. Vermutlich sind es seine Eltern, die ihn gebracht haben, wie nett. Nun warten wir zu viert. Sie winken und klopfen unablässig. Er versucht, nicht die ganze Zeit hinzusehen. Als er nach zehn Minuten von der Mitarbeiterin eines Abgeordneten abgeholt wird, strahlen die beiden draußen. Ihr Winken wird heftiger, ihre Blicke begleiten ihn bis zur Aufzugstür, von wo er ein letztes Mal pflichtschuldig grüßt und sich dann endlich der innigen Umklammerung der Eltern entzieht.

Wenig später werde auch ich geholt, treppauf, treppauf geleitet, dann durch die langen Gänge geführt, hinter deren Türen ich ja die emsigen Herzchen der Demokratie vermute, und schon mal vorsorglich an einem Tisch in einem der 1745 Büros platziert. Ich warte weiter. Es ist das erste Mal, dass mich im Jakob-Kaiser-Haus die Müdigkeit übermannt, ein Gefühl, an das ich mich schnell gewöhnen werde. Dabei hatte ich mich so gefreut, als über Wochen nach und nach die Fachleute aller Fraktionen einem Interview zustimmten:

Lothar Binding, finanzpolitischer Sprecher der SPD-Fraktion – ein freundlicher und kenntnisreicher Heidelberger, der sich nach sechzehn Jahren im Parlament sogar ein eigenes Motto gönnt: Politik mit Phantasie & Verstand.

Lisa Paus, steuerpolitische Sprecherin der Grünen im Bundestag – eine schlaue Berlinerin mit blondem Haar und zerrissener Jeans, die schnell und atemlos redet und Berufspolitik macht, seit sie dreißig ist.

Richard Pitterle, steuerpolitischer Sprecher der Linken, federführendes Mitglied im Finanzausschuss, Gründungsmitglied seiner Partei in Baden-Württemberg – ein ruhiger, bebrillter Mann, dessen Eltern aus Böhmen kamen und dann »beim Daimler schafften«.

Und per Telefon aus Erfurt: Antje Tillmann, die nagelneue finanzpolitische Sprecherin der CDU/CSU-Bundestagsfraktion – gelernte Steuerberaterin, die einst Finanzwissenschaften studiert hat, um das Steuerbüro ihres Vaters zu übernehmen, dann aber in den Osten zog und dort Politikerin wurde.

Eigentlich doch ein gutes Team. Und drei von vier Abgeordneten, das wird schnell klar, teilen meine Sorge vor einem Revival der Erbengesellschaft. Allein Antje Tillmann schert aus. Sie sagt: »Für das private Wohlbefinden und die Antwort auf die Frage ›Wie geht es mir?‹ ist die Einkommensungleichheit doch wesentlicher als die Vermögensungleichheit. Wenn die Zahlen stimmen, dass zehn Prozent der Deutschen mehr als 50 Prozent des Vermögens haben, dann gehören wir beide auch nicht dazu. Und mir geht es damit nicht schlecht.«

Das ist natürlich erfreulich.

Sie sagt: »Unser Ziel muss es deshalb vorrangig sein, die Einkommensungleichheit zu verringern.«

Ich frage nach: Ist nicht eine Steuer, die das Einkommen belastet, das sich der Einzelne erarbeitet, weniger fair als eine auf Erbschaften, die man anstrengungslos qua Geburt erlangt?

Sie sagt: »Das Geld im Erbgang abzuschöpfen hat zwei Risiken. Erstens: Wenn wir keine europäische Erbschaftsbesteuerung haben, dann ist das Vermögen ganz schnell im Ausland. Und wenn ich die Erbschaftssteuer zu hoch ansetze, dann ist der Anreiz von Menschen zu sparen geringer. Und dieser Spruch: ›Meinen Kindern soll es mal besser gehen‹, den ich noch von meiner Großmutter gehört habe, den hört man heute seltener. Eigentlich finde ich es ganz schön, wenn Eltern darauf hinplanen und sparen, dass es den Kindern später gutgeht.«

Das ist stimmig, stringent und deckt sich mit dem, was ich im mausgrauen Wahlkampfheft der CDU las: »Nein zur Vermögenssteuer – Keine Erhöhung der Erbschaftssteuer«. Die CDU scheint kein Problem mit einer Gesellschaft in Form von Thomas Pikettys U zu haben.

Die anderen allerdings schon. Voller Inbrunst, entschlossen und kenntnisreich warnen die Fachleute der SPD, der Grünen und der Linken vor den Verwerfungen, die eine Erbengesellschaft zur Folge haben könnte.

Lisa Paus sagt: »Erben ist eine absolut leistungslose Angelegenheit. Die vorhergehende Generation hat sicher etwas geleistet, aber derjenige, der erbt, der nicht. Es ist die Gnade der guten Geburt, und davon haben diese Menschen natürlich zeitlebens schon profitiert. Und warum das jetzt noch zusätzlich umfangreich durch Nichtbesteuerung unterstützt werden sollte, finde ich nicht nachvollziehbar.«

Richard Pitterle sagt: »Die ungleiche Vermögensverteilung wird durch das bisherige Erbschaftsgesetz in die Zukunft verlängert. Der urliberale Ansatz ist ja: Eigentum entsteht durch Arbeit, und in diesem Fall entsteht Eigentum ja nicht durch Arbeit, sondern durch einen Erbfall, und es ist nicht die Begabung desjenigen, der das Eigentum erwirbt, sondern die Zugehörigkeit zum Club der guten Spermien.«

Lothar Binding sagt: »Wenn sehr viele Menschen ohne eigenes Zutun ein großes Vermögen erlangen, ändert sich deren Verhalten, und wenn eine Gesellschaft aus zu vielen Reichen besteht, die intellektuell, kulturell und emotional diesem Vermögen nicht gewachsen sind, ist das immer problematisch. Das ist eine Vorform von Dekadenz.«

Ende der ersten Runde. Auftakt für Runde zwei, in der alle noch einmal nachlegen:

Lothar Binding bedauert: »Wir haben ein System, das öffentliche Armut und privaten Reichtum steigert. Wenn ich jetzt sage: Ich habe zwei Billionen öffentliche Verschuldung und zehn Billionen privaten Reichtum, dann muss ich an dem Verhältnis etwas tun, und für mich wäre auch die Erbschaftssteuer der richtige Hebel.«

Lisa Paus betont: »Bei Grüns« – ihr Kosename für die eigene Partei – »gibt es eine längere Debatte darüber, dass gerade das Thema Besteuerung von Erbschaften sich politisch gut koppeln lässt mit der Bildungsdebatte: dass man mehr Chancengerechtigkeit am Start haben will und dass es okay ist, bei Erbschaften mehr Geld einzunehmen, um da mehr zu können. Das sagen wir durchaus auch laut.«

Richard Pitterle beklagt: »Früher war es viel einfacher, sich ein Vermögen zu erarbeiten. Wir sind 1970 mit meinen Eltern aus der Tschechoslowakei gekommen: mit nichts. Meine Eltern haben sich eine Eigentumswohnung erspart, sie haben sich auch eine Ferienwohnung in Spanien geleistet. Da war es schon eher möglich für Arbeitnehmer, dass sie am Wohlstand teilhaben, und das ist heute in dem Maße nicht mehr möglich.«

Während sie reden, pochen Fragen unter meinen Schläfen,

ähnlich unüberhörbar, ähnlich penetrant wie das Klopfen der Eltern an der Glasscheibe des Wartebereichs. Warum lassen sie den Dingen dann ihren Lauf? Warum waren die Erbschaften kein Thema im letzten Wahlkampf? Und keines im Koalitionsvertrag? Warum ist die Debatte darüber so leise, kaum wahrnehmbar?

Ich denke an die acht Verfassungsrichter in ihren seidenen Talaren, die im Karlsruher Behelfsgebäude unter einem leuchtenden Adler saßen. Vor ihnen die Vertreter der Bundesregierung, die ihnen das Gesetz zur Besteuerung von Unternehmenserben erklären sollten. Zuvor hatte der Senat die Kritik des Bundesfinanzhofs referiert. Das Gesetz sei unpräzise und böte einen »breiten Raum für eine Steuervermeidung bis hin zur völligen Steuerbefreiung allein durch privatrechtliche Gestaltung der Erbmasse«. Will heißen: Das Gesetz öffne Unternehmenserben so viele Schlupflöcher, dass sie – gut beraten – nicht nur den Betrieb, sondern auch das Privatvermögen häufig steuerfrei übernehmen könnten. Elf Milliarden Euro Steuereinnahmen seien dem Staat im Jahr 2013 entgangen. Nur fünf Prozent aller Erben zahlten überhaupt Steuern. Auch den meisten der Verfassungsrichter schienen während der mehrstündigen Verhandlung etliche Warums an die Stirn zu pochen.

Sie fragten die Bundesregierung wieder und wieder: Warum ist das Gesetz so vage? Welche Unternehmen wollten Sie privilegieren? Die Kleinen? Die in Familienbesitz? Oder alle? Warum legen Sie das nicht fest? Warum erlauben Sie 50 Prozent nicht produktives Vermögen in die Erbmasse mit einzubringen? War Ihnen nicht klar, dass diese Regelung missbraucht werden könnte? »Ungleichbehandlung braucht eine Rechtfertigung«, sagen die Richter. Warum begründen Sie nicht sorgfältiger, warum Sie Unternehmenserben so massiv verschonen?

Der Vertreter der Bundesregierung sprach von Arbeitsplätzen, die man habe sichern wollen, von Abgrenzungen, die nur schwer zu treffen seien, von der sorgenvollen Stimmung während der Wirtschafts- und Finanzkrise, auf deren Höhepunkt man das Gesetz verfasst habe. Irgendwann räumte der Rechtsvertreter der Bundesregierung ein: »Dieses Gesetz hat Fehler. Ich bin kein Freund dieses Gesetzes.« Und das Gericht schien diese Einschätzung zu teilen. Es wird die übermäßige Privilegierung von Firmenerben wohl nicht für verfassungskonform halten. Aber auf ihre vielen Warum-Fragen hatten die Richter an dem langen Verhandlungstag in Karlsruhe keine befriedigenden Antworten erhalten.

Ich versuche es trotzdem noch mal: am runden Besuchertisch im geräumigen Büro von Lothar Binding; im Gespräch mit Lisa Paus; in dem Raum am Ende des dunklen Ganges, in dem Richard Pitterle arbeitet. Drei Mal zeichnet mein Aufnahmegerät fast identische Argumentationsketten auf: Die Menschen begreifen die Erbschaftssteuer nicht. Die Umstände erlauben sie nicht. Die Politik scheut sie.

Lisa Paus sagt: »Die Vermögenssteuer ist bei den Leuten wesentlich populärer als die Erbschaftssteuer, weil man immer denkt: Vermögen zahlen die anderen. Und bei der Erbschaftssteuer ist die große Sorge: Das zahlt ja jeder.«

Lothar Binding sagt: »Die meisten Leute denken, sie sind nicht vermögend, deshalb kann man es ja den anderen wegnehmen. Die meisten Leute denken aber, sie erben – wobei die allermeisten, die erben, unterhalb des Steuerfreibetrags liegen. Dieses Irrationale macht es uns schwer.«

Richard Pitterle sagt: »Es gibt da Solidarisierungseffekte von Menschen, die meinen, dass sie von einer Erhöhung der Steuer betroffen wären, die es gar nicht sind. Vielleicht gibt es da die Hoffnung, auch mal in solch eine Situation zu kommen, auch mal so ein Vermögen zu haben. Das weiß ich nicht. Auf jeden Fall gibt es da eine schiefe Solidarität.«

Ich frage weiter. Wenn dem so ist, dass die Menschen irrtümlicherweise die Erbschaftssteuer für ungerecht halten, wäre es dann nicht Aufgabe der Politik, sie aufzuklären?

Lothar Binding sagt: »Die Journalisten haben an Themen wie diesen kein Interesse. Ich glaube, das hat etwas mit der Medienkonzentration zu tun. Die Medien sind in so wenigen Händen. Liz Mohn und Friede Springer, Gebrüder Holtzbrinck und noch zwei, drei mehr. Und das sind halt selber reiche Familien, Dynastien.«

Lisa Paus sagt: »Ich würde sagen, da muss man nicht Verschwörungstheoretiker sein, um zu sagen, dass es Interessen gibt, die zum Beispiel verhindern, dass die Zahlen zum Vermögen und zu Erbschaften vernünftig erfasst und veröffentlicht werden.«

Richard Pitterle sagt: »Die Witwe, die da die Medienlandschaft mitbestimmt, die hat ja auch kein Interesse, dass sich bei der Erbschaftssteuer etwas ändert.«

Lothar Binding legt nach: »Das Thema ist einfach medial nicht ganz leicht umzusetzen, denn in dem Moment, wo unsere Fernsehgewaltigen das machen würden, würde die Debatte in Richtung Neid und Abzocke entwickelt. Und dieser mediale Gegenwind ist gar nicht so leicht auszuhalten.«

Ich denke an die Monate der Recherche, die hinter mir liegen, und frage, leicht irritiert: Haben Sie es denn mal versucht – so eine Medienoffensive in Sachen Erbschaftssteuer?

Lothar Binding sagt: »Keine Ahnung. Ich weiß nicht, ob wir es überhaupt schon mal probiert haben.«

Richard Pitterle, der Linke, sackt im Laufe unseres Gesprächs mehr und mehr in sich zusammen. Er wirkt müde. Manchmal habe ich Sorge, er könne einschlafen. Er sagt: »Unser Vorschlag ist, dass das selbstgenutzte Wohneigentum im Erbfall steuerfrei bleibt; dass es einen Freibetrag von 300 000 Euro gibt. Aber diejenigen Erben, die minderjährig sind oder die hinterbliebene Witwe oder Erben, die über 60 Jahre alt sind, sollen noch einen weiteren Freibetrag von 150 000 Euro bekommen.«

Mehr als die Hälfte der Mitglieder der Linken sind über 60 Jahre alt. Auch die Wählerschaft altert. Im Rahmen der Steuerdiskussion habe ich häufig Plädoyers dafür gelesen, dass jüngere Erben – Kinder, Jugendliche – einen hohen Freibetrag bekommen sollen, da sie das Geld für die Ausbildung, die Zeit bis zum eigenen Einkommen notwendigerweise brauchen. Aber warum die über Sechzigjährigen?, frage ich. Wollen Sie denen gern etwas Gutes tun?

»Die sollen für ihren Lebensabend mehr behalten können«, sagt Pitterle. Und: »Im Übrigen wollen wir dann einen Spitzensteuersatz von sechzig Prozent.«

Die Linke also verschont die Alten und schreit nach dem Geld der ganz Reichen. Ein mutiges Konzept.

Lisa Paus, die Grüne, sagt, in ihrer Partei könnten viele Geschichten über das Erben aus eigener Anschauung erzählen. Grüne sind eben überdurchschnittlich häufig Akademiker und überdurchschnittlich wohlhabend. »Da sind viele Leute, die gut geerbt haben«, sagt sie. »Aber die dann auf einen Arbeitsmarkt kamen, wo sie nicht gleich gut verdient haben, und die hatten dann Probleme, den Standard so hinzubekommen, wie sie es von ihren Eltern gewohnt waren.« Auch Lisa Paus hat schon eine Eigentumswohnung übertragen bekommen.

Ich frage: Ist es für die Grünen auch schwierig, sich in Sachen Erben zu positionieren, weil es um die eigene Klientel geht?«

Lisa Paus sagt: »Ja, sicher. Das ist so. Das ist die Debatte.«

Bleiben die Sozialdemokraten. Lothar Binding spricht gern über Erbschaften und Steuern, das merkt man. Ich starte also einen neuen Anlauf, versuche es mal mit ein wenig mehr Pathos und sage: »Wenn man liest, dass Erbschaften das Mittel sind, mit dem Ungleichheit über Generationen fortgeschrieben wird, dann müsste das doch eigentlich ein Urthema für Sozialdemokraten sein?

Er sagt: »Ist es ja auch. Wir haben es in unserem Programm drin.«

Ich sage: »Es ist ein kleiner Absatz. Ist das nicht zu wenig? Wir haben jetzt diesen historischen Moment, in dem in bisher unbekanntem Ausmaß vererbt wird, in dem sich eine Vermögensungleichheit auf Jahre zementieren könnte. Wenn ich die Ziele der Sozialdemokraten ernst nehme, dann müssten sie doch jetzt viel entschlossener gegen eine solche Erbengesellschaft eintreten?«

Lothar Binding sagt: »Ja, da sind wir einer Meinung, da gibt es keine Ausrede. Aber der Boden für eine Veränderung ist in unserer Gesellschaft nicht bereitet. Die Panik vor Erbschafssteuern ist so groß.«

Ich gebe auf. Und frage nur ganz müde: Und jetzt?

»Abwarten«, sagt Lisa Paus.

»Man muss die Gesellschaft so nehmen, wie sie ist«, sagt Richard Pitterle. »Um die Gesellschaft zu verändern, braucht man kleine Schritte. Wenn man einen Stein ins Wasser wirft, dauert es, bis er die Wellen schlägt, auf die man wartet.«

»Ich erzähle Ihnen einen Spruch von meiner Fahrlehrerin«, schließt Lothar Binding. »Es ist auch eine kleine Antwort auf Ihre Frage: Warum macht ihr nichts bei der Erbschaftssteuer?«

Ich horche noch einmal kurz auf.

»Ich bin da an eine Kreuzung gekommen«, erzählt Binding. »Da kam einer, und ich bin aber gefahren. Da sagte meine Fahrlehrerin: ›Oh, das war aber knapp.‹ Da sagte ich: ›Wieso, ich hatte doch Vorfahrt?‹ Da sagte sie: ›Ja, stimmt.‹ Aber sie wolle mir eine Lebensweisheit mitgeben: ›Hier ruht Lothar Binding. Er hatte Vorfahrt.‹ Deshalb muss man sich entscheiden, ob man sich mit seinem Verhalten die Vorfahrt nimmt oder ob man langsamer vorgeht und dann vielleicht weiterkommt.«

Drei Mal verlasse ich das Jakob-Kaiser-Haus deutlich desillusionierter, als ich es betrat; hole meinen Ausweis an der Pforte ab, weiche wie auf Autopilot den Touristen aus, die mir auf dem Weg zur S-Bahn entgegenströmen.

Thomas Piketty schreibt in seinem Buch, das U, also die Renaissance der Erbengesellschaft, sei eine Prognose, ein wahrscheinliches Szenario, aber kein unvermeidbares. Der steile Aufstrich des Us, sagt er, könnte gebremst werden, zum Beispiel durch »eine spektakuläre Beschleunigung des Wirtschafts- oder Bevölkerungswachstums«. Das aber, meint er, sei doch sehr unwahrscheinlich.

Bleibt die zweite Möglichkeit, die, die mich ins Jakob-Kaiser-Haus trieb: »Ein radikaler Wechsel der Politik in Hinblick auf Privatvermögen und Erbschaften«, wie Piketty es formuliert. Eine realistische Option, schreibt er.

Ich bin da skeptisch, denke ich nach dem ersten Besuch.

Das wird vermutlich nichts, nach dem zweiten.

Vergiss es, Piketty!, nach dem dritten.

Am Ende sitze ich da vor meinem Mosaik und denke: Dann wird sie wohl Wirklichkeit werden, die Gesellschaft der Erben.

Eigentlich ist es ungehörig, über das Erben zu schweigen – und still und leise denen, die nachkommen, diese Erbengesellschaft zu hinterlassen: eine Gesellschaft, deren Statik fragil geworden ist, eine, in der manche vom Start weg so viel haben und andere ein Leben lang hinterherhecheln; eine, die das, was unseren Eltern ja auch Lebensziel war, so erschwert: dass jeder aus eigener Kraft für sich und seine Familie sorgen kann, sich sicher fühlt, sich nicht vor der Zukunft fürchtet.

Der ehemalige ARD-Fernsehjournalist Sven Kuntze hat gerade das Buch *Die schamlose Generation* veröffentlicht. Darin rechnet er mit sich und den Seinen ab, mit denen, die in den Nachkriegsjahren geboren wurden und in einem Maße von Frieden, Wohlstand, sozialer Sicherheit und staatlichen Segnungen profitiert haben wie keine Generation vor ihnen und vielleicht auch keine mehr nach ihnen. Denn, so schreibt Kuntze, diese goldene Generation habe sich wenig darum gekümmert, dass die Zukunft der Nachkommen ähnlich sorgenfrei wird. Sie haben viel verbraucht und wenig bewahrt, meint er. Und zählt auf, welche Mega-Sorgen er und seine Altersgenossen uns vermachen werden: Überalterung, Klima, Rente, Gerechtigkeit, Überschuldung. Er schreibt: »Es ist dies die rätselhafteste Hinterlassenschaft einer Generation, die einst von der Selbstbestimmung des Menschen und der Machbarkeit der Geschichte ausgegangen war.«

Sven Kuntze hat, als »letzter Dienst an den Enkeln und Urenkeln«, Vorschläge für eine Art Wiedergutmachung notiert. Einer lautet so: Der Staat habe unter der Ägide seiner Generation Schulden um Schulden gemacht, aber gleichzeitig habe man in den guten Zeiten ein Vielfaches an privatem Vermögen aufbauen können. »Kluge Politik«, schreibt er, »die das aktuelle Risiko nicht scheut, um die Zukunft zu gewinnen, würde die Erbschaftssteuer anheben und mit dem erzielten Erlös keine neuen Verpflichtungen eingehen, sondern alte Schulden tilgen.« Hervorragende Idee! Sven Kuntze sollte sie mal ins Jakob-Kaiser-Haus tragen. Vielleicht hat er mehr Erfolg.

Und ich? Ich sitze in meinem Büro vor den beschriebenen Seiten und drifte ab – an guten Tagen nach Frankreich, an schlechten nach Japan. Benjamin Biolay war früher mal ein Beau mit halblangem schwarzen Haar. Heute ist er einer der erfolgreichsten Chansonniers Frankreichs, einer, der melancholische Liebeslieder in Serie erschafft. Eines richtet sich an sein Kind. »Ton Héritage«, heißt es, »dein Erbe«. Dreiundachtzig Mal habe ich es in den letzten Tagen gehört. Biolay singt: *Wenn du verregnete Abende liebst, mein Kind, die kleinen Straßen in Italien und die Schritte der Passanten. Wenn du liebst, wie es Nacht wird, mein Kind, aber Angst vor dem zu großen Himmel hast und mit deinem Schatten sprichst. Wenn du Vornamen vergisst, mein Kind, Adressen und Geburtstage, aber nie den Klang einer Stimme oder ein Gesicht: Dann ist das nicht dein Fehler. Es ist dein Erbe.*

Es ist ein Rührstück, gesungen mit sanftweicher Stimme, getragen vom Klavier, am Ende ertränkt in einem Meer aus Geigen. Wie schön wäre das, denke ich beim Hören, wenn am Ende vor allem dieses Erbe zählen würde – dass die einen Eltern ihren Kindern die Sehnsucht nach der Ferne hinterlassen und die Begeisterung für den Sprung ins kalte Wasser; dass die anderen ihnen das Verlangen nach festem Boden unter den Füßen vermachen und den Wunsch, zu wissen, was morgen passieren wird. Die einen Treue und Tatendrang, die anderen Großzügigkeit und

Gottvertrauen. Die einen ein Herz für Tiere, das Kino und zu enge Jeans, die anderen ein Faible für Fußball, Bücher und das Neueste vom Tage.

Wäre doch schön, wenn dieses Erbe wichtiger wäre als die Euros auf dem Konto, die Aktien, die Häuser, die Firmen, die Kunstsammlungen und die Kontakte, denke ich. Wäre doch fein, wenn ich meinen Söhnen guten Gewissens sagen könnte, dass wir ihnen das Wesentliche, was wir geben können, schon vermacht haben: die Liebe zu verregneten Abenden, kleinen Gassen und den Blick in die Gesichter der Vorübergehenden; die Zuneigung zur finstren Nacht und die Sorge vor der Weite. Einen Blick für Gesichter. Ein Ohr für Stimmlagen. Die sanfte Hand der Großmutter. Den Tatendrang des Opas. Den Witz des Onkels. Das feine Haar der Tante. Das große Herz des Vaters. Die Entschlossenheit der Mutter. Wie viel spannender wäre ein Land, in dem man sich über dieses Erbe austauschen würde, denke ich. Wie entspannt wäre es, wenn Eltern ihren Kindern einfach Biolays Schlussvers mit auf den Weg geben würden: *Wenn sich alles so anders entwickelt, als du geplant hast,* singt er, *und du das Gefühl hast, nicht mehr als ein Steinchen zu sein, das irgendwo hinrollt. Dann roll doch einfach, mein Kind.*

Das war's. Schon sind vier Minuten zwanzig wieder einmal um, und Benjamin ist still. Und ich allein. An schlechten Tagen suche ich dann die Gesellschaft der verstörten Jugend Japans. Japan ist der Prototyp einer Erbengesellschaft, denn Japan ist ein besonders reiches und gleichzeitig besonders altes Land. Die Babyboomer, die sie hier Klumpengeneration nennen, haben enormen Wohlstand erarbeitet und genossen. Nirgendwo sonst ballt sich das Vermögen so in der Kohorte der über Sechzigjährigen. Seit fünfundzwanzig Jahren aber wächst die japanische Wirtschaft nicht mehr. Und da Japan den Arbeitsmarkt recht einseitig reformiert hat – Leiharbeit, Zeitverträge, Befristungen, Niedriglohn, das alles gilt nur für die

Jungen –, ist eine Laborsituation entstanden, wie man sie sonst nirgendwo auf der Welt findet: Die Älteren leben in einem Land, in dem die sichere Anstellung, eine verlässliche Karriere, ein festes Gehalt und eine gut versorgte Familie selbstverständlich waren, die Jungen nicht. Ihr Japan ist ein Land, in dem es verdammt schwer ist, genug zu verdienen, um sein Leben zu finanzieren, gar eine Familie zu gründen.

Sie sind »die erste Generation eines Industrielandes, der es nicht besser gehen wird als der Generation ihrer Eltern«, schreibt der Journalist Malte Henk. »Sie sind aber auch die Ersten, die keine Not leiden, wenn sie keine Arbeit finden und kaum eigenes Geld verdienen. Die Eltern haben so viel Wohlstand erschuftet, dass für alle etwas übrig bleibt.« Sie sind nichts als Erben. Mehr noch als wir. Im Sommer 2014 erschien Malte Henks Reportage über Japans Jugend in der *Zeit*. An schlechten Tagen lese ich seinen berührenden Text mehrmals. Henk scheibt: »Junge Menschen, das zeigt das Schicksal Japans, brauchen das Gefühl, dass das Leben ihnen eine Chance gibt. Sie brauchen die Zukunft, um ihre Wette darauf zu platzieren. Wenn die Hoffnung auf einen Hauptgewinn schwindet, dann erstarren sie.«

Fast die Hälfte der Japaner zwischen zwanzig und vierunddreißig lebt noch bei den Eltern. Papa steckt ihnen Taschengeld zu, Mama kocht und macht die Wäsche. Junge Japaner verreisen seltener. Sie haben weniger Freunde. Sie engagieren sich seltener. Sie gehen nicht so häufig aus. Sogar das Interesse an der Liebe scheinen sie verloren zu haben. Viele bleiben auf Dauer einsam. Und die Lust auf Sex nimmt messbar ab.

Dann erzählt Henk von Sousuke Amano, den alle Henry nennen. Und dies sind die Passagen, die ich kaum zu lesen vermag. Henry ist neunundzwanzig. Er hat mal Tontechniker gelernt, sich oft vergeblich auf feste Stellen beworben. Jetzt jobbt er bei einem Fernsehsender. Er wird mal ein »kleines Vermögen erben«. Irgendwann, mit fünfzig oder sechzig vielleicht. Henry lebt noch immer in seinem Kinderzimmer im Einfamilienhaus seiner Eltern. Die einzige Frau, die das Zimmer je betreten hat, war seine Mutter. Herny hatte noch nie eine Freundin. Er sammelt Staudammbaupläne. Und spielt sich gern selber auf der Gitarre vor. Seine Eltern lieben ihn. Seine Eltern versorgen ihn. »Sie schauen diesen fast Dreißigjährigen an wie einen dicken Kater, der gefüttert und gestreichelt werden will.« Dann schreibt Henk noch: »Japan war oft Avantgarde.«

Und ich denke: Bitte nicht!

Es wäre ungehörig, über die Erbengesellschaft zu schweigen – und eines Tages still als satte, aber lahme Katzen und Kater auf den Sofas unserer Eltern zu hocken.

NACHWORT

Die beste Nachricht kommt von Roger Klüh – eine Mail, neun Fotos hängen an. Der Beweis dafür, dass er es geschafft hat. Im August 2015, einen Tag nach seinem fünfzigsten Geburtstag, steuerte Roger Klüh seine neonorange *Apache Star* tatsächlich in einer Stunde und 45 Minuten von Miami aus in den Hafen von Havanna. Es sind ikonische Bilder, die er mir schickt:

Die aufgebockte *Apache Star* im fahlen Abendlicht vor der Küstensilhouette der kubanischen Hauptstadt und er, der ehemals schnieke Roger, im beigebraunen Rennfahreranzug, eine Blütenkette um den Hals, das Haar lang und zottelig, der Bart gewuchert, mit grauen Fäden durchsetzt. Oder, ein Bild weiter: jubelnde Kubaner im Hafen, die ihn empfangen, die ihn feiern, dicht gedrängt. Und zuletzt: Roger Klüh im schwarzen Anzug, hinter ihm die kubanische und die deutsche Flagge, in der Hand das Dokument, das bestätigt: Ihm ist tatsächlich ein Weltrekord gelungen. Später wird er noch einen Orden der kubanischen Regierung erhalten, die ihn für seine sportlichen Verdienste auszeichnet. Selbst Barack Obama gratuliert in einer Mail.

Die Fotos belegen: Roger Klüh ist am Ziel. »Dem Ziel, an das vor dreieinhalb Jahren, als ich meinen Plan schmiedete, kaum einer glaubte. Das war es, eine Mission Impossible«, sagte er im Moment des Erfolgs. Mir schreibt er: »110 Meilen auf hoher Welle, mit Winden, die meistens von den Bahamas kommen, sind ein weiter und riskanter Weg. Nach meiner Familie und der Gesundheit all derer, die mir nahestehen, gibt es nichts in meinem Leben, was mir wichtiger ist als mein Lebensprojekt *Apache Star*!«

Zwar war es nicht ganz so, wie Klüh es sich erhofft hatte – nicht seine Fahrt ließ das Eis zwischen Kuba und den USA schmelzen, sondern das Tauwetter hatte bereits eingesetzt und ihm den Start möglich gemacht. Aber egal. Seine beiden Söhne waren da, seine Freundin Coco Turkie, und auch der wichtigste Adressat hat Klühs Triumph live erlebt: »Mein Vater und seine Frau waren auf Kuba und begeistert«, schreibt Klüh. Das klingt nach dem ganz großen Happy End. Dem allerdings ein ziemlicher Kater folgte …

100 Meter vor dem Hafenbecken von Havanna brachen Antrieb und Lenkung. Die *Apache Star* musste sofort aus dem Wasser geholt werden, sonst wäre sie gesunken. Nun liegt sie seit dem 1. August 2015 fahruntüchtig auf kubanischem Boden. Die Kubaner würden das Boot gern aufbocken, als Symbol für »Freiheit und Sport«, wie Klüh schreibt, die Amerikaner fordern jedoch, dass er die *Apache Star* zurückführt, und drohen mit schweren Sanktionen. Und so sucht Klüh jetzt händeringend nach Speditionen, die das kaputte Boot zurückbringen. Er kämpft um Sondergenehmigungen und verhandelt wieder mit Anwälten. Die Menschen auf Kuba jubeln ihm zu, schreibt er. Seine Beziehung zu Coco Turkie ist ein halbes Jahr nach der Siegesfahrt zerbrochen.

»Nach allem, was bis heute in diesem Zusammenhang passiert ist, und bei allem, was gerade passiert und noch passieren wird, was mich mit beiden Nationen verbindet, empfinde ich mich immer mehr als Freiheitskämpfer!«, schreibt Roger Klüh. Und so wird ihn die *Apache Star*, die er erkor, die Lücke zu schließen, die sich in seinem Leben auftat, weil er zwar Geld, aber keine Aufgabe geerbt hatte, noch lange beschäftigen.

Und hier? In Deutschland? Hier ist in den letzten eineinhalb Jahren in Sachen Erbe ganz viel und dann auch wieder fast gar nichts geschehen.

Die Ungleichverteilung der Vermögen in diesem Land ist in den letzten Monaten vom Rand ins Zentrum zumindest der ökonomischen Debatte gewandert. Marcel Fratzscher, der Chef des Deutschen Instituts für Wirtschaftsforschung, hat im Frühjahr 2016 ein Buch mit dem Titel *Verteilungskampf* veröffentlicht. Darin stellt er als einer der führenden Ökonomen des Landes noch einmal klar, was viele nicht wussten oder nicht wissen wollten: »Deutschland ist heute eines der ungleichsten Länder in der industrialisierten Welt.« Insbesondere Aufstiegschancen und Vermögen sind in dieser boomenden, auf den ersten Blick kerngesunden Volkswirtschaft so ungleich verteilt wie nirgendwo sonst in der Eurozone; die Gesellschaft – auch durch das Vehikel der kaum besteuerten Erbschaft – zementiert wie in wenigen anderen Ländern. »In einer Gesellschaft«, schreibt Fratzscher, »in der die Menschen mit den höchsten Vermögen auch die größten Einkommen erzielen, haben diejenigen mit wenig Einkommen und Vermögen praktisch keine Chance, mitzuhalten oder gar aufzuholen – besonders wenn sich Vermögen über Generationen in denselben Familien konzentriert und gesellschaftliche Gruppen zementiert.«

So eine Gesellschaft, so Fratzscher, bleibt weit hinter ihren Möglichkeiten zurück: Ungleichheit per se sei kein Problem. Ungleichheit extremen Ausmaßes und insbesondere Ungleichheit der Lebenschancen aber schon. Sie senkt messbar das politische und soziale Engagement der Menschen, verstärkt die Abhängigkeit vom Staat, dämpft Lebenszufriedenheit und hat sogar, wie der Gesundheitsökonom Richard Wilkinson in einer umfassenden, länderübergreifenden Studie belegt, Auswirkungen auf Gesundheit und Lebenserwartung. Besonders fatal sei, so schreibt er in seinem Buch *Gleichheit*, dass enorme Ungleichheit die Gemeinschaft zu zersetzen scheine. »Wächst die Ungleichheit, dann sorgen sich die Menschen weniger um einander, es gibt weniger gleichberechtigte

Beziehungen, weil jeder schauen muss, wo er bleibt; zwangsläufig sinkt auch das Niveau des Vertrauens.«

Das deckt sich mit dem Empfinden der meisten Menschen. Zuletzt sagten 82 Prozent der Deutschen in einer repräsentativen Studie, dass die soziale Ungleichheit in diesem Land zu groß sei.

Und, um einen letzten Kronzeugen aufzubieten: Das Bundesverfassungsgericht setzte im Dezember 2014 tatsächlich um, was sich in der Verhandlung bereits andeutete. Es beschloss, dass die aktuelle Besteuerung von Erbschaften verfassungswidrig sei, weil die Erben großer Firmenvermögen unverhältnismäßig bevorzugt würden. Fünf Richter forderten die Regierung auf, wie auch immer für eine gerechtere Behandlung zu sorgen. Drei aber machten in ihrem Sondervotum klar, dass es aus ihrer Sicht um viel mehr geht. Sie mahnten: »Die Erbschaftssteuer dient nicht nur der Erzielung von Steuereinnahmen, sondern ist zugleich ein Instrument des Sozialstaats, um zu verhindern, dass Reichtum in der Folge der Generationen in den Händen weniger kumuliert und allein aufgrund von Herkunft oder persönlicher Verbundenheit unverhältnismäßig anwächst.« Und weiter: »Die Schaffung eines Ausgleichs sich sonst verfestigender Ungleichheiten liegt in der Verantwortung der Politik – nicht aber in ihrem Belieben.«

Das ist kurz umrissen das viele, was geschah. Die Ungleichheit der Vermögen und die Rolle der großen Erbschaften sind erkannt, in ihren Folgen benannt, gestützt von den obersten Richtern des Landes und dem Empfinden der breiten Mehrheit der Bevölkerung. Man könnte meinen, dass sich bei so einer Vorlage eine breite politische Debatte entfacht: Was kann man tun? Welche Maßnahmen sind tauglich, um eine größere Ausgewogenheit der Vermögen zu erreichen? Wie lassen sich Reiche dazu bringen, einen größeren Beitrag für die Gesellschaft zu leisten? Braucht es mehr Steuern? Andere Stiftungen? Einen Bildungsfonds, der aus Erbschaften gespeist wird?

Was tatsächlich folgte, war – fast nichts. Die Gespräche mit den steuerpolitischen Sprechern im Jakob-Kaiser-Haus waren da eine gute Einstimmung, ihre Argumentationsketten, die sie wiederholt aufboten, eine treffende Einschätzung: Die Menschen begreifen eine Erbschaftssteuer nicht. Die Umstände erlauben sie nicht. Die Politik scheut sie. War die Müdigkeit, die ich nach diesen Gesprächen verspürte, noch bleiern, könnte man sie jetzt als »osmisch« bezeichnen – dicht und schwer wie Osmium eben.

Eineinhalb Jahre lang rang die Regierungskoalition mit dem Votum der Verfassungsrichter, mit sich und vor allem mit der Lobby der Unternehmenserben, die am Ende obsiegte. Was aber offenkundig kein allzu schwieriger Kampf war: »Sie wissen, es wäre das Schönste gewesen, das Bundesverfassungsgericht hätte die Erbschaftssteuer so gelassen, wie sie war«, sagte Kanzlerin Angela Merkel auf Einladung der Stiftung Familienunternehmen.

Da dem nicht so war, tat man nur das Allernötigste: Wenige Tage bevor die vom Verfassungsgericht gesetzte Frist ablief, einigte man sich auf folgende Regelung: Geschätzte 99 Prozent der Firmenerben müssen weiterhin keine Steuern zahlen. Wer ein Unternehmen im Wert von mehr als 26 Millionen Euro erbt, muss beim Finanzamt zu einer »Bedürfnisprüfung« vorsprechen. Das heißt, dass das Amt prüft, ob der Erbe so bedürftig ist, dass er von der Steuer verschont werden muss, oder ob er sie vielleicht doch aus seinem privaten Vermögen zahlen kann. Man habe, sagt einer der Verhandler im Interview zufrieden, die »Generationenbrücke stabilisiert« oder, um es mit den Worten der drei Verfassungsrichter zu sagen, dafür gesorgt, dass Reichtum weiter »in der Folge der Generationen in den Händen weniger kumuliert und allein aufgrund von Herkunft oder persönlicher Verbundenheit unverhältnismäßig anwächst«.

Das umschreibt ungefähr die Motivlage, aus der heraus, während ich diesen Text im Sommer 2016 schreibe, der Bundesrat den Gesetzentwurf auf Drängen einiger von Grünen und Sozialdemokraten mitregierten Länder erst einmal stoppt. An der vom Verfassungsgericht beklagten »Überprivilegierung« von Unternehmenserben habe sich nichts geändert, begründet Lisa Paus ihr Nein. »Die Erbschaftssteuer bleibt ungerecht. Sehr hohe Vermögen werden durch ausgedehnte Vergünstigungen am Ende niedriger besteuert als die Mittelschicht.«

Nun geht die Hängepartie in die nächste Runde: Der Vermittlungsausschuss wird tagen, es wird noch ein bisschen verhandelt werden. Das alles unter Druck: Denn das Bundesverfassungsgericht, spürbar genervt, hat angedroht, sich im Herbst 2016 selbst wieder mit der Erbschaftssteuer zu befassen, sollte die Politik nicht endlich eine verfassungsfeste Lösung gefunden haben.

Und so wird wohl noch ein bisschen hin und her verhandelt werden, ein paar symbolische Korrekturen hier, einige da, vermuten Insider. Eine echte Reform der Besteuerung von Erbschaften erwartet niemand.

Und wie finden das die Bürger? Die Menschen also, die mit ganz breiter Mehrheit die soziale Ungleichheit in diesem Land beklagen? Die die Konzentration von Vermögen für problematisch halten?

Große Überraschung: genau richtig. Der Mensch ist manchmal ein schwer zu ergründendes Wesen. Wenige Positionen in diesem Land sind so unpopulär wie die, dass Erben auch etwas abgeben sollten. Je nach Umfrage sind zwischen 50 und 70 Prozent der Deutschen gegen jede Besteuerung von Erbschaften. Ich habe in diesen eineinhalb Jahren etliche Tage damit verbracht, wütende Briefe und E-Mails zu lesen. Nicht von den Erben, die ich gesprochen habe – die allermeisten fanden sich fair und angemessen porträtiert –, sondern von denen, die über das Buch gelesen und gehört hatten.

Das Max-Planck-Institut für Gesellschaftsforschung versucht

schon lange, Erklärungen für dieses vermeintlich widersprüchliche Verhalten zu finden, dass die breite Mehrheit Ungleichheit beklagt, steuerfreie Erbschaften aber, die diese Ungleichheit zementieren, mit Inbrunst verteidigt. Die Forscher fanden auch in der Reaktion auf dieses Buch einen Beleg dafür, nachdem sie die 350 Online-Kommentare untersucht hatten, die binnen zweier Tage zu einem Interview einliefen, das ich *Spiegel online* anlässlich des Erscheinens gegeben hatte. Auch hier waren 60 Prozent gegen eine Besteuerung von Erbschaften und brachten ihre Argumente mit, wie es die Wissenschaftler formulierten, »hoher Emotionalität zum Ausdruck«.

Kommentar 201: »Das übliche Umverteilungsgerede jener, die meinen, vom Leben benachteiligt zu sein, und glauben, die Probleme würden sich lösen, indem man den sog. ›Reichen‹ noch mehr wegnimmt.«

Kommentar 9: »Sorry – alle, die ständig nach dem Geld anderer schreien, sollten zuerst einmal einen Beruf erlernen, mit dem sich Geld verdienen lässt, und dann 10–20 Jahre 70–80 Stunden die Woche arbeiten.«

Oder, knapper, Kommentar 134: »Es ist eine Frechheit, es allen Ernstes für fair zu finden, dass der Staat nach meinem Tod mein Vermögen krallt.«

Steuern sind, das ist banal, unbeliebt. Die wenigsten geben gerne ab. Viele treibt die Sorge, dass das, was sie dem Staat überweisen, versickert. Trotzdem nehmen die meisten Menschen Lohnsteuer, Umsatzsteuer, Grunderwerbsteuer oder Kfz-Steuer hin, wohl auch, weil sie eigentlich wissen, dass eine Gesellschaft ohne gemeinsame Kasse kaum funktioniert.

Die Ablehnung der Erbschaftssteuer aber ist anders, radikaler, emotionaler, absolut. Die Max-Planck-Wissenschaftler bilanzieren anhand der Online-Kommentare, dass sich viele Menschen durch eine mögliche Erbschaftssteuer offenkundig bedroht fühlen, dass sie darin einen Angriff auf die eigene Sparleistung und Arbeitsanstrengung, ja gar auf die eigene Lebensleistung sähen. Sie schreiben: »Das Recht auf ›Familieneigentum‹ wird von den Gegnern der Erbschaftssteuer in den Vordergrund gerückt.« Wer eine solche Steuer anmahnt, greift aus Sicht vieler in letzter Konsequenz deren Familien an.

Diese Hypothese der Forscher kann ich anhand der Briefe, der E-Mails, die ich in Reihe erhielt, bestätigen. Viele schrieben aufgebracht. Ich sei unverschämt; nur, weil ich in meinem Leben versagt hätte (oder – noch ein wenig härter – nur, weil meine Eltern in ihrem Leben nichts auf die Reihe gekriegt hätten), würde ich nun anderen das wohlverdiente Erbe neiden und entreißen wollen. »Sie nerven!«, schrieben andere. »Wie dämlich sind Sie eigentlich?« Oder, immer wieder: »Sie treibt ja nur der Neid!«

Mich verletzten diese Angriffe, logisch. Aber das gehört – zwar nicht immer in dieser Heftigkeit, aber in der Sache schon – dann doch auch zum Berufsalltag. Was mich mehr irritierte, war Folgendes: Die meisten der Briefeschreiber waren ältere Männer. Wohlhabende ältere Männer. Viele schrieben mir, was für ein Erbe sie ihren Kindern einmal vermachen wollten: mehrere Immobilien, Unternehmen, Geld.

Mir schrieben also Menschen, mit denen es das Leben offenkundig gut gemeint hatte; die mit Sicherheit auch fleißig, bestimmt auch sparsam waren; die aber auch einfach das Glück gehabt hatten, in diesem Land geboren worden und während einer Zeit erwerbstätig gewesen zu sein, in der es nur aufwärts ging, in der, wie der Ökonom Timm Bönke sagte, steigende Löhne und gute Zinsen mit dazu beigetragen haben, dass auch mit einer normal guten Arbeitsbiografie ein Millionenüberschuss erwirtschaftet werden konnte.

Fünf Jahre lang habe ich mich jetzt mit dem Erbvermögen der Deutschen, mit der Psyche der Erben und den möglichen Konsequenzen für uns alle befasst. Vieles kann ich gut nachvollziehen: dass Menschen das Recht beanspruchen zu entscheiden, wer nach ihrem Tod ihr Eigentum bekommen soll; dass der Besitz, den die Familie weiterreicht, ein besonderer Wert ist; dass es den Erben oftmals nicht leichtfällt, eine Haltung zu diesem Vermögen zu entwickeln und auch die Nichterben ihren Teil dazu beitragen. Und dass es eigentlich einer guten, einer klug geführten Debatte bedürfte, um herauszufinden, wie es gelingen kann, dass die Erbengesellschaft zweierlei austariert: das Recht, für die eigene Familie vorzusorgen, mit der Notwendigkeit, die Konzentration des Vermögens in den Händen weniger zu bremsen.

Eines aber werde ich vermutlich auch nach fünf weiteren Jahren nicht verstehen: Woher kommt die Wut der wohlhabenden Älteren? Woher ihre Bitterkeit? Ihre Aggressivität? Warum blickt man auf ein Leben, an dessen Ende so viel übrig ist, nicht dankbarer? Warum ist der Gedanke, dass die eigenen Nachkommen von dem vielen, was da ist, etwas abgeben müssen, so unerträglich?

Dass ich diese Grundhaltung oft unsympathisch, ja, in manchen Briefen schwer erträglich fand – geschenkt. Schwerwiegender ist, dass die älteren Wohlhabenden die Debatte über das Erben und damit über die Vermögensverteilung in meiner Generation dominieren. Weil sie sich heute dagegen wehren, dass ihre Erben einmal einen Beitrag leisten, werden wir in Zukunft mit den Folgen leben müssen – in einer Gesellschaft, die dann noch weit zerklüfteter sein wird als heute.

Denn es fällt den heute Unter-40-Jährigen sehr viel schwerer, Wohlstand zu erarbeiten. Laut Berechnungen des Instituts für Arbeitsmarkt- und Berufsforschung hat die Lohnungleichheit zwischen Jung und Alt zwischen 1984 und 2008 zugenommen. In vielen Branchen hat sich ein Zweiklassensystem etabliert: Ältere Arbeitnehmer haben gute Verträge mit gutem Lohn, jüngere prekarisierte Jobs, weniger Geld und weniger Sicherheit. Wer dennoch etwas erspart, kann es in Zeiten der dauerhaften Niedrigzinsen kaum vermehren. Schon heute müssen jüngere Arbeitnehmer einen sehr viel höheren Beitrag in die Renten- und Krankenkassen zahlen. Forscher vermuten, dass dieser noch drastisch ansteigen wird. Das einzig logische Fazit, das auch der *Spiegel* im Sommer 2016 zieht: »Aus eigener Kraft, dafür spricht vieles, werden viele junge Erwachsene finanziell nichts reißen können. Die Herkunft, das Geld der Eltern und die Frage, ob man später einmal erbt, wird für diese Generation wichtiger werden als je zuvor.«

Wenn über zwei Drittel des Vermögens zehn Prozent der Bevölkerung gehören und die quasi steuerbefreite Erbschaft diese Verhältnisse auf Generationen zementiert, werden wir uns irgendwann unangenehmen Fragen stellen müssen:

Kann man noch von Chancengerechtigkeit sprechen? Von einer Leistungsgesellschaft, in der manche eben mehr verdient haben, weil sie sich mehr angestrengt haben? Und wie kann man Menschen, die ihren Arbeitslohn Monat für Monat mit dem Staat teilen, damit der seine Rechnungen bezahlen kann, weiterhin davon überzeugen, dass dieses System, das Arbeit stark und Vermögen kaum belastet, fair ist?

Man kann es so halten wie der Publizist Gerd Maas, der die Diskussion um dieses Buch zum Anlass nahm, ein Gegenplädoyer zu halten: *Warum Erben gerecht ist. Schluss mit der Neiddebatte*, heißt sein Band, in dem er klarstellt: »Erben ist gerecht. Erben wirkt gemeinnützig und ist ansonsten Privatsache. Für eine Erbschaftssteuer fehlt jegliche Rechtfertigung.« Aber werden diese kategorischen Antworten und dieses Abstempeln aller Andersmeinenden als Neider auf Dauer genügen, um den Menschen zu erklären, warum der Staat Vermögen schont und Arbeit belastet? Warum die Lebenschancen so sehr vom Wohlstand der Familie abhängen?

Ganz anders war übrigens die Tonlage vieler Schreiben, die die Erben sendeten. Sie deckte sich mit dem Tenor der Interviews, die ich geführt hatte. Viele Erben schrieben mir von dem Streit, der an der Erbschaft hängt. Ich las von Kämpfen um Häuser, Unternehmen, ja sogar Campingplätze. Viele erzählten aber auch von einem großen Unbehagen, das sie empfänden, weil das Vermögen ihrer Eltern oder Großeltern sie kilometerweit vom Leben ihrer Altersgenossen entfernte. Diese Schreiben waren oft konstruktiver als die der Vererbenden, zukunftsgewandter, offener für ungewöhnliche Lösungen.

Ise Bosch, die Enkelin des Unternehmensgründers Robert Bosch, mit einer Million Mark auf einem Treuhandkonto ins Leben gestartet, die Ise Bosch, die zu Beginn dieses Buches mit den Worten zitiert wird, es gebe in Deutschland so etwas wie eine Parallelgesellschaft der reichen Erben, schickte mir ein mintgrünes Buch, das das von ihr mitbegründete Erbinnennetzwerk Pecunia gerade veröffentlicht hat: *Wir Erbinnen* heißt es. Ein Schritt nach außen soll es sein, den die wohlhabenden Frauen – wer bei Pecunia mitmachen will, muss belegen, dass er mindestens 500 000 Euro geerbt hat – nicht leichten Herzens tun.

Eine der Erbinnen, eine lesbische Frau, erzählt, dass ihr Coming Out als Reiche weitaus schwieriger war als das als Lesbe. »Geld isoliert«, heißt es in dem Buch. »Diese Erfahrungen machten die meisten Erbinnen.« Auch weil in den Familien häufig Sprachlosigkeit in Sachen Vermögen herrscht, auch weil, das erzählen die Erbinnen, über Summe und Umgang mit dem Geld nicht nur nach außen geschwiegen wird, sondern auch nach innen. Und so sei es bei vielen Erbinnen ein langer, ein mühsamer Weg gewesen, um eine wesentliche Frage beantworten zu können: Wie finde ich Sinn? Wie gehe ich verantwortlich mit dem Geld um?

Das Buch der Erbinnen ist ein wichtiger Beitrag. Manche der Antworten machen aber auch deutlich, dass Wohlhabende natürlich nicht automatisch Menschen sind, die das große Ganze im Blick halten.

Eine Erbin erzählt, dass sie mit dem ererbten Geld Altbauten aus der Jahrhundertwende kauft. »Ihr Engagement für die Häuser ist ihr persönlicher Weg, mit dem Erbe Sinnvolles zu tun«, heißt es. Für eine andere Erbin, lese ich, »besteht ein großer Sinn darin, mit ihrem Vermögen langfristig wirtschaftliche Sicherheit für sich und ihre Familie zu schaffen«. Daher vergrößere sie mit ihrem Erbe ihren persönlichen Immobilienbestand.

Das ist gut nachvollziehbar. Aber weder gerecht noch gemeinnützig und je nach Dimension auch keine Privatsache mehr.

Freunde von mir leben mit ihren zwei Kindern in einer 50 Quadratmeter großen Wohnung. Die Eltern haben studiert, sie arbeitet vollzeit, er teilzeit. Wie fast alle, die ich kenne, sind sie in Sorge, ob sie auf Dauer in ihrer Wohnung bleiben können, ob sie im Zweifel etwas bezahlbares Neues fänden. Anfang dieses Jahres suchten sie deshalb nach einer Eigentumswohnung und merkten, dass das allermeiste nicht finanzierbar war. Eine Wohnung aber fanden sie dann doch: 90 Quadratmeter, gut geschnitten, teuer, aber irgendwie möglich. Kurz nachdem der Anbieter ihnen den Prospekt zugeschickt hatte, meldete er sich allerdings noch mal. Es tue ihm leid, er würde nicht nur diese Wohnung, sondern das ganze Mehrfamilienhaus vom Markt nehmen. Ein Mann habe es komplett gekauft, alle zehn Wohnungen. Ein Geschenk an seine Kinder, als vorgezogenes Erbe.

Damit wären wir wieder am Anfang des Textes – und zugleich an seinem Ende: Wir, und damit meine ich vor allem die Jüngeren, wir Erben und Nichterben sollten dringend darüber reden, wie diese Gesellschaft in Zukunft aussehen soll. Wie gelingt es uns, dass das Geld der Älteren dieses Land nicht noch tiefer teilt? Wie schaffen wir es, dass sich die Wohlhabenden nicht isoliert und bedroht fühlen und die anderen nicht qua Geburt

schon meilenweit abgehängt? Wie rücken wir wieder näher zusammen?

Deutschland wird sich wohl tatsächlich in eine Erbengesellschaft wandeln, aber wie genau sie am Ende aussieht, liegt an uns.

Juli 2016

DANK

Ich habe in den vergangenen zwei Jahren begriffen, dass es wenige Themen gibt, über die Menschen so ungern sprechen wie über das Erbe, das sie erhalten haben. Mein großer Dank gilt deshalb all denjenigen, die bereit waren, dennoch zu reden.

Ein Buch wie dieses entsteht nie durch die Arbeit eines Einzelnen, sondern ist immer das Ergebnis vieler. Ich danke deshalb allen, die mitgearbeitet haben.

Allen voran Kathrin Liedtke, meiner Lektorin beim Berlin Verlag, die dieses Buch in seinem Werden mit Sorgfalt, Zugewandtheit und Begeisterung begleitet hat.

Ich danke Marcel Hartges und dem Berlin Verlag für die gute, neue Heimat.

Florian Glässing dafür, dass er stets Rat weiß, wenn es nottut.

Jenny Genzmer für ihre große Hilfe bei der langen und mühsamen Recherche.

Und Kasia für die schnelle Hilfe bei den Übersetzungen.

Ich danke all den Erben und Nichterben unter meinen Freunden, die dieser Recherche den nötigen Rahmen gaben.

LITERATUR

Stefan Bach, Henriette Houben, Ralf Maiterth, Richard Ochmann: *Aufkommens- und Verteilungswirkungen von Reformalternativen für die Erbschaft- und Schenkungssteuer.* Forschungsprojekt im Auftrag der Bundestagsfraktion Bündnis 90/Die Grünen, Berlin 2014

Honoré de Balzac: *Vater Goriot*, Frankfurt a. M. 2008

Kirsten Baus: *Plane das Schwierige, so lange es noch einfach ist. Familienstrategie und Nachfolgeplanung*, Stuttgart 2002

Marc Beise und Hans-Jürgen Jakobs (Hg.): *Der Kampf ums Erbe. Spektakuläre Erbfälle und ihre Geschichte*, München 2012

Jens Beckert: *Erben in der Leistungsgesellschaft*, Frankfurt a. M. 2013

Jens Beckert: *Unverdientes Vermögen. Soziologie des Erbrechts*, Frankfurt a. M. 2004

Jens Berger: *Wem gehört Deutschland? Die wahren Machthaber und das Märchen vom Volksvermögen*, Frankfurt a. M. 2014

Ludger Bornewasser und Bernhard F. Klinger: *Der Streit ums Erbe. Wie Sie Ihre Interessen wahren und Konflikte vermeiden*, Wien 2011

Christine Gräfin von Brühl: *Noblesse oblige. Die Kunst ein adliges Leben zu führen*, Frankfurt a. M. 2009

Heinz Bude: *Bildungspanik. Was unsere Gesellschaft spaltet*, München 2011

Heinz Bude: *Gesellschaft der Angst*, Hamburg 2014

Deutsche Bundesbank: *Vermögen und Finanzen privater Haushalte in Deutschland. Ergebnisse der Bundesbankstudie*, Frankfurt a. M. 2013

Peter Collier und David Horowitz: *Die Rockefellers. Eine amerikanische Dynastie*, Berlin 1976

Thomas Darnstädt: *Der Richter und sein Opfer. Wenn die Justiz sich irrt*, München 2013

Thomas Druyen: *Goldkinder. Die Welt des Vermögens*, Hamburg 2007

Kristin Feiereiss: *Wie ein Haus aus Karten. Die Neckermanns – meine Familiengeschichte*, Berlin 2012

Kathrin Fischer: *Generation Laminat. Mit uns beginnt der Abstieg*, München 2012

Gustave Flaubert: *Die Erziehung der Gefühle*, Frankfurt a. M. 2010

Hans Flick, Frank Hannes und Christian von Oertzen: *Prominente Testamente. Was haben die Schönen und Reichen falsch gemacht?*, Frankfurt a. M. 2005

Robert Frank: *Richistan. Eine Reise durch die Welt der Megareichen*, Frankfurt a. M. 2009

Helmut Geiger und andere: *»Was du ererbt von deinen Vätern …« Erben und Vererben. Ethische, rechtliche, soziologische, politische und psychologische Aspekte eines aktuellen Themas*, Bad Boll 2002

Ellen Gallo und John Gallo: *Silver Spoon Kids. How Successful Parents Raise Responsible Children*, New York 2002

Christine Grotz und Kirsten Baus: *Willkommen in der Familie! Ehe- und Lebenspartner in Unternehmerfamilien*, Stuttgart 2010

Rena Haftlmeier-Seiffert: *Fred und die Firma*, Bonn 2012

Andreas Hansert: Die Erbschaft im Kontext familiärer Generationenbeziehungen. Aus: Frank Lettke (Hg.): *Erben und Vererben. Gestaltung und Regulation von Generationsbeziehungen*, Konstanz 2003

Michael Hartmann: *Soziale Ungleichheit. Kein Thema für die Eliten?*, Frankfurt a. M. 2013

Florian Homm: *Kopf Geld Jagd. Wie ich in Venezuela niedergeschossen wurde, während ich versuchte, Borussia Dortmund zu retten*, München 2013

Robert Jacobi: *Die Goodwill-Gesellschaft. Die unsichtbare Welt der Stifter, Spender und Mäzene*, Hamburg 2009

Jamie Johnson: *Born Rich*. Dokumentarfilm, USA 2003

Ben Jonson: *Volpone oder Der Fuchs*, Stuttgart 1974

Rüdiger Jungbluth: *Die Oetkers. Geschäft und Geheimnisse der bekanntesten Wirtschaftsdynastie Deutschlands*, Frankfurt a. M. 2004

Inge Kloepfer: *Friede Springer. Die Biographie*, Hamburg 2012

Sven Kuntze: *Die schamlose Generation. Wie wir die Zukunft unserer Kinder und Enkel ruinieren*, München 2014

Kursbuch: *Die Erbengesellschaft*, Berlin 1999

Wolfgang Lauterbach, Thomas Druyen, Matthias Grundmann (Hg.): *Vermögen in Deutschland. Heterogenität und Verantwortung*, Wiesbaden 2011

Erik Lindner: *Wirtschaft braucht Anstand. Der Unternehmer Wolfgang Grupp*, Hamburg 2010

Gerhard Matzig: *Einfach nur dagegen. Wie wir unseren Kindern die Zukunft verbauen*, München 2011

Thomas Mann: *Die Buddenbrooks. Verfall einer Familie*, Frankfurt a. M. 1989

Inga Michler: *Wirtschaftswunder 2010. Deutschlands Familienunternehmer erobern die Weltmärkte*, Frankfurt a. M. 2009

Liz Mohn: *Schlüsselmomente. Erfahrungen eines engagierten Lebens*, München 2011

Richard A. Morris und Jayne A. Pearl: *Kids, Wealth and Consequences. Ensuring a Responsible Financial Future for the Next Generation*, New York 2010

Thomas Piketty: *Capital in the Twenty-First Century*, Cambridge 2014. Zitate in eigener Übersetzung.

Thomas Piketty: *On the long-run evolution of inheritance: France 1820– 2050. The Quarterly Journal of Economics 2011*

Thomas Piketty, Gilles Postel-Vinay, Jean-Laurent Rosenthal: *Inherited vs self made wealth: Theory & evidence from a rentier society (Paris 1872–1927)*, Paris 2013

Sibylle Plogstedt: *Abenteuer Erben. 25 Familienkonflikte*, Stuttgart 2011

Christian Rickens: *Ganz oben. Wie Deutschlands Millionäre wirklich leben*, Köln 2012

Honoré-Gabriel Riquetti, Comte de Mirabeau: Rede über die Gleichheit der Teilung bei Erbfolgen in direkter Linie. Aus: Frank Lettke (Hg.): *Erben und Vererben. Gestaltung und Regulation von Generationsbeziehungen*, Konstanz 2003

Sabine Rückert: *Tote haben keine Lobby. Die Dunkelziffer der vertuschten Morde*, Hamburg 2000

Christoph Schinke: Inheritance in Germany 1911 to 2009: A Mortality Multiplier Approach Erschienen in: *SOEP Papers on Multidisciplinary Panel Data Research*, Berlin 2012

Thomas Schuler: *Die Mohns. Vom Provinzbuchhändler zum Weltkonzern: Die Familie hinter Bertelsmann*, Frankfurt a. M. 2004

Thomas Schuler: *Bertelsmann Republik Deutschland. Eine Stiftung macht Politik*, Frankfurt a. M. 2010

Fritz Simon, Rudolf Wimmer, Torsten Groth: *Mehr-Generationen-Familienunternehmen. Erfolgsgeheimnisse von Oetker, Merck, Haniel u. a.*, Heidelberg 2012

Axel Sven Springer: *Das neue Testament. Mein Großvater Axel Springer, Friede, ich und der Strippenzieher. Die wahre Geschichte einer Erbschaft*, Berlin 2012

Marc Szydlik: *Erben in der Bundesrepublik Deutschland. Zum Verhältnis von familialer Solidarität und sozialer Ungleichheit*, Köln 1999

Andreas Tegelbekkers und Jörg Sieweck: BBE *media: Branchenreport Erbschaften*. Jahrgang 2011, Neuwied 2011

Karsten Timmer: *Stiften in Deutschland. Die Ergebnisse der StifterStudie*, Gütersloh 2005

Gloria Vanderbilt: *Damals schien das alles wichtig zu sein*, München 2010

Thomas Veszelits: *Die Neckermanns. Licht und Schatten einer deutschen Unternehmerfamilie*, Frankfurt a. M. 2005

Ulrich Viehöver: *Die EinflussReichen. Henkel, Otto und Co – Wer in Deutschland Geld und Macht hat*, Frankfurt a. M. 2006

Hans-Ulrich Wehler: *Die neue Umverteilung. Soziale Ungleichheit in Deutschland*, München 2013

Stefan Willer, Sigrid Weigel und Bernhard Jussen (Hg.): *Erbe. Übertragungskonzepte zwischen Natur und Kultur*, Berlin 2013

Siegfried Willutzki: Generationensolidarität versus Partnersolidarität – quo vadis, Erbrecht? Aus: Frank Lettke (Hg.): *Erben und Vererben. Gestaltung und Regulation von Generationsbeziehungen*, Konstanz 2003

Thomas Zellweger und Philipp Sieger: *Coming home or breaking free? Career choice intentions of the next generation in family businesses*, Ernst & Young 2012

Thomas Zellweger und Philipp Sieger: *Vom Familienunternehmen zur Unternehmerfamilie. Generationenübergreifende Wertgenerierung in Unternehmerfamilien*, St. Gallen 2013

Thomas Zellweger und Nadine Kammerlander: *Family Business Groups in Deutschland: Generationenübergreifendes Unternehmertum in großen deutschen Unternehmerdynastien*, St. Gallen 2014

Wie man über Geld spricht, ohne die Liebe zu riskieren

* Cover- und Preisänderungen vorbehalten

Michael Mary
Liebes Geld
Vom letzten Tabu in
Paarbeziehungen

Piper, 272 Seiten
€ 20,00 [D], € 20,60 [A]*
ISBN 978-3-492-05785-1

Streit über das Liebes-Geld gehört, so berichten Wissenschaftler, zu den bedeutsamsten Konfliktpunkten bei Paaren. Doch wie hängen Geld und Liebe zusammen, und welchen Einfluss nimmt das eine auf das andere? Michael Mary liefert Erkenntnisse und Anregungen, wie jedes Paar erkennen kann, welche Rolle Geld in seiner Beziehung spielt, um dann zu entscheiden, wie es damit umgehen möchte.

PIPER

Leseproben, E-Books und mehr unter www.piper.de